가짜 남편 만들기,
1564년 백씨 부인의 생존전략

가짜 남편 만들기,

1564년 백씨 부인의 생존전략

푸른역사

머리말

1558년 어느 날, 대구의 사족 유유柳游가 갑자기 집을 나가 종적을 감춘다. 그로부터 4년 뒤인 1562년 채응규蔡應珪라는 자가 사라진 유유를 자칭하고 나타났다. 그는 유씨 집안 일에 대해 모르는 것이 없었다. 1564년 유유의 동생 유연이 채응규를 만난 후 그가 가짜임을 눈치채고 대구부에 고소했다. 대구부에서 그가 진짜 유유인지 가짜 유유인지를 가리는 도중 채응규는 자취를 감추었다.

사기꾼이 달아났으므로 이 사건은 한바탕 소극으로 끝이 났어야만 했다. 하지만 사건은 정작 그때부터 시작되었다. 유유의 아내 백白씨가 채응규를 자신의 진짜 남편, 곧 유유라고 주장하면서 적장자의 지위와 봉사권奉祀權 그리고 토지를 빼앗기 위해 유연이 형을 살해했다고 고소한 것이다. 형의 살해범으로 몰린 유연은 심문 과정에서 고문을 견디다 못해 거짓 자백을 했고 즉각 사형에 처해졌다. 유연과 함께 채응규를 가짜라고 증언했던 노비 둘도 처형되었다(1차 조사).

그로부터 15년 뒤인 1579년에 진짜 유유가 나타났다. 사건의 재조사(2차 조사)가 시작되었고 채응규는 곧바로 체포된다. 그런데 예상치 못한 변수가 발생한다. 채응규가 서울로 이송되던 도중 자살한 것이다. 가짜 유유 채응규의 자살로 사건은 종결되어야 마땅했지만 법은 채응규에게 유유 행세를 하도록 교사한 '진범'을 찾기 시작했다. 유연과 유유 형제의 자부姉夫 이제李褆가 채응규에게 유유와 유씨 집안의 정보를 제공하여 가짜 유유로 행세하도록 교사한 범인으로 지목되었다. 채응규를 내세워 처가의 재산을 빼앗으려 했다는 혐의였다. 이제는 자신에게 씌워진 혐의를 끝내 인정하지 않았고 고문을 받다가 사망한다. 그렇게 사건은 21년 만에 종결되었고 세상 사람들은 이제가 교사범이었다고 확신했다.

이상 요약한 사건의 출처는 이항복이 1607년에 쓴 〈유연전〉이다. 국문학계와 한문학계는 〈유연전〉을 한 편의 흥미로운 소설로 보고 연구해왔다. 일차적으로 소송사건을 다루는 송사訟事소설 혹은 공안公案소설이라는 관점에서 파고들었다. 전傳과 소설의 관계에 주목하는 연구자들도 있었다.[1]

나는 문학작품으로서의 〈유연전〉에는 관심이 없다.[2] 〈유연전〉이 그리고 있는 사건 자체에 관심이 있을 뿐이다. 채응규의 사기행각으로 시작된 이 사건에서 모두 여섯 명이 죽었다. 채응규는 자살했고 나머지 5명 중 4명은 사형을 당했고 1명은 고문으로 인해 사망했다. 억울한 죽음이었다. 그럼에도 어느 누구 하나 이 억울한 죽음들에 책임을 지는 사람이 없었다. 이상한 일 아닌가.

〈유연전〉에서는 이제가 채응규의 사기극을 기획한 양 말한다. 하지만 정말 그러한 기획이 실재했을까. 그렇지 않아 보인다. 〈유연전〉의 주장을 사실 그대로 수용하기보다는 상식 차원에서 사건 자체를 재구성하여 꼼꼼하게 따져볼 필요가 있다는 말이다.

채응규와 유유, 유연, 백씨, 이제의 관계 및 조선의 사법제도가 만들어낸 가칭 '진짜 유유, 가짜 유유' 사건은 중층적이며 대단히 복잡하게 구성되어 있다. 나는 이 사건을 보다 깊고 넓게 읽어 그 복잡한 지층들을 온전히 드러내기를 희망한다. 이 작업으로 그 시대를 살았던 사람들의 구체적 삶과 욕망을 엿볼 수 있기를 기대한다.

2021년 7월
강명관

들어가기 전에

자료, 충돌하는 증언

──────

'진짜 유유, 가짜 유유' 사건은(이하 '유유 사건'으로 줄임) 1579년에 사건의 기획자로 몰린 이제가 심문을 받던 중 고문으로 사망함으로써 마무리된다. 그런데 이로부터 13년 뒤인 1592년 임진왜란이 일어났다. 이 전쟁으로 조선 전기까지 축적되었던 거의 모든 문헌이 잿더미가 되어 사라졌다. 그럼에도 유유 사건에 대한 자료는 꽤나 많이 남아 있는 편이다. 가장 중요한 자료는 이항복李恒福(1556~1618)의 〈유연전柳淵傳〉과 권득기權得己(1570~1622)의 〈이생송원록李生訟寃錄〉이다.

〈유연전〉은 이제를 유유 행세를 하도록 채응규를 교사하여 결과적으로 유연을 살해한 주범으로 본다. 〈이생송원록〉은 사기극의 주범은 채응규일 뿐이고 이제는 유연의 죽음과 전혀 관계가 없다고 주장한다. 〈유연전〉에 대한 반박인 셈이다. 두 텍스트는 이 책의 서술에서 가장 긴요한 자료로 인용될 것이다. 먼저 두 텍스트가 작성된 내력에 대해 간단히 언급해둔다.

〈유연전〉, 이씨 부인의 언문 자료를 토대로

〈유연전〉은 이항복이 '유유 사건'이 종결된 지 28년째 되는 1607년(선조 40)에 지은 것이다. 임진왜란 직후 이원익李元翼은 창덕궁 서문인 금호문金虎門 밖에 집을 지었는데, 그 집은 유연의 처인 이씨의 친정 옆에 있었다. 옆집에 거주한 덕분에 이원익은 유유 사건과 유연의 억울한 죽음에 대해 소상히 들을 기회가 있었다. 당시의 왕 선조가 1607년 10월 9일 중풍으로 쓰러지자 이원익과 이항복은 선조의 병을 살피기 위해 관례에 따라 거의 날마다 입궐했다. 실제 왕의 병을 살피는 것은 의

원의 몫이므로 두 사람은 무료한 시간을 함께 보낼 수밖에 없었다. 그 시간에 이원익은 평소 유연의 부인 이씨에게서 들은 유유 사건 이야기를 이항복에게 들려주며 전傳을 써줄 것을 부탁했다. "원컨대, 지언자知言者에게 맡겨 영원히 없어지지 않게 하고 싶네"라고 운을 뗀 뒤[1] 사건을 정리해 후대에 전하고 싶다고 했다. 그러고는 이씨 집에 있던 '가승家乘'을 모두 가져와서 이항복에게 맡기며, "만약 이 일이 이루어진다면 유연의 지극한 원통함을 씻을 수 있을 것이고, 관훈官訓도 세울 수 있을 것이니, 그대가 도모해보지 않겠는가?"라고 권유했다. 이항복이 이원익의 부탁으로 쓴 글이 바로 〈유연전〉이다. 말미에 '12월 하한下澣'이라고 작품을 마무리한 날짜가 밝혀져 있으니, 〈유연전〉은 선조가 발병한 1607년 10월 9일부터 12월 하순 사이에 쓰인 것이다.

이원익의 말에서 확인할 수 있듯, 〈유연전〉은 유연의 억울한 죽음을 알리고 조선의 관료시스템에 일정한 교훈을 주고자 창작되었다. 후자의 경우 약간의 설명이 필요하다. 그것은 아마도 유연의 억울한 죽음을 사법절차의 비합리성과 잔혹성을 반성하는 계기로 삼아야 한다는, 즉 사법기관이 유연의 죽음에서 어떤 교훈을 얻어야 한다는 의미이다.

결론적으로 〈유연전〉은 이제를 채응규를 사주한 유유 사건의 기획자로 판단했다. 〈유연전〉을 읽어본 이제의 가족들, 곧 그의 아들들은 경악했다. 이들은 즉각 〈유연전〉을 비판했다. 그 비판은 이후 본격적으로 다루기로 하고, 여기서는 이들의 비판 내용 중 일부를 검토해보고자 한다. 다름 아닌 〈유연전〉의 근거를 이루는 자료의 문제이기 때문이다.

이항복은 유연의 처가인 이씨 집안에서 제공한 자료, 즉 이씨 집안의 '가승'에 근거해 〈유연전〉을 썼다. 가승은 '족보의 한 형태'다. '가

乘家乘’에서의 ‘승乘’은 ‘역사’를 의미하므로 가승은 ‘집안의 역사’란 뜻이다. 일반적으로 작성자 자신이 속한 씨족의 시조 또는 중시조를 기점으로 하여, 그로부터 자신에 이르기까지 일직선상에 나타나는 역대 조상을 세대순으로 기록한다. 물론 조상에게 특기할 만한 사항, 예컨대 학행이나 과거 또는 관련 영역에 업적이 있을 경우 반드시 기록한다. 이것이 전형적 의미에서의 가승이다.

하지만 이씨 집안의 가승은 이런 족보 형태를 취하지는 않았던 것으로 보인다. 아마도 유연이 억울하게 죽은 사정을 서술한 작은 분량의 기록이었을 것으로 추측된다. 가승은 현재 전하지 않아 내용은 알 수 없지만, 이제의 아들 이언용李彦容의 언급을 통해 그 자료의 기본적 성격을 짐작할 수는 있다. 이언용은 이렇게 말한다.

유연의 처 이씨는 언자諺字로 유연이 억울하게 죽은 정상을 초록했는데, 완평完平(이원익)·오성鰲城(이항복) 두 분 승상은 이 초록에 근거하여 〈유연전〉을 지었습니다. 이씨는 일개 부인일 뿐입니다. 유연의 억울한 마음을 곡진하게 알고 있기로는 그녀보다 앞설 사람이 없을 것입니다. 하지만 당시 국옥鞫獄의 실정과 증좌證佐·공초供招의 말에 대해서는 상세히 알 수 없는 것도 있을 것입니다. 또 그녀가 들은 것은 대개 모두 노복들이 입으로 옮긴 것이나 도청도설道聽塗說(근거 없이 거리에 떠도는 소문)의 와언에서 나온 것입니다. 수십 년 뒤에 가려 뽑은 말에 그 실상을 얻지 못한 것이 있을 수 있습니다. 또 그 주의는 대개 남편의 억울함을 밝히려는 데 있어 당시의 사정에 대해서는 실정을 놓치고 무왕誣枉(죄 없는 사람을 벌하도록 모함함)에 관계됨을 면치 못하니, 〈유연전〉의 말들 또한

착오와 서로 배치되는 것이 많이 있습니다.[2]

이언용은 자신의 아버지 이제를 유연을 죽음으로 몰고 간 주범으로 보는 〈유연전〉과 그 바탕이 된 이씨의 '가승'을 비판할 수밖에 없었다. 따라서 그의 이 발언은 다분히 편향적일 수 있다. 그럼에도 객관적인 사실 몇 가지는 확인할 수 있다. 무엇보다 유연의 처 이씨가 '언자諺字'로 '가승'을 직접 작성했다는 사실이다. 원래 이런 기록은 한문으로 작성되는데, 사건이 마무리된 후 유연의 집안에는 한문으로 사건을 기록할 사람이 사실상 없었다. 유유·유연 형제의 형 유치는 유유 사건이 일어나기 전에 사망했고 유연은 1564년 1차 조사 결과 처형되었다. 유유는 1579년 2차 조사 때 나타나 아버지의 장례에 분상奔喪하지 않은 죄로 2년간 용강龍岡에 유배되었다가 돌아와 2년 뒤에 사망했다. 이제의 또 다른 아들 이언관이 유연의 동생으로 유사柳泗가 있었다고 말했지만, 뒤의 기록에 나타나지 않는 점으로 보아 어릴 때 사망했음이 분명하다. 친척들이 있을 수도 있지만, 그들에게는 사건을 정리해 기록으로 남길 만큼의 간절한 동기가 없다. 바로 이것이 유연의 처 이씨가 언문으로 기록을 남길 수밖에 없었던 이유이다.

이언관은 가승이 취한 원 자료가 "노비들이 입에서 나오는 대로 전한 것과 도청도설의 와언에서 나온 것들"이라고 지적한다. 유연의 처 이씨는 사족士族여성이었다. 당시 사족여성이 접촉할 수 있는 사람들은 한정적이었다. 이씨가 실제 사건에 관련된 사람을 만나서 증언을 듣거나 1564년(1차 조사)과 1579년(2차 조사) 서울에서 사건 관련자를 추국했을 때 국청 관계자들과 직접 접촉할 수 있는 기회는 아마도 없었을 것이다. 따라서 이씨가 수집한 정보가 사건 관계자를 대면하여 얻어낸, 정확한 것이었을 가능성은 대단히 희박하다. 이언용은 그러한 자신의 추론을 뒷받침하는 증거로 〈유연전〉과 사건 관계자 심문기록인 《추안推案》의 내용이 다르다는 점을 든다. 〈유연전〉의 내용이 자신이 읽었던 1564년 1차 조사와 1597년 2차 조사 때의 《추안》과 다르다는 사실을 여러 차례 지적한 것이다. 사실 〈유연전〉을 찬찬히 읽으면 상호 배치되는 서술이 허다하다. 그중에는 날조 흔적이 역력한 자료를 삽입한 경우도 있다. 따라서 〈유연전〉만을 유일한 자료로 혹은 신빙할 수 있는 자료로 삼아 유유 사건을 정확하게 재구성하는 것은 불가능에 가깝다.

〈유연전〉이 쓰인 1607년은 유연이 억울하게 죽었던 1564년으로부터 43년, 진짜 유유가 나타나 사건이 뒤집힌 1579년으로부터 28년이 지난 뒤다. 1579년으로부터 약 30년이 흐른 셈이니, 유유 사건은 사람들의 기억에서 지워지던 상황이었다. 더욱이 1592년에서 1598년까지는 임진왜란이라는 미증유의 전쟁이 있었다. 1607년이면 전쟁의 상흔이 고스란히 남아 있을 때다. 사람들을 지배한 것은 여전히 참혹한 전쟁의 기억이었을 터이다. 이항복이 〈유연전〉을 쓰지 않았다면 사건은 몇몇 문헌에 짧은 기록으로만 남았을 것이고, 그것만으로는 사건의 재구성조차 어려울 것이다. 사실 〈유연전〉과 〈유연전〉을 계기로 작성된 자료를 제외한다면, 현재 남아 있는 자료로는 사건의 전모를 재구성할 수 없다.

〈유연전〉은 이처럼 사람들의 기억 속에서 희미해지고 있던 사건을 문자로 재현했고, 이로 인해 유유 사건은 지워지지 않는 명료한 형상을 얻게 되었다. 게다가 다른 자료와 달리 〈유연전〉은 유유 사건의 디테일을 갖추고 있었다. 이런 이유로 〈유연전〉 이후 유유 사건은 오직

이 작품에 근거하여 이해되었다. 대다수 사람들은 〈유연전〉의 진술을 진실로 받아들였다. 〈유연전〉이 사실상 유유 사건을 독점적으로 재현하고 해석하는 권력을 갖게 된 것이다. 하지만 이는 복잡한 문제를 야기했다.

　〈유연전〉은 유연의 억울함을 알리려는 의도에서 쓰인 글이므로 모든 자료는 이 의도를 충족시키기 위해 선택되고 배치되었다. 동일한 사건에 대한 기억은 기억하고자 하는 주체, 곧 기억 주체의 의도에 따라 얼마든지 달라질 수 있다. 사건에 대한 기억을 옮긴 자료들은 서로 배치되거나 충돌하거나 전혀 다른 맥락의 정보를 담고 있는 경우가 허다하다는 것이다. 가승에 근거한 〈유연전〉의 진술을 액면 그대로 진실이라 판단해서는 안 되는 이유이다. 〈유연전〉이 이미 문학적 가공을 상당히 거친 작품이라는 사실도 반드시 고려해야 한다. 이 작품이 허구라는 의미가 아니다. 이항복은 사실을 그대로 전달한다고 믿고 이 작품을 썼다. 하지만 그 역시 이미 문학적 수사의 관습을 거친 것이라는 점을 고려해야 한다.

〈이생송원록〉, 이제를 위한 변론

권득기의 문집 《만회집晚悔集》에 〈이생송원록〉이라는 한 편의 긴 글이 실려 있다.[3] '이생이 원통함을 하소연하는 글'이라는 뜻인데, 여기서의 이생은 이제의 아들 이언용이다. 곧 이언용이 아버지 이제의 억울함을 진술하는 형식으로 되어 있다. 한문 원문으로 200자 원고지 약 50장을 상회하는 분량이고, 도입부와 종결부 약 3매를 빼면 90퍼센트

이상이 유유 사건과 직접 관계된 기록이다.

　권득기(조선 중기의 문신)에 의하면, 그가 남양의 시골집에서 살고 있을 때 이언용이 찾아와 이제의 억울함이 〈유연전 후서〉에 의해 조금이나마 풀리긴 했지만, 그래도 상세한 사정을 다 밝히지 못한 것이 한스럽다면서 자신이 말하는 한두 가지 사실이라도 널리 알려달라고 부탁했다고 한다. 그 부탁을 거절하지 못해 자신이 결국 〈이생송원록〉을 작성하게 되었다는 것이다. 뒤에 다시 언급하겠지만, 〈유연전〉이 간행되자 이제의 아들 이언용은 이항복을 찾아가 집에 보관하고 있는《추안》을 근거로 하여 이제에 대한 서술에서 〈유연전〉의 오류를 지적했다. 이언용에게 설득된 이항복은 따로 〈유연전 후서〉를 지어 주었다. 곧 이항복은 스스로 〈유연전〉의 오류를 인정했던 것이다(〈유연전 후서〉는 망실되어 전하지 않는다). 하지만 이언용은 그것으로 만족하지 않았고 재차 권득기를 찾아가 이제의 억울함을 글로 정리해 널리 알려줄 것을 부탁했던 것이다. 이하 이어지는 〈이생송원록〉의 본문은 권득기가 이언용의 말을 듣고 기록한 것으로 되어 있다. 이언용이 〈유연전 후서〉를 가지고 왔다는 기록으로 미루어 보면 〈이생송원록〉은 1608년 이후 작성된 것이다. 다만 그 연도를 특정하기는 애매하다. 연도 문제를 포함하여 〈이생송원록〉의 기본 성격에 대해 좀 더 살펴보자.

　권득기의《만회집》은 〈이생송원록〉에 이어 〈여경상사술고서與慶上舍述古書〉(①)와 〈여박군성서與朴君省書〉(②)라는 두 편의 편지를 싣고 있다. 전자는 '경상사慶上舍 술고述古에게 주는 편지'이고 후자는 '박군성朴君省에게 주는 편지'이다. '경상사 술고'는 경준慶遵이라는 인물이고 박군성은 내력 미상이다. 이 두 편의 편지가 〈이생송원록〉 뒤에 실린 것은, 두 편지가 〈이생송원록〉의 작성과 관계가 있기 때문이다.

①과 ② 두 편지는 각각 다른 의도에서 쓰인 것이다. ①은 권득기가 이제 집안의 《송원록訟寃錄》을 읽고 산삭刪削을 가해 〈이생송원록〉으로 정리한 뒤 자신의 소회를 적어 경준에게 보낸 편지다. ①에 의하면 권득기는 1579년 유유 사건이 재조사 되었을 때 이제를 사건의 기획자이자 주범으로 지목한 것을 납득할 수 없었다고 한다. 편지 끝에 자신의 말을 이 군(이언용 혹은 이언관)에게 전해달라는 문구가 있는 것으로 보아, 이 편지와 함께 〈이생송원록〉을 보냈던 것이 아닌가 한다. 좀 더 중요한 것은 ②다. ②의 수신인인 박군성[4]은 유유 사건을 주제로 권득기와 토론한 적이 있었던 듯하다. 이 토론은 어떤 일로 중단되었고 이어서 1610년 6월 권득기의 모친상이 있어 더는 진전되지 못했다. 권득기가 졸곡卒哭이 지난 뒤 자신의 생각을 정리해 보낸 것이 바로 이 편지다. 그런데 이 편지에서 그가 각별히 문제삼고 있는 것은, 자신이 이제 집안의 《송원록》에 산삭을 가해 〈이생송원록〉으로 정리한 이유와 과정이다.

《송원록》과 이것을 토대로 정리한 〈이생송원록〉 모두 이제가 유유 집안의 토지를 빼앗기 위해 채응규를 교사한 적이 없음을 주장하였다. 이 주장은 〈유연전〉으로 집약된 다수의 견해와 충돌하는 것이었다. 박군성과의 토론은 이 문제를 두고 벌어졌던 것으로 보인다. 권득기는 수세적 입장에서 자신이 이제 쪽 편을 든 것을 변명하는 모양새를 취한다. 이제 편지의 해당 부분을 따라 읽어보자.

②에 의하면, 권득기는 1607년 〈유연전〉을 읽고는 이제가 진범이라 생각했고 과거의 의심을 거두었다. 하지만 이항복이 〈유연전 후서〉를 썼다는 소식을 듣자 궁금한 나머지 보기를 원했다. 그가 〈유연전 후서〉가 경준의 집에 있다는 말을 듣고 빌려보자고 했더니, 경준은 〈유

연전 후서〉와 함께 이제 집안의 《송원록》까지 보냈다. 이 《송원록》이 《만회집》에 실려 있는 〈이생송원록〉의 원본이다. 권득기는 두 자료를 읽고 각각 비평했다. "저는 〈유연전 후서〉를 보고는 전날의 의심이 다시 싹텄고Ⓐ, 《송원록》을 보고는 마음속에 적이 미안한 바가 있어 《송원록》 안에 있는 말을 구절구절 분해하여 그 잘못된 것을 깨트리고자 했습니다Ⓑ."[5] 이 부분은 매우 미묘하다. Ⓐ는 나중에 언급할 '월사月事'와 '검은 점'으로부터 촉발된 의심의 연장이다. 그것은 이제가 진범이 아닐 것이라는 판단으로 향한다. 하지만 Ⓑ는 《송원록》을 읽고 마음에 납득이 되지 않는 부분이 있어 《송원록》을 조목조목 비판하겠다는 의미로 읽힌다. 그렇다면 권득기는 이제가 진범이 아니라는 《송원록》의 주장을 완전히 부정하려 했던 것인가. 그것은 아닐 것이다.

경준은 권득기에게 〈유연전 후서〉와 《송원록》을 보낸 후 그를 찾아왔다. 그는 권득기에게 '달성(=이제)의 자제들의 뜻을 전하며 발명發明해줄 것'을 부탁했다. '발명'은 과거 문헌에서 채 밝혀지지 않은 것을 새로 밝혀내는 것, 혹은 무죄를 변명하는 것 등의 뜻으로 쓰인다. 어느 쪽인지는 단정할 수 없지만, 경준이 《송원록》을 읽고 이제의 무죄를 밝혀달라고 부탁한 것만은 분명하다. 권득기는 그 자리에서 경준의 부탁을 완곡하게 거절했지만, 그 스스로 '발명'하려는 의사가 있었다고 한다. 아마도 경준의 부탁을 거절하면서도 나름대로 '발명'할 부분은 있다고 말했던 것으로 보인다.

경준이 권득기에게 부탁한 것은, 이제의 세 아들이 권득기와 '향리鄕里의 교분'이 있고 그중 둘과는 인계姻契가 있었기 때문이었다. 전자는 동일한 지역공동체에서의 삶, 후자는 결혼으로 인한 관계를 의미하는 것이겠지만, 구체적인 내용은 확인되지 않는다. 어쨌든 미묘한 점은, 이런 관계 때문에 경준이 부탁했지만 권득기 자신의 의도는《송원록》의 오류를 깨트리는 것이었다고 말하는 부분이다. 곧 Ⓑ는《송원록》의 오류를 비판하려는 것으로 읽힌다. 하지만 중요한 것은, Ⓐ는 '월사', '검은 점'이라는 근거를 갖고 있지만, Ⓑ는 이에 상응하는 근거가 없다는 점이다.《송원록》의 진술 방향과 달리 이제가 진범임을 입증할 수 있는 결정적인 근거는 없었던 것이다. 아마도 권득기는《송원록》에 실린 진술의 모순을 비판하려 했던 것으로 보인다. 이것이 Ⓑ가 의미하는 것일 터이다.

권득기는 경준에게 완곡하게 거절의 의사를 표현했으되, 자신이 따로 발명할 것은 있다고 말한 것이 〈이생송원록〉을 작성하게 된 빌미가 되었다고 말한다. 경준과의 만남이 끝나기 전에 이제의 둘째 아들(이언용)이 찾아와 〈유연전 후서〉와《송원록》등을 주고 '찾아온 이유'를 말했다. 이언용이 책을 또 가져온 것을 보면, 그는 아마도 경준과는 상관없이 따로 찾아온 듯하다. 경준은 이언용을 보고 권득기가 '발명'할 뜻이 있음을 말했고 이언용은 그 자리에서 '몸을 굽혀' 감사의 뜻을 표했다. 이것이 권득기가《송원록》을 〈이생송원록〉으로 만든 이유였다.

여기서 주목할 부분은 권득기가 계속해서 〈이생송원록〉을 쓴 것이 자신의 적극적인 의도에서 이루어진 것이 아니라, '인정에 얽매인' 불가피한 상황으로 인한 어쩔 수 없는 선택이었음을 강조하고 있다는 점이다. 이언용이 몸을 굽혀 감사를 표하자 권득기가 "아아, 발명하고자 하는 바가 어찌 이것을 두고 한 말이겠습니까?"라고 말했던 것은, 애당초 그의 '발명'이 이언용 형제의 의도를 충족시키기 위함이 아니었음을, 다시 말해 이제의 무죄를 입증하기 위함이 아니었음을 의미한다. 하지만 그렇다고 해서 권득기가 이제의 유죄를 입증하려는 것도 아니었다. 그는 《송원록》 자체가 내포하고 있는 진술상의 문제와 모순을 지적하려고 했던 것으로 보인다. 권득기는 《송원록》을 비평하고 정리했던 과정에 대해 이렇게 말한다.

> 《송원록》에 실린 말 중에서 근거 없는 말[부사浮辭]을 삭제하고, 한도 없이 번잡하고 사람들의 분노를 격동시키는 말들은 깡그리 지우고는, 단지 저 형제가 어버이를 위해 억울함을 하소연하는 그 절박한 심정만을 남겼습니다. 그리고 나서야 비로소 문세文勢가 정돈되고 보기에 조리가 있음을 알게 되었습니다. 이 군을 위한 방법을 생각해본다면, 《송원록》은 마땅히 이와 같이 만들어야 할 뿐이지요.[6]

이언관 등 이제의 아들들은 선친의 무죄를 입증하는 데 유리한 자료라 판단되면 분별없이 《송원록》에 쓸어넣었을 것이다. 《송원록》은 제3자가 객관적 입장에서 보기에 증거력이 불충분하거나 번잡하거나 감정에 지나치게 호소하는 진술로 넘쳐났을 것이다. 권득기는 이 자료들 중 근거 없는 말들을 덜어내고 오직 합리성을 갖춘 말들만 남겼던 것으로 보인다. 그 결과 《송원록》은 〈이생송원록〉으로 정리되었다. '문세가 정돈되고 조리가 있게 되었다'는 말은 최소한의 합리성을 갖추게 되었다는 말로 이해해도 무방할 것이다.

〈이생송원록〉의 자료적 강점은 〈유연전〉이 갖추고 있지 않은 다량의 사건 정보를 포함하고 있다는 것이다. 사건의 정확한 재구성을 위해 〈이생송원록〉의 정보를 적극 원용할 필요가 있는 이유이다.

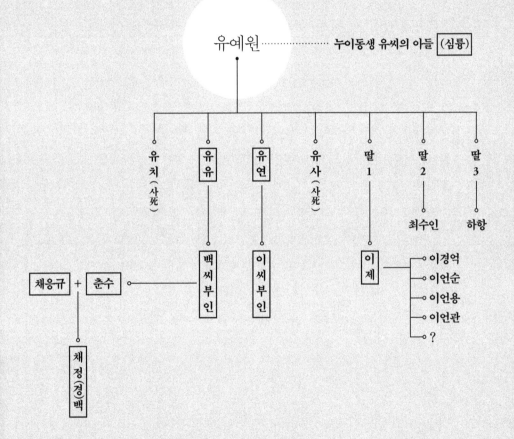

유예원 ·········· **누이동생 유씨의 아들** [심륭]

유치(死死) / 유유 / 유연 / 유사(死死) / 딸1 / 딸2 / 딸3

최수인 / 하항

백씨부인 / 이씨부인 / 이제

채응규 + 춘수

채정(경)백

이경억
이언순
이언용
이언관
?

• 유연의 노비 : 억종, 몽합, 윤희, 허의손, 김석
• 이씨 부인의 노비 : 존심
• 이제의 노비 : 삼이
• 백씨 부인의 노비 : 눌질비

대구의 두 사족 유예원과 백거추 집안의 만남

유유와 유연의 아버지 유예원柳禮源은 대구부大丘府의 사족士族이었다. 《신증동국여지승람》은 대구부·하빈·수성·해안·자이 다섯 지역의 34개 성씨를 기록하고 있는데, 유씨는 수성의 15개 성씨 중 하나다. 수성의 유씨를 흔히 '달성 유씨'라고 하는데, 정작 달성 유씨에 대해서는 별반 알려진 것이 없다. 유예원의 아버지를 비롯한 선대는 알 수 없다. 유예원의 아들 넷이 모두 자식을 낳지 못하고 죽었기 때문으로 보인다.

유예원에 대한 유일한 관찬 사료는 《명종실록》 10년(1555) 4월 3일 (2)조가 있을 뿐이다. 창녕현감 유예원이 기민을 구제한 공이 있다는 경상도 암행어사 유혼柳渾의 보고를 받고 명종이 향표리鄕表裏(조선에서 짠 옷감의 겉감과 안감) 한 벌을 하사했다는 기록이다. 유예원 집안과

01

16세기
대구 사족의 일상

관련된 중요한 자료를 다수 수록하고 있는 이문건李文楗(1494~1567)의 《묵재일기默齋日記》에 의하면, 유예원은 1552년 9월 비안현감이었고 1556년 4월에는 창녕현감으로 재직 중이었다.[1] 그런데 같은 일기의 1556년 11월 13일조에 "저녁에 유자화柳子和(자화子和는 유예원의 자字)와 안태거安太居가 찾아왔다. 유자화가 녹祿을 잃어버린 것을 위로했더니, 즉시 하직하고 떠났다"[2]는 구절이 있는 것으로 보건대, 1556년 11월쯤 유예원은 창녕현감을 그만둔 것으로 보인다. 현감이 유예원의 최종 관직이었다고 해서 그의 가문의 위상이 현저히 낮았다고는 볼 수 없다. 16세기 후반 경상도의 사족들은 여전히 형성 중인 상태였다. 류성룡이나 김성일 가문 역시 이 시기부터 유망한 사족가문이 되었기 때문이다. 유유의 가출로 발생한 비극이 없었더라면, 유예원 집안 역시 상당한 사족가문으로 성장할 수도 있었다.

유예원에게는 남자 형제는 없고 여자 형제 하나가 있었던 것으로 보인다. 이 여자 형제의 딸이 뒷날 유연의 옥사에 사간인事干人(사건 관계자)으로 등장하는 심륭沈嶐과 결혼했으니, 심륭은 유유·유연 형제에게 종매부從妹夫가 된다. 유예원의 처는 내력을 확인할 수 없다. 다만 《묵재일기》 1552년 9월 15일 대목에 '비안현감 유예원이 찾아왔는데, 처상妻喪 때문에 흰 띠를 하고 있었다'는 말이 있는 것으로 보아, 그의 아내가 1552년경 사망했음을 확인할 수 있다. 유예원은 유치柳治·유유·유연 등 세 아들과 딸 셋을 두었다. 〈이생송원록〉에는 유연 다음 유사柳泗라는 아들이 있다고 기록되어 있다. 이 중 장남 유치는 문경새재를 넘어 장례를 치렀다는 언급이 있는 것으로 보아 이른 나이에 사망한 것이 아닌가 한다. 유사는 〈이생송원록〉에 한 번 언급되었을 뿐 다른 문헌에 전혀 등장하지 않는 것으로 보아 역시 일찍 사망한 듯하다.

맏아들 유치의 죽음으로 적장자가 된 유유는 대구부의 무인 백거추의 딸과 결혼한다. 백거추는 선산善山 백씨白氏인데, 앞서 들었던 《신증동국여지승람》의 대구부 사족에 기록되어 있는 백씨로 보인다.[3] 백거추는 훈련원 참군參軍을 지냈고,[4] 무재가 특이하다는 평가를 받았으나, 1528년 1월 23일 여진족의 습격으로 만포첨사 심사손이 죽을 때[5] 군관으로서 적극적으로 구원하지 않았다는 죄목으로 장 100대에 먼 변방으로 충군된 적도 있었다.[6] 물론 뒤에 방면되었다. 외손 쪽의 자료에 의하면, 백거추는 현감인 전의全義 이씨李氏의 딸과 결혼해 딸 둘을 두었는데, 첫째는 성산星山 배씨裵氏 배덕문裵德文과 결혼하고 둘째는 후사가 없다고 되어 있다.[7] 둘째 딸이 유유와 결혼한 백씨일 것이다.

위의 자료를 제외하고 유유의 장인 백거추에 대해 언급한 자료는 드문 편인데, 《묵재일기》에 1546년 10월 2일 "무인 백거추가 고을에 들어왔다가 이어서 나를 보고 갔다"[8]는 기록을 시작으로 1559년 3월 4일 "백가화白可化가 병이 무겁고 산증疝症이 도져 편지로 약을 구했다"[9]는 기록까지 15년에 걸쳐 약 20회가량 등장하고 있을 뿐이다. 대부분 백거추 쪽에서 이문건에게 식재료와 숯·부채·붓 같은 생필품을 보내거나 혹은 직접 방문한 기록들이다. 드물지만 이문건이 그런 것들을 백거추에게 보내기도 했다. 이는 당시 사족들의 일상적인 생활 풍경이었다.

유유의 동생 유연은 서울에 거주하는 사족 참봉 이관李寬의 딸과 결혼했다.[10] 유예원의 첫째 사위이자 유유의 큰 자형이 된 달성達城 영슈 이제李禔는 이관과 담장을 나란히 하고 살던 친구였다. 이관이 죽기 직전 혼인하지 않은 딸을 부탁했기에 이제가 유연을 천거해 사위로

삼게 했다고 한다.[11]

유예원의 딸 셋 중 첫째는 이미 밝힌 바와 같이 이제와 결혼했고, 둘째는 같은 대구부의 사족 최수인崔守寅과, 셋째는 진주의 사족 하항河沆과 결혼했다. 최수인에 대해서는 알려진 바 없지만, 남명 조식의 문인인 하항은 진주 일대에서는 꽤나 이름이 알려진 사인士人으로《각재집覺齋集》이라는 문집까지 남기고 있다. 이들 중 가장 중요한 사람은 당연히 첫째 사위 이제다. 이제에 대해서는 따로 자세히 다룰 것이다.

사족의 전형

〈유연전〉과 〈이생송원록〉,《묵재일기》 등의 자료를 보건대, 유예원의 집안은 정확한 규모를 짐작할 수는 없지만 그리 부족하지 않은 토지와 노비를 거느리고 있었던 듯하다. 또 통혼이 서울(사위 이제와 며느리 이씨), 진주(사위 하항) 등 넓은 범위에 걸쳐 있는 것으로 보건대, 사족사회 내에서는 제법 알려진 집안이었던 것으로 보인다. 유예원의 개인적인 삶에 대해서는 거의 알려진 바 없고 이문건의《묵재일기》에 약간의 자료가 보인다.

이문건은 1545년(인종 1), 윤1월 초3일 "아침에 유예원이 와서 유향소의 별감을 교체하여 정할 일을 물었다. 나는 이몽진李夢辰으로 한 사람을 채우고자 하였는데, 동생과 사이가 좋지 않아서 한 지역에서 같이하지 않는다고 하므로 짐짓 다시 추가로 의논할 것을 말하고 보냈다"라고 적고 있다.[12] 이문건은 이때 중종이 죽은 뒤 설치된 빈전도감의 낭관으로 있었는데, 유예원이 찾아와서 유향소 별감의 교체에 대해 상의했다는 것이다. 이 일의 구체성은 알 수 없지만, 유예원과 이문건은 서로 익히 아는 사이였던 것이다.

이문건은 같은 해 9월 을사사화로 경상도 성주에 유배되는데 이후 1548년부터 1556년까지의 일기에 유예원의 이름이 이따금 나타난다. 1548년 1월 13일 유예원은 여종 다물사리를 보내 "창평蒼坪의 냇물을 막는 데는 일꾼이 많이 필요하므로 반드시 와서 살펴야 한다"는 말을 전하기도 하고,[13] 1551년 7월 20일에는 성주에 도착했다면서 사람을 보내 안부를 묻기도 했다.[14] 때로는 이문건에게 곡식을 보내기도 하고,[15] 생붕어, 소고기 및 염통 등을 보내기도 했다.[16] 성주의 사족과 유예원이 어울려 놀던 장면도 여럿 보인다. 1556년(명종 11) 4월 8일에는 이문건·이적옹李積翁·송천장宋天章·박윤朴潤 등과 모여 식사하고 술 마시며 춤을 추기도 했고,[17] 같은 해 9월 22일에도 찾아와 여러 사람과 술 마시며 놀았다. 유예원에 관한 최후의 기록은 1559년 2월 24일조에 실려 있다. "들으니, 유자화가 턱에 종기가 났는데, 위태로운 지경이 되어 인사를 살피지 못한다고 한다"[18]는 기록이 그것인데, 유예원은 이후 곧 사망한 것으로 보인다.

흥미로운 점은 이문건이 《묵재일기》에 유예원에 대해 기록한 그 무렵, 유연에 대해서도 자주 언급한다는 것이다. 1556년(명종 11) 4월 9일 "유자화의 아들 유연과 이사석李士錫이 함께 ○○집에(○○은 판독 불능) 머물렀다고 한다"는 기록이 있는데 이때 유연의 나이는 19세였다(유연은 1538년생). 이로부터 사흘 뒤 "이사석과 유연 등이 《통감》을 강독하고 갔다"[19]는 기록이 실려 있는데, 이후 유연은 이사석과 함께 이문건에게서 《통감》을 배운다. 4월 12일부터 시작된 《통감》 공부는 같은 달 24일에 끝났고,[20] 이어 4월 26·28일, 5월

1·6·7·8·10·12·13일에는 유연이 따로 이문건을 찾아와 의심나는 부분을 질문했다. 유연은 이문건을 당연히 스승으로 대하며 미선尾扇과 미투리, 술과 과일 등을 선물하기도 했다.[21] 유연이 용연사龍淵寺에 독서하러 간다고 찾아왔다[22]는 같은 해 5월 16일조의 기록을 보건대, 이 시기 유연은 사족으로서 갖추어야 할 문식文識과 교양을 함양하는 데 열중했던 것으로 보인다. 유연의 공부는 유예원의 큰 관심 대상이기도 했다. 유연이 용연사로 독서하러 간 그달 21일 유예원은 이문건을 찾아 유연의 공부에 대해 물었고 이문건은 "뜻이 있으면 성취할 수 있다"는 진지하지만 다소 평범한 말로 답했다.[23]

유예원의 삶은 당시 지방 사족의 전형이었다. 지방 수령으로서 인근의 친한 사족에게 자잘한 선물을 보내고, 모임을 가져 음주가무를 즐기며, 가까운 벗에게 아들을 보내 공부를 시키는 등의 일이 사족의 일상이었다. 유연도 마찬가지였다. 스승을 찾아가 기본적인 학문 텍스트를 공부하고 조용한 사찰을 찾아가 따로 공부를 하고, 때로는 친구들과 어울려 개고기를 먹는 등[24] 그 역시 평범한 사족의 일상을 한 치도 벗어나지 않았다. 이런 생활 속에서 비록 아들 둘(유치와 유사)을 잃기는 했지만, 유예원은 나머지 아들 둘이 가문을 이어갈 것이라 기대했을 것이다.

사건의 시작, 유유의 가출

〈이생송원록〉에 의하면, 유예원의 적장자 유유는 1540년에 성동成童
이 되었다. 성동은 15세임을 말하니 유유는 1526년생이다. 유유에 관
해서는 별반 알려진 바가 없지만, 그가 사족으로서 과거 준비를 했던
것은 분명하다. 그는 경상도 의성군 지장사地藏寺에서 서시웅徐時雄이
라는 친구와 함께《주역》을 읽고 시를 짓기도 했다. 이 시기 과거를 준
비하던 사족들처럼 유유 역시 그 집을 떠나 사찰에서 공부하는 관행
을 따랐던 것이다.

유유는 1549년 대구부 바로 아래에 있는 영천永川에서 치러진 향시에
합격하기도 했다. 하지만 '빈공賓貢'이라는 이유로 합격자 명부에서 이
름이 삭제되었다.[1] 특정 지방의 향시는 해당 지방 거주자에게만 응시가
허락되며 다른 지방 출신이 응시할 경우 '빈공'이라 하여 합격을 취소

02

사라진
유유

하는 법이 있었는데,[2] 유유는 이에 의거해 합격이 취소되었던 것이다.

　'유유 사건'은 지방의 안정된 사족가문의 맏아들로서 과거를 준비하던 유유가 1558년 33세의 나이에 집을 뛰쳐나가 돌아오지 않으면서 시작되었다. 유예원과 유유의 처인 백씨는 유유가 정신이상으로 집을 나갔노라고 말했고 사람들은 그 말을 믿었다. 이상한 것은 그들이 아들과 남편을 찾기 위해 노력한 흔적이 별로 보이지 않는다는 점이다. 물론 유유가 집을 떠났을 때 그를 찾았다는 말이 있긴 했지만 그것은 처음 아들이 사라졌을 때 보인 반응일 뿐이고, 이 같은 움직임 뒤에는 계속 유유를 찾고자 했던 흔적이 보이지 않는다. 유예원은 유유가 집으로 돌아오는 것을 보지 못하고 1559년 사망한다.

　그런데 유유의 가출이 처음이었을까? 아니다. 《묵재일기》에 이에 대해 참고할 만한 부분이 있다. 유연이 한창 이문건에게 《통감》을 배우고 있던 1556년 4월 19일 이문건은 《묵재일기》에 이렇게 쓰고 있다.

　　유연과 이사석이 와서 〈고조기高祖記〉를 배웠다. 저녁에 이사석이
　　와서 이렇게 말했다.
　　"유연이 자신의 형(=유유)이 백가화白可化 처妻의 방에 있다는 소식을
　　들었습니다. 일찍이 심증은 두고 있었지만, 한밤중에 몰래 나갔으므
　　로 어디로 갔는지 모르고 있던 중이라, 곧 이천택李天澤의 암말을 빌려
　　타고 달려가 만났다고 하였습니다. 유연 역시 마음이 허한 자입니다."
　　유연이 돌아왔다. 들으니 그의 형 유유가 다시 집으로 돌아왔다고
　　하였다.[3]

　문장이 애매하지만 몇 가지 사실은 확인 가능하다. 《묵재일기》에

따르면 유연은 한밤중에 가출한 형 유유가 '백가화'의 아내의 방에 있다는 소식을 들었다. 유유는 자신의 행선지를 알리지 않고 집을 나갔으나 유연은 유유가 백가화의 집으로 갔을 것이라고 짐작하고 있었다. 유연은 짐작만 하던 것이 사실임을 전해 듣자, 다른 사람에게 알리지 않고 남의 말을 빌려 타고 달려갔다. 유유는 이때 다시 집으로 돌아왔다. 아마도 유연이 찾아갔기 때문에 돌아온 것일 터이다.

유유가 찾아갔다는 백가화는 누구인가. 곧 백거추다(가화는 백거추의 자). 유유가 집을 완전히 떠난 것은 1558년이고 백가화의 집으로 잠적한 것은 1556년 4월이었다. 이 당시 유유는 백씨와 결혼했던 것이 분명하다. 따라서 이 시기 백거추는 유유에게는 장인이 되고, 백거추의 처는 장모가 된다. 왜 유유는 결혼 초기에 동생 유연도 모르게(당연히 아버지 유예원도 몰랐을 것이다) 자신의 장모 이씨의 방으로 달려갔던 것일까. 정확한 내막은 알 수 없다. 하지만 1558년 이전에 여러 차례 그런 일이 있었다는 것은 짐작할 수 있다.

《묵재일기》에 유유의 가출과 관련하여 약간 음미해봐야 할 자료가 하나 더 남아 있다.

> 강언수姜彦叟가 와서 만났으며 이자운李子雲도 와서 만났다. 듣건대 백거추가 함양 땅에서 희수希守를 잡고 손수 이공전李公詮을 때렸으며, 집으로 돌아와 희수를 조사하니 희수가 유서방柳書房이 교사한 것이라고 감히 무고를 하였다고 한다. 이에 백거추가 자기 딸에게 아주 모질게 굴었다고 한다.[4]

1557년 8월 11일의 일기인데, 유서방은 곧 유유이고 딸은 유유의 아내 백씨로 짐작된다. 구체적인 사건의 정황은 알 수 없지만, 희수란 자가 어떤 일을 유유가 시킨 것이라고 무고한 일이 백씨와 관련이 있고 그로 인해 백거추가 딸을 모질게 대했던 것으로 보인다. 이 자료에서 더 이상 의미 있는 해석을 끌어내기는 어렵지만 적어도 1557년 8월 현재 유유와 백씨의 결혼생활이 평탄하지 않았다는 점, 서로 갈등이 있었다는 점은 짐작할 수 있다.

유유의 가출 이유

유유는 왜 여러 차례 가출 소동을 일으키다가 1558년에는 집을 나가 돌아오지 않았던 것인가. 〈유연전〉과 〈이생송원록〉, 《명종실록》 등 관련 자료들은 유유가 집을 뛰쳐나간 이유가 '미쳤기 때문'이라고 밝히고 있다. 정신이상을 일으켰다는 것이다. 〈유연전〉의 해당 부분을 보자.

> 유유는 일찍이 산에 들어가 독서하다가 홀연 돌아오지 않았다. 유예원과 백씨는 "미쳐서 달아났다"고 하였다. 말이 집 밖으로 나갔지만, 이미 아버지와 아내의 증언이 있었으므로 향리의 사람들은 믿고 의심하지 않았다.[5]

유연을 처형한 것을 알리는 1564년 《명종실록》의 기사 역시 유유가 "마음의 병을 앓아 미쳐서 뛰쳐나갔다"[6]고 밝히고 있으며, 1579년 유유 사건의 재조사를 마무리하는 《선조실록》의 기사 역시 유유가 "미쳐서 도주했다"고 말하고 있다.[7] 유유 사건에 대해 언급한 자료들은 대개 유유의 가출 이유를 '정신이상' 때문이라고 했다. 이시발李時發(1569~1626)은 "유유가 미친병에 걸려 독서를 하다가 야반에 도주했다"라고 말하고 있으며,[8] 〈이생송원록〉 역시 "광증을 앓아 집을 나갔다"[9]고 말하고 있다. 여타의 자료도 모두 유유의 가출 이유로 정신이상을 들었다. 하지만 유유는 미쳐서 집을 뛰쳐나가지 않았고, 그것은 〈유연전〉에도 암시되어 있다.

1564년 유유 사건의 1차 조사 때 삼성추국三省推鞫이 열렸을 때 추관이 "유유는 무슨 이유로 집을 나갔는가?"라고 묻자, 유연은 "사람들은 미쳐서 그랬다고 하지만, 사실 미친 것이 아닙니다. 집안에 어떤 변고가 있어 부득이 떠난 것입니다"라고 말했다.[10] 미친 것이 아니라, 집안의 어떤 '변고' 곧 예사롭지 않은 일이 계기가 되어 유유는 부득이 집을 떠날 수밖에 없었다는 것이다. 아버지 유예원과 아내인 백씨가 합의하여 '정신이상'이라 말할 수밖에 없었던 이 '변고'에 대해서는 어떤 자료에서도 언급되지 않는다. 〈유연전〉의 작자인 이항복의 경우 그 변고가 무엇인지 아는 것 같지만, 결코 특정하여 문자화하지 않았다. 유유 사건에 대해 기록을 남긴 사람들도 그 변고에 대해 구체적으로 몰랐거나 안다고 해도 입에 담기를 일관되게 꺼렸다.

아비가 아들을 멀리한 까닭

사건은 어디서 시작되었을까? 유유의 가출 원인이야말로 유유 사건의 본질에 접근할 수 있는 중요한 부분으로 보인다. 유연은 '집안 변고'에 대해 구체적으로 말하지 않았지만, 자료를 통해 합리적으로 추론할 수는 있다. 1579년 유유 사건의 재조사 때 추관이 유유에게 가출한 이유를 묻자, 유유는 이렇게 답했다.

> 아내를 맞이한 지 3년이 넘었지만 아들이 없어 아버지가 업業이 박하다며[업박業薄] 나무라고 슬하에 가까이 오지 못하게 하셨습니다.[11]

유유는 결혼한 지 3년이 지나도 자식이 없었다고 말하며 이것이 자신이 가출한 이유라고 진술했다. 모든 사람이 결혼하고 3년 안에 예외 없이 자식을 낳는 것은 아니다. 임신 가능성은 여전히 남아 있다. 만약 여성에게 불임의 원인이 있다면, 양자를 들이거나 첩을 둘 수 있다. 그렇기에 결혼하고 3년 안에 자식을 낳지 못한 것이 가출의 이유는 될 수 없다. 유유가 가출을 결행했던 데는 결혼 3년 후 자식을 낳지 못했다는 단순한 사실을 넘어 다른 이유가 있었던 것이 아닐까?

유예원이 아들을 타박했다는 '업박業薄'이라는 말에 주목해보자. '업'은 개인의 의지로 해결할 수 없는 운명을 말한다. 곧 '업이 박하다'는 말은 '어쩔 수 없는 운명을 타고났다'는 다분히 체념적인 뉘앙스를 갖고 있다. 유예원은 유유에게 불임의 원인이 있고 그것은 사람의 힘으로 어떻게 할 수 없는 운명이라고 생각했던 것이 틀림없다. 그런데 유유는 아버지 유예원이 '업이 박하다'며 자신을 가까이 오지 못하게 했다고 말한다. 곧 아버지는 유유를 멀리했던 것이고, 유유는 이에 충격을 받아 가출을 했던 것으로 보인다.

유예원이 정말 자식이 없다는 이유 때문에 유유를 가까이 오지 못하게 한 것일까. 상식적으로 납득이 되지 않는다. 오히려 유유가 자식을 낳지 못한 데 대한 실망만이 아니라, 그를 가까이하고 싶지 않은, 무언가 꺼림칙함이 있었다고 보는 편이 타당하지 않을까. 현재 우리가 알고 있는 정보는 결혼 이후 3년 동안 유유와 백씨 사이에 자식이 없었다는 것뿐이다. 그런데 의문을 풀려면 이 정보를 보다 세심하게 음미할 필요가 있다. 먼저 물어야 할 것은 불임의 책임 소재다. 유예원이 아들에게 '업이 박하다'면서 가까이 오지 말라고 했다는 것, 그로 인해 유유가 집을 뛰쳐나갔다는 사실을 고려하건대, 불임의 책임은 아내인 백씨가 아니라 유유에게 있었을 것이다. 동생 유연의 말이 그 증거가 됨직하다.

유연은 1564년의 삼성추국 때 채응규가 유유가 아니라는 것을 어떻게 알았느냐고 묻는 추관에게 이렇게 답했다.

> 신이 서울로 가서 이른바 신의 형이라고 하는 사람(=채응규)을 만나보았더니, 형과 같지 않은 증거가 셋이 있었습니다.
> (1) 신의 형은 약한 사람[약인弱人]입니다. 몸이 원래 단소短小합니다. 그런데 지금은 도리어 장대합니다.
> (2) 신의 형은 얼굴이 작고 누렇습니다. 점이 있고 수염이 없습니다. 그런데 지금은 얼굴이 크고 또 검으며 수염이 빽빽하게 났습니다.
> (3) 신의 형은 음성이 부인과 같습니다. 그런데 지금은 도리어 크고 우렁찹니다.
> 세 가지 증거가 갖추어져서 마음속으로 의심하다가 팔거八莒에 이르러 결단코 그(=채응규)가 가짜임을 알고 결박해 본관本官으로 간 것입니다.[12]

유유는 몸이 왜소하고, 수염이 없고, 음성이 부인과 같다. 이것은 유유가 생물학적으로 여성성을 강하게 갖고 태어났음을 시사한다.[13]

추측컨대 유유는 남성호르몬 테스토스테론testosterone이 현저히 부족하고 여성호르몬 에스트로겐estrogen이 과다하게 분비되어 내분비계의 호르몬 불균형이 컸을 것이다. 이 호르몬 불균형이 유유의 몸을 여성처럼 만들었을 것으로 짐작된다.

유유, 성불구자?

그렇다면 유유는 성관계가 원천적으로 불가능한 상태, 예컨대 외성기外性器 자체에 선천적으로 결함이 있었던 것인가. 아마 그것은 아닐 것이다. 만약 외성기에 결함이 있었다면, 어려서부터 아들을 키운 유예원은 인지하고 있었을 것이다. 따라서 그러한 결함을 유유가 결혼 뒤 3년 동안 자식을 낳지 못하는 원인으로 생각했을 것이고 전혀 놀라지 않았을 것이다. 아니, 자식을 낳지 못함을 확인했다 해도 실망하지 않았을 것이다.

외성기에 이상이 없다고 해도 성관계가 불가능한 경우는 허다하다. 청년기에 들어서서 발기불능이 되었거나, 여성과의 성관계에 전혀 흥미를 느끼지 못하거나, 성관계 자체를 혐오하거나, 혐오하지는 않지만 성관계를 할 의지가 전혀 없거나 등 다양한 경우가 있을 수 있다. 유유는 아마도 이런 여러 경우 중 하나였을 것이다. 어쨌든 분명한 것은, 유유가 이 중 어떤 상태에 있었다 하더라도 백씨와 성관계가 없었거나, 시도했지만 실질적인 성관계가 이루어지지는 않았을 것이라는 점이다. 어떤 경우인지는 확언할 수 없지만, 백씨와 성관계가 불가능했다는 결론에 이르는 것은 어렵지 않다.

이는 무리한 추론이 아니다. 만약 결혼 뒤 일반적인 부부처럼 정상적인 성관계가 있었음에도 불구하고 임신과 출산이 이루어지지 않았다면, 그 책임은 여성인 백씨의 몫으로 떨어졌을 것이다. 예컨대 유유의 입장에서 성관계는 가능하되, 무정자증無精子症, 약정자증弱精子症 등이 원인이 되어 임신이 불가능했다면, 당연히 불임의 책임은 여성인 백씨에게로 귀착되었을 것이라는 말이다. 하지만 성관계 자체가 불가능하다면, 혹은 이루어지지 않았다면, 불임을 여성인 백씨의 책임으로 돌릴 수 없다. 이제 문제는 불임의 책임이 어느 쪽에 있는가, 또 어떻게 알려졌는가 하는 것이다.

유유의 결혼 이후 유예원은 대를 이을 장손을 기대했을 것이다. 그리하여 3년이 지나도록 자식을 낳지 못하는 유유·백씨 부부에게 당연히 그 이유를 물었을 것이다. 부부를 추궁한 끝에 결국 유예원은 아들 유유에게 문제가 있음을 알게 되었을 것이다. 성관계가 없거나 불가능했다는 말은 며느리 백씨의 입에서 나왔을 가능성이 크다. 백씨는 불임의 책임이 자신에게 있지 않다는 것을 알려야만 했기 때문이다. 최종적으로 유예원은 불임의 책임이 아들에게 있다는 것을 알게 되었음이 분명하다.

사족사회에서 자식이 없었던 경우는 흔하게 발견된다. 그런 경우 대개는 양자를 세워 대를 잇기 마련이었다. 그런데 유유는 가출했고 아버지가 자신을 가까이 오지 못하게 한 것을 가출의 이유로 들었다. 왜 유예원은 아들의 불임을 확인한 뒤 가까이 오지 못하게 했던 것인가. 앞서 유유가 과도한 여성성을 갖고 있었음을 언급한 바 있는데, 아마도 그것이 원인이었을 것이다. 물론 유유가 신체적으로 양성의 성기를 모두 가지고 태어난 헤르마프로디테Hermaphrodite라는 말은 아니다. 조선조의 헤르마프로디테로는 성종 대의 사방지숨方知와 명종 대의 임성구지林性仇之가 알려져 있다.[14] 사방지와 임성구지는 남성과 여성의 성기를 모두 갖고 있는 양성애자였다. 하지만 전술한 바와 같이 유유는 여성성이 두드러졌고, 그것이 불임의 원인이 되었을 것이다. 어떤 상태에 있었는지 확인할 수는 없지만, 사방지와 임성구지가 요사한 괴물로 인식되었던 것처럼[15] 유예원은 아들의 과도한 여성성을 납득할 수 없는 비정상성으로 낙인 찍었던 것은 아닐까? 해결할 방법이 없는 운명적인 비정상성이라 유예원은 '업이 박하다'라고 말할 수밖에 없었을 것이다. 이런 이유로 유예원은 아들을 가까이 오지 못하게 했던 것이 아니었을까?

과도한 여성성, 곧 수치스러울 수도 있는 자신의 비밀이 아내는 물론 아버지에게까지 알려지자, 유유는 집을 뛰쳐나가 종적을 감추는 수밖에 다른 방도가 없었다. 대를 이을 장자가 온전한 남성이 아니고 그 때문에 자식을 낳지 못한다는 사실, 또 그것이 원인이 되어 아버지·아내와 갈등 끝에 집을 뛰쳐나갔다는 사실이 외부로 노출될 경우, 그것이 유씨 가문에 불명예가 될 것은 자명한 일이었다. 따라서 유예원과 백씨 역시 유유의 가출 이유를 숨길 수밖에 없었다. 그것이 아들/남편이 미쳐서 집을 뛰쳐나갔다고 말한 이유였다. 유연이 말한 집안의 변고라는 것도 유유가 성불구자라는 사실이 알려지는 과정에서 일어난 집안 내부의 복잡한 갈등을 의미할 것이다.

끝으로 덧붙이자면, 유유가 성불구자라는 사실은 백씨와 유예원 외에는 아는 사람이 없었을 것이다. 동생 유연의 경우 유유의 신체적 특징을 알고는 있었지만, 그것이 성불구와 관계되는 것인지는 몰랐을 것이다. 만약 그 신체적 특징과 성불구가 확실한 연관성이 있음을 알았다면 그는 유유의 신체적 특징을 함부로 발설할 수 없었을 것이다.

떠돌이 유유

유유는 아버지까지 자신의 비밀을 알게 된 상황을 견딜 수 없었을 것이다. 1558년 그가 집을 떠난 것은 아마도 불가피한 선택이었을 것이다. 이시발이 남긴 〈만기謾記〉에 의하면, 유유가 집을 나가자 집안의 노비가 함경도까지 쫓아갔다가 결국 찾지 못하고 돌아왔다고 한다.[1] 사정이 어찌되었든 적장자가 집을 뛰쳐나갔으니 집안에서 찾으려고 했던 것은 분명한 사실일 것이다. 하지만 그 노력이 계속되었는지는 의문이다. 〈유연전〉이나 〈이생송원록〉에서는 이후 유유를 찾으려는 노력에 대한 언급은 전혀 없다.

유유는 과거 공부에 몰두하던 서생이었다. 평소 의식주와 일상적 노동은 모두 가내 노비가 대신하였다. 집을 떠나 객지를 유랑하던 유유는 어떻게 생계를 해결했을까? 유유는 집을 떠난 지 2년 만에 평안

03

떠도는 유유,
적장자가 된 유연

도 순안현順安縣에서 모습을 나타냈다. 뒷날 유유 사건의 재조사를 요청해 유연의 억울함을 밝히는 데 결정적으로 기여했던 윤국형尹國馨은 1560년 순안현에서 '천유용天裕勇'이라는 이름으로 행세하는 유유를 만난다. 거지 같은 겉모습과는 달리 그는 떠돌아다니면서 어린아이를 가르치는 것을 호구지책으로 삼고 있었다. 어린아이에게 글을 가르치는 것은, 농토도 없고 농사를 지을 능력도 의지도 없는 사족 출신의 떠돌이가 객지에서 선택할 수 있는 유일한 방도였을 것이다.

유유가 평안도를 안착지로 삼은 것은 그 나름의 이유가 있었다. 사족사회는 혼맥과 관직 경험으로 얽혀 있기 때문에 미세한 정보로도 개인의 신원을 추정할 수 있다. 그 때문에 유유는 가급적 사족사회가 형성되어 있지 않은 곳으로 갈 필요가 있었다. 평안도는 경상도에서 멀리 떨어진 곳이기도 했지만, 한편으로는 사족이 채 형성되어 있지 않았던 지역이다. 달리 말해 그의 신원을 알아볼 사람이 드물었던 곳이다.

하나 흥미로운 것은 유유가 차용한 '천유용'이란 이름이다.《증보문헌비고》에 의하면 '천씨天氏'의 본관은 연안延安(황해도 연백延白)과 우봉牛峯(황해도 금천金川) 두 곳이다.[2] 천씨 중에 알려진 인물은 1780년 진사시에 합격한 천명익天命翊이 있을 뿐이다(천명익은 연안 천씨다).[3] 2000년 조사에 의하면 연안 천씨는 1,125명, 우봉 천씨는 112명으로 파악되었으니[4] 천씨는 매우 희귀한 성씨다. 유유가 천유용으로 이름을 바꾸었던 명종 대에는 실재하지 않은 성씨였을 가능성도 있다. 윤국형이 천유용이란 이름은 세상에 있을 수 없는 것[5]이라고 말하는 것도 천씨가 실재하는 성씨가 아니었음을 방증한다. 유유는 존재하지 않거나 거의 알려진 바 없는 희귀한 성씨를 선택하여 자신의 내력을 유추할 근거를 없앤 것이 아닌가 한다.

윤국형은 천유용(=유유)과 절에서 같이 지내며 이야기를 나누었는데, 천유용이 영남의 산천과 선비들의 이름에 대해 상당히 많이 알고 있었다고 증언했다. 또 천유용 자신이 1549년 영천의 향시에 합격했지만, 빈공으로 삭명削名되었다는 말까지 하였다고 한다. 윤국형이 왜 영남의 선비가 여기에 와 있느냐고 물었는데 천유용은 답하지 않았다고 한다. 더 이상 말하는 것은 자신의 정체를 드러낼 수 있다고 생각했기 때문일 것이다.

〈유연전〉에 의하면 윤국형은 유연이 형 유유를 죽인 혐의로 죽은 1564년 평안도 개천군价川郡에 머무르고 있었는데, 그때 산승山僧이 보낸 천유용(=유유)의 편지를 받았다고 했다.[6] 산승이 누구인지, 왜 그가 천유용의 편지를 윤국형에게 보냈는지, 또 편지 내용이 어떤 것인지는 알 수 없지만, 산승은 윤국형이 천유용이란 인물에 대해 상당한 관심이 있는 것을 알고 유유(=천유용)가 보낸 편지를 윤국형에게 보냈을 것이다. 어쨌든 이 편지의 존재로 미루어 적어도 1564년 어림까지 유유는 평안도에 머무르고 있었던 것이 분명하다.

이상의 자료를 정리하면, 1558년 집을 나간 유유는 1564년 어림까지 평안도 남쪽 순안현과 개천군 일대에 머무르고 있었던 것으로 보인다.[7] 다른 생계수단이 없었던 유유가 할 수 있는 일은 자신의 지식을 파는, 곧 어린아이들을 가르치는 것뿐이었다. 또 마땅히 기거할 곳이 없었기에 사찰을 찾아다니면서 숙식을 해결할 수밖에 없었을 것이다.

유연, 적장자 역할을 하다

유유가 집을 나간 뒤 유유의 열두 살 아래 동생 유연(1538~1564)은 불가피하게 적장자의 역할을 떠맡을 수밖에 없었다. 1558년 유유가 집을 나간 뒤 이내 이관의 딸 이씨와 결혼했고,[8] 이에 유예원은 유연에게 토지를 따로 떼어주면서 기쁨을 표시했다. 집을 나가 행방이 묘연한 유유를 대신해 다시 집안을 이을 가능성을 보았기 때문이었을 것이다. 하지만 유예원은 유연이 자식을 낳기 전 1559년 사망했다. 평안도 일대를 떠돌고 있던 유유는 아버지 유예원의 죽음을 전혀 알지 못했다.

유예원의 장례를 치른 것도, 집안의 일을 처리한 것도 유연이었다. 이문건에 의하면, 유연은 1561년 그를 찾아와 유예원의 전지田地가 소송이 걸렸다고 하면서 목사牧使에게 전해줄 것을 바란다고 하였고,[9] 1561년 9월 11일에는 지석誌石에 관한 일을 물으러 찾아왔었고,[10] 1562년 1월 9일 지석의 초본草本과 토편土片을 가지고 와서 유예원의 묘지墓誌를 써줄 것을 부탁했다고 했다.[11] 이듬해 2월 1일에는 지석을 가지고 갔다고 했다.[12] 유연은 이문건에게 유예원의 묘에 넣을 묘지문을 짓고 또 그것을 흙으로 만든 토편에 써줄 것을 부탁했던 것이다.[13] 같은 해 7월 3일에는 편지로 문안 인사를 올리고 수박과 참외를 보내기도 했다고 한다.[14] 유연은 형이 집을 나가고 아버지가 죽은 뒤 해야 할 일들을 맡아 처리하고 있었던 것이다. 만약 1563년 채응규가 나타나지 않았다면, 유연은 순조롭게 적장자의 지위를 계승하고 유지했을 것이다.

침묵 속에 가려진 채응규

불안과 평온이 뒤섞인 날이 흘러가고 있던 중 갑자기 채응규란 인물이 유유를 자칭하면서 나타났다. 채응규의 출현으로 한 청년이 가출한 사건이 자살·사형·고문사로 모두 6명이 목숨을 잃는 엄청난 사건이 되고 말았으니, 채응규야말로 이 사건에서 가장 중요한 인물일 수밖에 없다. 그런데 희한하게도 채응규에 대한 정보는 거의 남아 있지 않다. 무엇보다 〈유연전〉마저 채응규에 대해서는 이상할 정도로 침묵한다.

이 사건은 워낙 유명한 사건이었으니 사람들의 관심이 쏠리는 것은 당연했다. 소문이 퍼지는 과정에서 자연스럽게 채응규에 대한 정보가 돌았을 것이다. 하지만 〈유연전〉과 〈이생송원록〉, 《명종실록》, 《선조실록》 등에는 채응규의 신분, 가족관계, 출신지 등에 대한 자료

04

가짜 유유,
채응규

가 일체 실리지 않았다. 오직 단 하나의 자료, 곧 권응인의 에세이집 《송계만록松溪漫錄》만이 채응규의 출신지와 출신성분에 대해 언급하고 있다.

　권응인은 임진왜란 직전까지 활동했던 인물로 추정되는데, 그가 《송계만록》을 쓴 것은 1588년경이다. 진짜 유유가 나타나고 채응규가 자살한 것이 1579년이므로 《송계만록》은 그로부터 9년 뒤에 쓴 것이다. 사건에 관한 기억이 채 사라지기 전에 쓴 것이므로 이 자료는 신빙성이 상당히 높은 것으로 생각된다.[1] 《송계만록》은 채응규의 신원에 대해 이렇게 말하고 있다.

　　채응규라는 사람이 있었는데, 경산현의 관속이었다. 일찍이 유유의 여종에게 장가들었으므로, 그 집안 일을 엿보아 속속들이 알고 있었다. 채응규도 역시 집을 나가 우연히 다른 지방에서 유유를 만나 침식을 함께했기에, 유유의 마음을 일일이 기억하여 털끝만한 일도 모르는 것이 없었다.[2]

　경산현은 대구의 동쪽과 접하고 있다. 선조 34년 임진왜란으로 피폐해진 경산을 대구에 합친 적이 있었을 정도로 대구와 가까운 곳이다. 관속은 대개 행정 말단에 있는 하급 관료를 말한다. '육방관속六房官屬'이란 용어가 있는데, 곧 육방에 소속된 아전들을 이르는 것이니, 권응인은 채응규를 아전층이라고 말하고 있는 것이다. 앞으로 언급하겠지만 채응규가 한시를 외우고 제법 문자속이 있는 것처럼 행동했던 것 역시 그를 아전층으로 볼 만한 근거가 되기도 한다. 다만 《동국여지승람》의 경산현의 토성土姓에는 채씨蔡氏가 없고 상주목尙州牧에는 채씨가 있으니,[3] 채응규는 원래 상주목 사람이 아니었을까. 물론 필자의 조심스러운 추정일 뿐이다.

유유와 채응규의 동처

더 나아가 권응인은 《송계만록》에 더 주목할 만한 기록을 남기고 있다. 채응규가 유유의 여종과 결혼했으므로 유유의 집안 사정을 잘 알고 있었다는 것이다. 아울러 유유가 집을 나간 뒤 역시 경산현을 떠난 채응규가 다른 지방에서 유유를 만나 한동안 기거를 같이했다고 말하고 있다. 권응인의 이 기록을 어디까지 신뢰해야 할 것인가. 채응규가 유유의 여종과 결혼했다는 것은 사실인가.

　권응인은 채응규와 유유의 여종과의 관계에 대해 '일찍이 유유의 여종에게 장가든 적이 있다[嘗嫁游女奴]'라고 말하고 있는데, 이 말은 음미할 만한 가치가 있는 것으로 보인다. 유유의 여종이란 곧 유유 소유의 비녀婢女라는 뜻이다. 흥미롭게도 권득기의 〈이생송원록〉이 비녀의 남편, 곧 '비부婢夫'에 대해 언급하고 있어 참고가 된다.

　　　나라의 풍속에 의하면 비녀와 첩은 차이가 있다. 비녀에게는 외부外夫(바깥남편)가 있는데, 비녀 자신이 짝을 택하도록 내버려두고 출입을 제한하지 않는다.[4]

　주인은 자신 소유의 비녀가 배우자를 선택하는 것에는 관여하지 않았던 것이다. 권응인이 '채응규가 유유의 집안 여종에게 장가들었다'

고 한 것은 사회적 공인 절차를 거친 뒤 일정한 생활공간에서 공동으로 거주하며 출산과 양육이 이루어지는 그런 '결혼의 관계'가 아니었다. 곧 채응규와 유유 소유의 비녀는 약간은 자유로운 성관계를 갖는 관계였던 것으로 보인다. 그리고 그 관계가 사람들의 이목을 끌 만한 사건조차 되지 않은 상태였던 것이 아닌가 한다. 조선시대 노비는 주인의 집에서 함께 생활하는 솔거노비와 주인과는 떨어진 공간에서 거주하면서 신공身貢만 바치는 외거노비가 있었으니, 채응규가 유유의 비녀와 상관했다면, 그 비녀는 외거노비일 가능성이 높다. 권응인이 '그의 집안 일을 엿보아 알았다闚知其家事'라는 것도 채응규가 그 비녀를 통해 간접적으로 유유 집안에 대한 정보를 수집했다는 것을 의미한다.

《송계만록》의 이 자료를 어디까지 신뢰해야 할 것인가. 권응인은 유예원과 백거추를 알고 있었고 만나기도 하였다.[5] 좁은 사족사회에서 유유 사건이 일어났을 때 생존해 있었고 대구부 왼쪽에 있는 성주 일대에서 활동한 인물이다. 채응규가 유유의 비녀에게 장가를 들었다는 그의 말은 신빙성이 대단히 높은 것으로 보아야 할 것이다.

한 가지 의문스러웠던 것은 뒷날 유유 사건을 1579년 재조사할 때 이 비녀가 소환되지 않았다는 것이다. 왜 비녀를 불러다 추궁하지 않았을까? 이유를 짐작하기 어렵다. 물론 사망했을 가능성도 있다. 하지만 채응규가 결정적으로 중요한 인물임에도 그에 대한 정보가 거의 남아 있지 않은 것을 떠올린다면, 채응규에 대한 철저한 조사를 회피하려는 의도가 작용했던 것은 아닐까? 《송계만록》의 자료에서 또 하나 흥미로운 것은 채응규가 객지에서 유유를 만나 함께 기거하면서 유유의 마음을 털끝만한 것이라도 모두 알았다고 한 것이다. 후술하겠지만, 채응규의 입을 통해 나온 정보 중 어떤 것은 유유를 만나 직접 얻지 않고는 도저히 알 수 없는 것들이다. 채응규가 유유를 만나서 기거를 함께했다는 것은 사실일 것이다. 고상안高尙顔(1553~1623)의 《효빈잡기效顰雜記》 역시 《송계만록》 자료의 신빙성을 높인다.

> 유유는 대구인이다. 아버지에게 인정을 받지 못하고 다른 지방에서 호구糊口하다가 무뢰배 채응규와 오랫동안 같이 지냈다. 채응규가 그의 일기를 얻어 보고, 종실 아무개[곧 유유의 자부姊夫, 이제]와 몰래 같이 모의하여 재산을 나누기로 약속했다.[6]

채응규가 유유와 함께 지낸 것을 증언한다는 점에서 《효빈잡기》의 정보는 《송계만록》의 것과 같다.

이것을 근거로 진짜 유유가 나타난 1579년 이후, 채응규가 유유를 만나 동처同處했고, 그것을 기회로 유유에 관한 정보를 얻었다는 설이 세상에 유포되어 있었음을 짐작할 수 있다. 이 설은 상당히 신빙성이 높다. 채응규가 가짜 행세를 할 때 자신이 진짜임을 입증하기 위해 제시한 정보가 유유와의 접촉에서만 얻을 수 있는 것임을 상기한다면, 채응규는 유유와 상당 기간 동처했던 것으로 보아야 할 것이다. 아울러 유유가 황해도 해주와 평안남도의 개천군과 순안현에서 머물렀던 적이 있고, 채응규 역시 황해도 해주와 장연, 평안남도 중화군 등을 무대로 살았던 것을 상기할 필요가 있다. 이들은 지리적으로 서로 겹치거나 가까운 곳에 있었던 것이다. 두 사람이 만날 가능성은 충분했다.

무당 채응규

특정 인물에 대한 정보를 얻었다 할지라도 즉각 특정 인물 행세를 할수 있는 것은 당연히 아닐 터이다. 채응규가 진짜 유유 행세를 한 것은 채응규란 인물의 성격과 관계될 것이다. 〈이생송원록〉에는 채응규란 인물의 성격을 추측할 만한 중요한 단서가 실려 있다. 이제의 아들 이언용은 채응규의 처 춘수의 말을 이렇게 옮기고 있다.

> 춘수는 이렇게 말했습니다. "채응규는 방기方技로 사람들을 미혹시키고, 무격巫覡을 모아 도량을 열었습니다. 여염을 돌아다니면서 노닐매 촌부들이 그 음화陰禍를 입었습니다. 중화군수 안상이 미워하여 하리下吏를 보내 잡으려 했지만, 잡지 못했습니다. 장련長連에 한필성의 딸이 있었는데, 이정랑李正郎에게 시집갔다가 사흘 만에 소박을 맞고 홀로 살고 있는 지 몇 해였습니다. 채응규가 그것을 듣고는 이정랑으로 가장하여 밤에 한성필의 집에 들어갔더니, 딸이 믿고 의심하지 않았습니다." 이것이 유유라고 칭하던 수단입니다. 사람을 보면 즉시 알아보고 이름과 자를 부르는 것은 아마도 좌도左道[올바르지 못한 도道, 불교나 무속]에서 유래한 것일 것입니다. 그의 음특한 성질을 여기서 상상할 수 있을 것입니다.[7]

방기는 의약·점복·점성·감여술(풍수지리) 따위의 비합리적인 술수를 말한다. 채응규가 무격을 모아 도량을 열었다는 것은, 자신의 탁월한 방술로 무당들의 우두머리 행세를 하면서 신당을 크게 열었다는 뜻으로 이해된다. 조선시대 현실에 비추어 보자면, 채응규는 민간을 찾아다니면서 굿과 연희를 해주고, 아울러 점복 따위로 재물을 편취하는 자가 틀림없다. 한마디로 영락없는 무당이다.

채응규와 같은 인간은 당시 사회 도처에서 찾아볼 수 있었다. 채응규가 살던 조선 전기에는 무당(때로는 승려)이 점복이나 여타 술수로 민중을 속이고 재물을 편취했던 일이 비일비재하였다. 이해를 돕기 위해 유사한 사례 몇몇을 검토해보자. 가장 손쉬운 방법은 무당이 자신을 신적 존재라고 말하고 대중을 현혹하여 재물을 편취하는 것이었다. 예컨대 1382년 고성의 백성 이금과 사노 무적은 미륵불로 자칭하여 백성들에게 재물을 편취했고, 합주의 어떤 사노 역시 검대장군이라 자칭하다가 모두 사형에 처해졌다.[8] 자신에게 귀신이 내렸다고 하는 것도 흔한 수법이었는데,[9] 그중에는 중국 황제의 신이 내렸다면서 그 신의 능력으로 인간의 운명과 화복을 맞히거나 말할 수 있다고 하는 자도 있었다.[10]

이런 것들은 예외 없이 어설픈 사기극이었으나 민중은 그것을 믿었다. 예컨대 과거 참형을 당한 장수와 재상의 이름을 종이에 써서 그것을 나무 장대에 매달고 '두박신豆朴神'이라 일컫자, 동네마다 그것을 그대로 따라 하기 시작했고, 그것에 놀란 백성들이 다투어 종이와 포布를 내어 제사를 지낸 사건도 있었다.[11] 거울을 달아놓고 그 안에 신이 있다면서 사람을 속이는 자들도 있었다.[12] 당연히 국가는 무당과 승려가 주동이 된 사기성이 짙은 종교행사를 금지하려 하였다.

무식한 무리들이 요사한 말에 미혹된 나머지 병에 걸리거나 누가 죽었을 경우 야제野祭를 지내면서 이 방법이 아니면 빌미를 풀어낼 수 없다고 여겨, 남녀가 떼를 지어 무격을 불러 술과 고기를 거창하

게 차립니다. 또는 승도僧徒를 불러오고 불상을 맞이해 와 향화香花
와 다식茶食을 그 앞에 진열한 뒤 춤을 추고 노래를 부르고 범패를
뒤섞어 번갈아 연주합니다. 음란하고 요사하고 난잡하고 더러워
예를 무너뜨리고 풍속을 망치는 것이 이보다 더할 수 없습니다. 청
컨대 수령을 시켜 더욱 엄하게 금지하게 하고, 만약 범하는 자가 있
으면 동리의 정장正長·색장色掌까지 아울러 그 죄를 다스리게 하소
서.[13]

무속은 민중에게 하나의 세계관이자 가치관이었다. 그것을 제거한
다는 것은, 다른 세계관과 가치관으로의 교체를 의미하였다. 하지만
사족체제 모두가 교체를 적극 수행한 것은 아니었다. 사족사회 내에
서는 유교(성리학)가 불교와 무속을 대체해 나갔지만, 민중과 여성은
여전히 무속과 불교에 머무르고 있었다. 아니, 여전히 무속을 신봉하
는 남성−사족도 남아 있었다.

《실록》 등의 광범위한 자료에서 확인할 수 있듯 무풍巫風은 사라지
지 않았고 민중과 여성은 물론 때로는 사족−남성들까지 재산을 헌납
하는 등 샤머니즘에 깊이 빠져 있었다.[14] 조선 정부는 무당과 음사淫
祀−굿을 억제하는 정책을 강하게 추진했지만, 그것의 완전한 제거는
불가능하였다. 위에서 인용한 자료는 1431년(세종 13)의 것인데, 40년
뒤인 1471년(성종 2) 대사헌 한치형韓致亨은 구체적인 사례를 들어가
면서 무풍의 성행을 비판했다.

① 세종대왕께서는 늘 문제를 걱정하셔서 이들을 깡그리 성 밖으
   로 몰아내어 요망한 풍속을 끊어버려 다시는 함부로 날뛰지 못

하게 하였습니다. 하지만 그 이후로 세월이 흘러 법망이 조금 느슨해지자 무녀들이 다시 서울의 편호編戶 사이에 섞여 살기 시작했습니다. 이들은 감히 사족 집안을 유혹하여 따로 신당을 세우게 하였고, 할아비나 아비의 신이라 일컬으면서 귀신에게 아첨을 떠는 것이 마침내 풍속이 되고 말았습니다.

② 심한 자는 자신의 노복을 그들에게 주어 부리게 하고, 사족의 부녀자들 중에는 병이 조금만 나도 피방避方한다는 핑계로 걸핏하면 세월을 흘려보내며 부도婦道를 훼손하니, 아름다운 일이 아닙니다. 더욱이 무녀들이 병이 든 사람을 불러 모아 전염병이 동리에 퍼지게 만들고 있습니다.

③ 그런가 하면 소애少艾(젊은 여자)를 불러 모아 '현수絃首'라 부르는데, 이들은 술과 고기가 있는 곳에 모여 가무의 즐거움을 누리고 싶은 대로 누려 여염을 시끄럽게 만들어 음란한 일을 가르치고 있는 것을 어떻게 그대로 둘 수 있겠습니까?

④ 또 공창空唱으로 영혼을 보여준다는 자가 있어 사람들이 듣고 보는 것을 놀라게 하는 경우도 있으니, 그 요망하고 허탄함이 또 심한 것입니다.

⑤ 이뿐만이 아닙니다. 화랑花郞이라 일컫는 사내가 사람을 속이는 술수를 써서 남의 재화를 빼앗는 것이 대개 여무女巫와 같지만, 그 부리는 술수는 더욱 교묘합니다. 이외에도 이치에 어긋나고 도리에 배치되는 행위로 사녀士女를 농락하고 사람을 미혹되게 만들며 예속을 훼손하는 것을 또한 한둘로 셀 수가 없을 정도입니다.[15]

한치형은 세종 당시 축출됐던 무녀들이 40년 뒤 서울로 돌아왔고, 그것이 더욱 성행하고 있음을 증언하고 있다. 무풍은 쉽게 사라지지 않았다(①, ②). 무속은 강한 오락성, 유흥성을 동반하고 있었다(③). ④의 경우는 귀신의 빙의로 전혀 다른 음색으로 말하는 것을 가리키는데, 역시 무민誣民의 대표적 술수였다.

가장 흥미로운 것은 ⑤로서 이것은 남무男巫가 사기술로 타인의 재화를 편취하는 경우다. 또한 이 경우는 '사녀를 우롱하는' 성적 범죄를 저지르기도 하였다. 채응규의 경우는 아마도 ⑤에 상응할 것이다. 중화군수 안상安瑺(1567~1608)이 채응규를 잡으려 했지만 실패했다는 말을 참고하건대, 채응규는 남무로서 신을 내세워 백성의 재물을 편취하는 사기술로 물의를 일으켜 급기야 관의 단속 대상이 되었던 것으로 보이는데 끝내 잡히지는 않았다.

이어지는 춘수의 증언은 채응규가 진짜 유유 행세를 했던 것과 가장 근접해 있는 자료가 될 것이다. 황해도 장련에 사는 한필성의 딸은 정랑正郞 이모李某와 결혼한 지 3일 만에 소박을 맞아 친정으로 돌아와 살고 있었다. 채응규는 그것을 듣고 정랑 이모를 가장하여 한필성의 딸에게 접근했고, 딸은 채응규를 남편인 줄 알고 의심하지 않았다. 결혼한 지 사흘 만에 소박을 맞았다면 한필성의 딸은 남편인 정랑 이모를 충분히 인지하지 못했을 수 있다. 채응규는 한필성의 딸과 성관계를 가졌을 터이고 재물도 편취했을 것이다. 하지만 한필성 측에서 채응규를 고소해 처벌하는 것은 불가능했을 것이다. 고소하는 것은 소박을 맞아 사는 딸이 외간남자와 성관계를 가졌다고 공인하는 것으로 그것은 사족사회에서 엄청난 불명예가 되었을 것이기 때문이다. 채응규는 그 약점을 너무나도 잘 알고 있었을 것이다.

유유 집안의 계집종과 성관계를 가진 바 있는 채응규는 그 계집종을 통해 유유가 가출한 사실과 유유 집안의 속사정을 알게 되었을 것이다. 또한 경산을 떠나 황해도와 평안도 일대에서 무당을 거느리고 사기극을 벌이며 살던 채응규는 우연히 유유를 만나 한동안 기거를 같이했고, 그렇기에 유유가 쉽사리 집으로 돌아갈 상황이 아니라는 것을 알게 되었을 것이다.

경산현의 관속이었던 채응규가 어떤 이유와 과정을 거쳐 황해도와 평안도 일대에서 무당노릇을 하게 되었는지는 알 길이 없다. 다만 그는 유유와 함께 지내는 동안 유유의 입을 통해, 또 유유의 일기를 통해 유유와 유씨 집안에 대한 풍부한 정보를 확보할 수 있었을 것이다. 하지만 이것만으로는 채응규가 실제 유유 행세를 하면서 적극 사기 행각에 나선 이유가 될 수는 없다. 그가 대담하게 유유라고 자칭할 수 있었던 것은 유씨 집안 내부에 자신을 도울 조력자가 있었기 때문이었다.

채응규의 최초 등장

채응규는 처음 어떻게 자신의 존재를 유씨 집안사람들에게 알렸던 것인가. 평안도와 황해도 일대에서 무당노릇하며 사기행각을 벌이던 채응규의 모습은 〈이생송원록〉이 전한 것일 뿐이고 〈유연전〉은 채응규의 과거 이력에 대해서는 전혀 언급하지 않는다. 뿐만 아니라 채응규가 처음 유씨 집안과 접촉한 시점과 장소에 대한 정보도 명료하지 않다. 〈유연전〉이 일관되게 주장하는 것은 채응규(가짜 유유)의 존재를 유연에게 처음 알린 사람은 이제라는 언급뿐이다. 과연 그런가.

부친 유예원의 시묘살이를 하고 있던 유연은 1562년 이제의 편지를 받게 된다. 〈유연전〉의 해당 부분을 직접 읽어보자.

05

채응규,
유씨 집안 사람들과 만나다

이듬해인 임술년(1562) 이제가 유연에게 편지를 보냈다.

"들으니, 해주의 채응규란 사람이 실로 너의 형이라고 하더라. 너는 맞이해 집으로 돌아가야 할 것이다."

유연은 편지를 받자 노비를 보내어 맞아오려 했으나, 노비는 그냥 돌아왔다.

"유유가 아니었습니다."

여름에 이제가 또 편지를 보내어 채응규가 의심할 바 없이 유유라고 하였다. 유연은 다시 사람을 보냈지만, 다시 또 그냥 돌아왔고, 말은 전과 같았다.[1]

〈유연전〉은 1562년 유연에게 '해주에 있는 채응규란 사람이 유유'라고 전했던 최초의 인물이 이제라고 기술하고 있다. 이제 역시 직접 채응규를 만났던 것은 아니고, 다른 사람이 전하는 말을 들었다고 했다. 그런데 〈유연전〉의 다른 부분은 이제가 유연에게 채응규(=가짜 유유)의 존재를 알린 것은 동일하지만, 그 세부 상황은 약간 다르게 표현되어 있다. 곧 1564년 유연이 삼성추국 때 바친 초사에는 이제가 자신에게 보낸 편지에서 "가노家奴 삼이三伊가 어떤 일 때문에 해주에 갔다가 채응규란 사람이 있는 것을 듣고 그 사람이 유유가 아닌가 생각하고는 찾아가 보았더니 과연 유유였다"[2]라고 말했다고 한다. 이 말이 사실이라면 채응규를 최초로 만난 사람은 이제의 노비 삼이다.

〈유연전〉에는 이외에도 채응규가 최초로 알려진 계기에 대한 자료가 하나 더 있다. 1579년 재조사 때 채응규의 처 춘수가, 이제가 삼이로 하여금 채응규를 찾아가 정말 유유인지 확인시켰다고 증언한 것이다.

채응규와 결혼한 뒤 아들 둘을 낳았습니다. 그때는 유유란 이름을 전혀 듣지 못하였습니다. 임술년(1562)경 달성령(=이제)이 사노 삼이를 보내왔는데, 채응규를 만나보고는 '바로 유유다'라고 하였습니다. 백씨 역시 사람을 보내어 뜻을 전해왔습니다.[3]

춘수의 이 진술까지 고려하면, 이제의 노비 삼이가 채응규를 만난 것은 어김없는 사실인 것으로 보인다. 하지만 유씨 집안과 관련된 사람 중에서 삼이가 채응규(=가짜 유유)와 최초로 대면한 사람인지는 따져볼 만한 문제다. 이상의 자료를 꼼꼼히 읽어보면, 이제와 삼이 모두 어떤 사람으로부터 채응규의 존재와 그가 유유일 것이라는 말을 들었다는 것이다. 이 부분을 다시 따져보자.

이제는 1540년 유예원의 장녀와 결혼했고, 그 이듬해인 1541년 대구에서 서울로 주거지를 옮긴 뒤 계속 서울에서 살았다. 1563년 겨울 채응규가 서울에 나타났을 때는 이제가 대구를 떠난 지 21년이나 지난 뒤였다. 이런 상황이라 이제는 유유를 자칭하는 채응규가 정말 유유인지 확신할 수 없었다. 그러니 이제의 노비인 삼이가 채응규를 보자마자 유유라고 단언했다는 말은 그대로 믿기 어렵다. 뒷날 채응규의 진짜·가짜 판단에 관여했던 유연의 노비들은 모두 삼성추국 때 신문을 받았으나, 최초로 채응규=진짜 유유라고 판단했던 삼이의 경우는 신문을 받은 흔적이 전혀 없을 뿐만 아니라, 진짜·가짜 판단과 관련하여 거론조차 되지 않는다. 그렇다면 삼이는 1564년에 이미 사망한 상태였던가?

채응규를 처음 만난 인물, 이자첨

이상에서 검토한 바와 같이 이제의 노비 삼이가 채응규를 만났다는 것은 사실이 아닐 가능성이 높지만, 이제가 어떤 인물로부터 채응규 (=가짜 유유)의 존재를 들었던 것은 분명하다. 〈이생송원록〉은 그 인물이 유연의 표형表兄(고종사촌) 이자첨李子瞻이라 밝히고 있다. 이자첨이 해주에서 우연히 유유로 변성명한 채응규를 만났고, 이제를 찾아가 유유가 나타난 사실을 대구 유연의 집에 연락할 터이니, 이제에게 역시 따로 보낼 편지를 써달라고 부탁했다는 것이다. 〈이생송원록〉에 의하면 채응규를 최초로 만나고 또 유유라고 확신했던 사람은 이제의 노비 삼이가 아니라 유유의 고종사촌 이자첨이었다.

이자첨에 의하면, 평안병사의 군관 임기를 마치고 돌아오는 길에 해주성에 유숙했는데, 그때 채응규가 찾아왔다는 것이다.[4] 이자첨은 채응규를 보자 용모와 말씨[사기辭氣]가 어렴풋하게[怳如] 옛날에 알던 사람과 같았다고 말한다.[5] 곧 단정할 수는 없지만 옛날에 알던 사람같이 보였다는 것이다. 앞에서 말했듯 유연은 유유의 용모에 여성성이 두드러진다고 했다. 하지만 뒷날 유연이 채응규가 가짜라는 것을 밝힐 때 채응규의 외형과 음성이 다르다는 것을 강력한 증거로 내세웠다. 유연은 형제이므로 그 신체적 특징에 대해 정확하게 알았을 것이다. 하지만 이따금 만난 친척이라면 그것은 다른 문제가 된다. 성장기를 거치면서 외형은 달라질 수 있다. 어렸을 때의 기억만을 가지고 있다면, 자신이 그 사람이라는 상대방의 주장에 동의할 수도 있다. 어렴풋하게 옛날에 알던 사람같이 보였다는 말은 이렇게 이해할 수 있을 것이다. 여기서 보다 중요한 것은 용모가 아니라 말씨다. 얼굴과 체형은 쉽게 바꿀 수 없겠지만, 음성의 모사模寫와 말투의 모방은 가능하다. 이자첨이 채응규의 말씨가 유유와 비슷하다고 느꼈다는 것은 채응규가 의식적으로 유유의 말씨를 모방했다는 것을 암시한다.

이어 이자첨과 채응규(=가짜 유유) 사이에 대화가 이어졌다. 유예원의 존몰存沒(생사生死) 여부와 친구들의 안부를 나누게 되자, 채응규는 오열하며 눈물을 쏟았다. 이자첨은 옛날 유유가 해주에서 떠돌이 생활을 하고 있다는 말을 들은 적이 있어 채응규에게 물었다. "너는 혹시 유유가 아니냐?" 이에 채응규는 이자첨의 손을 잡으며 말했다. "제가 멀리서 표형을 바라보고 고꾸라질 듯 달려와 비로소 아버지가 돌아가셨다는 소식을 듣습니다."[6] 채응규는 한참 통곡을 하였고, 이자첨 역시 감정이 북받쳐 흐느꼈다고 했다.[7]

채응규가 유예원의 죽음을 확인하는 이 장면은 대단히 큰 의미가 있다. 만약 유예원이 살아 있었다면, 채응규는 거침없이 가짜 행세를 할 수 없었을 것이다. 다른 사람은 몰라도 부모를 속이기는 매우 어렵기 때문이다.

채응규가 먼저 이자첨을 찾아간 것은 춘수의 1564년 공초에서도 확인할 수 있다. 춘수는 1562년 봄 평안병사의 군관(이자첨)이 해주 성내에 와서 숙박했을 때 그를 방문한 채응규가 오랫동안 귀가하지 않았다고 증언했다. 춘수가 누구냐고 묻자 채응규는 "나의 표형 이 아무개다. 처음으로 아버지의 부음을 들어 애통하기 그지없다"라고 답했다. 춘수가 "전에는 일찍 부모를 여의었다고 했는데 지금 '비로소 아버지의 부음을 들었다'고 하니, 어인 말이오?"라고 묻자, 채응규는 "나는 실로 유유라네. 전에는 대개 종적을 감추고자 그렇게 말한 것이라네"라고 하였다. 춘수는 또 그다음 날에는 이 군관李軍官(이자첨)이 찾아와 흐느껴 울고 갔다고 증언했다.[8] 여기서도 채응규가 유예원이 사망했다고 말하고 자신이 유유라고 선언한 대목에 주목할 필요가 있다. 다시 말해 채응규는 이자첨으로부터 유예원의 죽음을 확인한 후 본격적으로 유연으로 행세하기 시작했다는 것이다.

춘수의 공초에 따르면 채응규는 유유 행세를 하기 위해 의도적으로 이자첨을 찾아간 것이 확실하다. 채응규가 유유라고 말하는 것을 본 춘수가 놀라는 장면은 춘수의 거짓 증언이거나 아니면 〈이생송원록〉의 날조 기록으로 볼 수도 있다. 하지만 채응규가 황해도로 흘러들어간 떠돌이였음을 생각한다면, 결혼 당시 부모를 일찍 여의었다고 춘수에게 거짓말한 것은 결코 이상한 일이 아니다.

이와 같이 채응규를 처음 만난 사람은 이자첨임이 분명하다. 그럼에도 〈이생송원록〉을 제외한 모든 자료에는 이자첨의 이름조차 없다. 당연히 〈유연전〉에도 이자첨의 이름은 등장하지 않는다. 채응규를 최초로 만난 인물이 이자첨이라면, 자연히 이제가 채응규를 사주하여 유연 집안의 재산을 빼앗으려 했다는 〈유연전〉의 서사는 무너지기 때문이다.

이제, 세종의 현손

〈유연전〉에 의하면, 이제李禔는 1562년 두 차례에 걸쳐 유연에게 채응규(=가짜 유유)의 존재를 알렸고, 또 1563년 겨울에는 서울 자신의 집으로 채응규가 찾아와 있다고 거듭 유연에게 알린다. 이제는 이 사건에서 매우 중요한 인물인 것이다. 먼저 이제라는 인물에 대해 간단히 알아보자.

이제는 종실 출신으로 세종의 현손이다. 세종은 소헌왕후 심씨와 4명의 후궁에게서 18남 4녀를 두었다. 가장 많은 아들을 낳은 사람은 신빈愼嬪 김씨로, 이증李璔·이공李玒·이침李琛·이곤李璭·이당李瑭·이거李琚 등 여섯 아들을 낳았다. 이 중 익현군 이곤이 이제의 증조부가 된다. 계보를 그리면 다음과 같다.

익현군 이곤은 아들 이지만 두었는데, 이지는 후사가 없어 조카 이해를 양자로 삼았다. 이해는 아들 셋을 두었는데 이정·이제·이지다. 이해의 둘째 아들 이제는 당연히 서울에 살았을 것인데, 대구의 다른 이름인 '달성達城' 정正이 되었던 것은 그가 1540년 유예원의 맏딸과 결혼한 뒤 당시의 혼속[부처제婦妻制]을 따라 일시 대구에서 처가살이를 했기 때문일 것이다. 이제는 결혼한 이듬해인 1541년 서울로 이사를 했고 이후 계속해서 서울에서 살았다.[9] 3년 뒤인 1543년 아내 유씨는 아들 이경억李慶億을 낳고 1개월 뒤에 사망한다. 정확한 날짜를 알 수 없지만, 이제는 재혼했고 후처와의 사이에서 아들 넷을 얻는다.[10] 그중 첫째가 이언순이고 나머지 셋 중 둘이 이언관·이언용 형제다.

유유 사건을 제외하면 이제는 문헌에 거의 등장하지 않는다. 소문에 휩싸일 만한 사건도 전혀 없다. 그렇다면 이제는 어떤 인물이었던가. 아들 이언용은 〈이생송원록〉에서 "선인先人(이제)은 평일 학문을 하여 의리를 알았고 재물과 이익에 담박하고 친구에게 후하였다"[11]라고 평했는데, 아버지를 아는 사람들이 살아있는 상황에서 날조해서 말한 것으로 보기는 어려울 것이다. 이언용은 자신의 말을 입증하는 증거로 이제가 인종과 명종의 죽음에 소복을 입고 3년상을 치르며 슬퍼했고, 그것을 향당鄕黨과 종족宗族이 모두 알고 있었다는 사실을 들었다. 그가 인종과 명종의 죽음에 3년상을 지냈던 것은, 출세나 명예를 얻기 위해서 한 일이 아니었다. 이제의 아버지 이해는 종실 중에서 가장 문망聞望이 높아 즉위하기 전의 명종이 누차 그의 집을 찾았고, 즉위하고 나서는 이지李漬의 모습을 그림으로 그려 그에게 하사할 정도로 특별히 총애하는 뜻을 보였다고 한다.[12] 명종 스스로 "자신이 어렸을 때 여러 번 그의 집에서 지냈으므로 그 공을 갚을 길이 없다"[13]고 말한 바 있으므로 이것은 어김없는 사실이다. 명종의 배려에 이제는 진심에서 3년 동안 소복을 입었을 것이다.

이언용은 아버지 이제의 인품을 입증하는 또 다른 예로 재산 상속 과정에서 이제의 처신을 든다. 그의 조부 이해는 사망 전 직접 유서를 작성해 이제와 숙부에게 각각 노비 80구를 나누어주었는데, 그 뒤 재산을 나눌 때 세부世父[큰아버지, 곧 이정李禎을 가리키는 듯]가 유서를 인정하지 않았다. 숙부가 소송을 제기하려 했지만, 이제는 적형嫡兄과 재산을 두고 소송을 할 수 없다 하여 끝내 소송하지 않았다[14]고 한다. 이언용은 다음과 같은 또 다른 일화도 전한다. 이제의 친구인 찰방 조진趙璡이 이제의 계집종을 첩으로 삼아 1남 1녀를 낳았다. 죽기 전 자식의 속량贖良을 걱정하자, 이제는 즉시 문권을 써서 대가 없이 속량해주었다.[15] 두 일화를 통해 이언용은 이제가 재물에 담박한 사람이었다고 증언한 것이다.

이언용의 말은 아버지에게 씌워진 오명을 벗겨내려는 아들의 입장에서 한 말이기에 액면 그대로 인정하기 어렵다고 반박할 수도 있다. 하지만 〈이생송원록〉은 권득기의 비판과 정리를 거친 것임을 상기할 필요가 있다. 권득기는 《송원록》에서 객관적인 신빙성이 현저히 떨어지는 것은 모두 덜어냈다. 만약 이언용의 말이 날조 흔적이 있는 것이라면, 모두 삭제되었을 것이다. 그래도 이언용의 말을 액면 그대로 수용하기 어렵다고 주장할 수도 있다. 그럼에도 이제가 특별한 선인善人은 아닐지라도 〈유연전〉이 말하는 것처럼 전처 집안의 재산을 노려 채응규를 교사할 그런 악인은 아닐 것이라고 유추해볼 수 있다.

물론 집안에 재산이 있다고 하더라도, 남의 재산을 탐내지 않는다는 보장은 없다. 그렇다 해도 이미 상당한 재산을 보유하고 있고, 또 종실이라는 사회적 지위를 갖고 있음에도 이제는 왜 전처 집안 재산의 일부를 빼앗으려고 했던 악인으로 몰리게 되었는가 하는 의문은 남는다.

유연이 노비를 채응규(=유유)에게 보내다(1차 방문)

1562년 이제는 "해주의 채응규가 유유가 분명하니 데리고 가는 것이
좋겠다"는 편지를 보냈고, 이에 유연은 1563년 채응규(=가짜 유유)를
데려오기 위해 노비를 보냈다. 하지만 빈손으로 돌아온 노비는 채응
규라는 인물은 유유가 아니라고 하였다(1차 방문). 1564년 유연의 초
사(《유연전》)에 의하면, 유연은 다시 유유의 아내 백씨와 의논하여 백
씨의 편지와 의복을 챙겨 노비에게 들려 보냈는데(2차 방문), 돌아온
노비 역시 유유가 아니라고 보고한다.

　그런데 1564년의 초사(심문기록)는 흥미롭게도 2차 방문 때의 채응
규의 반응을 싣고 있다. 유연이 보낸 노비의 방문을 받은 채응규(=가
짜 유유)는 "나는 채응규다. 너희들이 삼이가 잘못 전하는 말을 듣고
멀리 와서 고생하는구나"라고 말하고, 이어 백씨의 편지에 답장을 써

06
엇갈리는
진술들

서 돌려보냈다는 것이다. 채응규 스스로 자신이 유유가 아니라고 말했다는 것이다. 이 진술이 진실이라면, 뒤에 채응규가 유유 행세를 하면서 등장한 것은 스스로 자신의 말을 뒤집은 것이 된다. 채응규가 이렇게 했을 가능성이 있는가. 이 진술은 채응규의 입에서 나온 것이 아니다. 이 점을 따져보기로 하자.

〈이생송원록〉에도 1563년 유연이 처음 노비를 해주로 보냈을 때(1차 방문)의 정황을 싣고 있다. 날짜는 정확하지 않지만, 여름이 되기 전 어느 달에 유유를 찾아 해주로 갔던 유연의 노비는 억종億種과 몽합蒙合이었다. 이 중 억종의 1564년 초사가 〈이생송원록〉에 실려 있다.

억종의 초사에 의하면, 억종은 몽합과 함께 해주로 가서 채응규를 만났다. 억종은 채응규의 얼굴이 살이 찌고 발이 큰 것을 보고 상전, 곧 유유와 다르다고 생각했다.[1] 하지만 몽합의 의견은 달랐다. 몽합이 자신은 '늙은 종'으로 "면모에 익숙하기로는 자신만한 사람이 없다"면서 유유가 병을 얻은 상태로 달아나 숨어사는 동안 추위와 굶주림을 겪은 탓에 옛 모습을 잃게 되었을 것이라고 말했다.[2] 단언하지는 않았지만 유유일 가능성이 있다는 것이었다. 하지만 역시 의견일치를 본 것은 아니었다.

〈이생송원록〉에 실린 춘수의 초사(1564)도 몽합과 억종이 채응규를 찾아 해주에 왔던 것을 증언한다. 춘수에 의하면 1563년 가을 두 사람이 찾아와 봉서封書와 유의襦衣를 전하자, 그것을 본 채응규가 통곡을 했다는 것이다. 춘수가 그 두 사람이 누구인지와 통곡하는 이유를 묻자, 채응규(=가짜 유유)는 "시골집의 노비가 가서家書를 가져왔는데, 하나는 아버지께서 생시에 부리시던 몽합이고 하나는 내가 소싯적에 신임하던 억종이다"라고 대답했다.[3] 몽합과 억종이 사흘간 머무르다

떠날 때 채응규는 편지를 써서 보냈다. 이를 보면 채응규는 몽합과 억종이 처음 찾아왔을 때부터 유유 행세를 했던 것이 분명하다. 애초 해주성 내에 이자첨이 머무르고 있다는 것을 알고 의도적으로 그에게 접근했던 채응규였으니, 유연의 노비 억종과 몽합에게도 일관되게 유유 행세를 했던 것이다.

억종과 춘수의 증언은 일치한다. 그런데 〈이생송원록〉에 실린 억종·춘수의 진술은 〈유연전〉의 진술과는 사뭇 다르다. 〈유연전〉의 초두는 유유가 아니었다고 했고, 1564년의 유연의 초사는 채응규 스스로가 유유가 아니라고 하면서 백씨에게 편지까지 써주었다고 말하고 있다. 〈유연전〉의 두 경우 중 한 경우라도 진실이면, 〈이생송원록〉 쪽은 거짓이 된다. 하지만 〈유연전〉의 두 경우는 모두 채응규가 유유가 아니라는 판단에서는 일치한다. 만약 해주로 파견되었던 노비 둘이 돌아와 유유가 아니라고 말한 것이 사실일 경우, 유연과 백씨 입장에서는 다시 사람을 해주로 보낼 필요가 없었을 것이다. 후자의 경우도 본인이 유유가 아니라고 말한 것이 사실이라도 마찬가지일 것이다. 삼이가 잘못 전한 것이라고 하면서 자신은 채응규이고 유유가 아니라고 부정하는데 다시 사람을 보낼 필요는 없었을 것이다. 따라서 〈유연전〉의 서술은 정확한 사실이 아닐 가능성이 높다.

〈유연전〉의 진술은 그 자체로도 일치하지 않는다. 초반부의 진술에 의하면, 노비를 두 차례 보냈는데, 노비들은 모두 유유가 아니라고 말했다고 한다. 1564년 유연의 초사에 의하면 채응규는 '삼이가 오인한 것이고 자신은 채응규'이며 유유가 아니라고 말했다. 그런데 1563년 겨울 채응규가 서울 이제의 집에 와서 머무르고 있을 때 유연이 다시 억종을 보내자, 채응규는 "예끼, 네놈은 유연과 음모를 꾸미며, 전에 해주에 왔을 때도 도리어 나를 가짜로 만들려 했지. 노비로서 주인을 잊은 죄는 죽어 마땅할 것이야"[4]라고 화를 낸다. 이 말은 억종이 채응규를 가짜라고 말했다는 것이다. 따라서 노비가 첫 번째 방문했을 때 채응규가 자신이 유유가 아니라고 말했다는 〈유연전〉의 기록은 사실이 아니다. 채응규는 처음부터 자신이 유유라고 말했고, 2차 방문 때도 역시 그러하였다. 따라서 2차 방문 때 채응규가 "나는 채응규다. 너희들이 삼이가 잘못 전하는 말을 듣고 멀리 와서 고생하는구나"라고 한 말은 채응규의 입에서 나온 것이 아니다. 이 말은 날조되어 〈유연전〉에 삽입된 것으로 보인다. 앞으로 자세히 검토하겠지만, 〈유연전〉의 자료는 신빙성이 떨어지는 것이 상당히 많다.

유연이 다시 노비를 해주로 보내다(2차 방문)

억종과 몽합은 돌아와서 자신들이 본 바와 의견을 유연과 백씨에게 말했을 것이다. 〈이생송원록〉에 실린 1564년 억종의 초사는 1차 방문 결과에 대한 유연과 백씨의 반응을 옮기고 있다. 억종은, 유연과 백씨가 "형이 억종을 부린 지 오래되지 않아 집을 나갔으니, 억종이 잘 알아보지 못했을 가능성도 있을 것이다. 몽합의 의견이 옳다"라고 말하고, 다시 여름의 어느 달에 자신(억종)과 노비 윤희尹希를 해주로 보냈다고 했다.[5]

　유연이 다시 억종과 윤희를 보낸 것은 이제의 두 번째 편지와 유유의 처 백씨의 강청도 작용한 것으로 보인다. 〈유연전〉에 "여름에 이제가 또 편지를 보내어 그가 의심할 바 없이 채응규라고 하였다. 유연은 다시 사람을 보냈지만, 다시 또 그냥 돌아왔고, 말은 전과 같았다"[6]라고 기록되어 있다. 이자첨의 부탁으로 유유의 존재를 유연에게 알렸을 때 이제는 채응규의 진짜·가짜를 확인하지 않은 상태였다. 이제는 억종과 몽합의 첫 번째 방문이 있고 난 뒤 채응규에게 자신의 노비를 보냈을 것이다. 합리적인 추측이라면 채응규는 이제의 노비에게 자신이 유유라는 것을 입증하는 여러 정보를 제시했을 것이고, 그 노비가 전하는 정보를 들은 이제는 채응규가 유유임을 입증하는 확실한 증거가 있다고 편지를 보냈을 것이다.

백씨 역시 유연에게 재차 노비를 보내자고 강청했던 것이 분명하다. 〈유연전〉의 1564년 초사에서 유연은 이렇게 말한다. "임술년(1562) 이후 노비가 재차 갔다가 왔고 형수님은 그때마다 편지를 부쳤습니다. 그 답서의 편지를 보면, 진위를 가릴 수 있을 것입니다. 그런데 한결같이 이제의 말만 믿고 늘 의심을 쌓고 계십니다. 그 때문에 제가 추위를 무릅쓰고 길에 올랐고, 돌아와서는 향족鄕族과 마주 대하여 밝혔던 것입니다."[7] 이것으로 보아 이제의 편지를 받은 백씨가 다시 노비를 보낼 것을 유연에게 강청했고 유연은 어쩔 수 없이 다시 억종과 윤희를 해주로 보낼 수밖에 없었던 것이다.

채응규(=가짜 유유)를 찾아간 억종과 윤희가 대구 집으로 돌아가자고 요청하자, 채응규는 "아버지의 상에 달려가지 못했으니, 무슨 얼굴로 친구를 보겠는가?"[8]라며 거절하고 따라나서지 않았다. 〈이생송원록〉에 실린 1564년 춘수의 초사 역시 억종과 윤희가 찾아와서 채응규에게 본가로 돌아가자고 하자, 채응규(=유유)는 "아버지를 배반한 사람이라 고향에 돌아갈 낯이 없다"라고 하면서 따라나서지 않았다고 증언한다. 억종과 윤희는 이틀을 머무르고 대구로 돌아갔다. 채응규는 자신이 유유인 것처럼 행동했지만, 억종과 윤희는 유연에게 채응규가 확실하게 유유라고 단정하지 않았던 것으로 보인다. 그것이 앞서 〈유연전〉에서 두 차례나 다녀왔지만, 모두 유유가 아니라고 보고했다는 말로 정리되었을 것이다.

백씨가 보낸 편지

〈이생송원록〉에 실린 이자첨의 공초에 의하면 1562년 여름 노비들이 두 번째로 채응규를 방문한 지 1년 몇 개월이 지난 1563년 겨울 채응규가 서울로 올라왔다.[1] 이제는 유연에게 이 사실을 알렸고 이에 유연은 억종을 먼저 올려보내고 자신은 며칠 늦게 출발했다. 억종은 〈이생송원록〉에 실린 1564년 공초에서 채응규를 대면했을 때의 정황을 소상히 밝히고 있다.

억종에 의하면, 채응규가 서울에 왔다는 소식을 들은 백씨는 노비를 보내 안부를 묻고 기자機子 한 쌍을 부쳐 보냈다고 한다. '기자'는, 채응규가 '그 말아襪兒'를 신었다고 한 것으로 보아 버선임을 알 수 있다. 그런데 채응규는 그 버선을 신고 "내 발이 정말 큰가? 이 버선이 어찌 나의 발에 맞겠는가? 너의 죄가 크다!" 하고는 억종의 넓적다리

백씨 부인과
채응규의 편지

를 20대 치고는 대구로 돌아가라고 했다. 그러면서 "너의 안상전[주모主母를 안상전이라 한다—원주]의 편지를 보고, 병이 깊다는 것을 알았다. 내가 마땅히 내려가겠다. 너는 가서 속히 반전盤纏(노자)을 갖추어 오너라" 했다고 한다.[2] 여기서 안상전은 곧 유유의 아내 백씨다. 그런데 백씨가 채응규에게 버선과 함께 편지를 보냈다는 것이 흥미롭지 않은가? 또 "너의 안상전의 편지를 보고, 병이 깊다는 것을 알았다"라는 채응규의 말에서 백씨가 편지에 자신의 건강 상태에 대해 말했다는 것도 짐작할 수 있을 것이다. 곧 백씨가 보낸 편지에는 대단히 개인적인 말들이 쓰여 있었을 것이다.

앞서 인용한 〈유연전〉의 서두에 의하면 두 차례에 걸쳐 자신이 유유가 아니라고 말했던 채응규에게 백씨가 자신의 개인적인 건강 상태까지 털어놓는 편지를 보낸 것은 이상한 일이 아닌가. 또 스스로 유유가 아니라고 했던 채응규가 억종을 자신의 종처럼 대하는 태도 역시 납득할 수 없다. 〈유연전〉의 후반부에는 1564년 3월 11일 삼성추국 때 유연이 바친 공초가 실려 있는데, 여기에 음미할 대목이 있다.

신은 백씨와 의논한 끝에 즉시 노비에게 백씨의 편지와 의복을 주어 해주로 보냈더니, 그 사람은 신의 형이 아니었습니다. 또 스스로 '나는 채응규다. 너희들이 삼이가 잘못 전한 말을 듣고 먼 길을 왔으니 정말 힘들었겠구나'라고 말하고, 이어 백씨에게 답서를 써서 돌려보냈습니다. 이와 같이 한 것이 두세 번이었습니다.

또 그해 겨울에 이제가 삼이를 보내왔습니다. 신이 "마땅히 형의 편지가 있을 것이다" 했더니, 삼이가 "백가白家에 편지가 있습니다"라고 하였습니다. 신이 백씨에게 형의 편지를 보자고 했더니, 이미

잃어버렸다고 하였습니다.[3]

1562년 억종과 몽합이 처음 채응규를 찾아갔을 때, 곧 1차 방문 때 백씨는 채응규에게 편지와 의복을 보냈고, 채응규는 백씨에게 답서를 써 보냈다는 것이다. 집을 떠나 오랫동안 행방을 알 수 없던 남편 유유(=채응규)에게 아내 백씨가 편지를 써 보낸 것은 당연히 있을 수 있는 자연스러운 일이다. 하지만 채응규의 이런 반응은 순순히 납득할 수 있는 것이 아니다.

처음 보는 낯선 사람 둘이 찾아와 '당신은 유유입니까?'라고 물었을 때 아니라고 밝혔으면 그만이지 굳이 그 사람의 아내에게 편지를 써 보낼 필요가 있었을까? 더욱이 유연의 노비들은 채응규의 생김새가 유유와 다르다고 생각하지 않았던가. 그런 정황이라면 "나는 채응규다. 너희들이 삼이가 잘못 전한 것을 듣고 정말 고생스럽게도 먼 길을 왔구나"라는 말로 충분했을 것이다. 더욱이 채응규에게 백씨는 생면부지의 사족가의 기혼여성이다. 진짜 남편이라면 당연히 편지를 쓸 수 있지만, 아전 출신의, 무당노릇을 하는 남성이 평소 아는 사이도 아닌 사족가의 여성에게 굳이 자신이 유유가 아니라는 내용의 편지를 쓸 필요가 있을 것인가. 이것은 첫 번째 방문부터 채응규가 유유를 자칭했고, 그것을 편지로 써서 백씨에게 보냈다는 것을 의미한다.

잃어버린 편지

유연은 1564년의 공초에서 '이렇게 한 것이 두세 번'이었다고 말한다. 채응규와 백씨 부인이 사람을 보내고 편지를 주고받은 것이 두세 번이라는 것이다. 정확하게 말하면, 1차 방문과 2차 방문 때의 편지와 1563년 겨울 채응규가 읽고 나서 억종에게 '너의 안상전' 운운한 편지까지 합쳐서 모두 세 번이다. 그런데 채응규 스스로 유유가 아니라고 말한 이상, 다시 노비를 보내고 편지를 보내고 하는 것은 너무나 이상한 일이 아닌가. 의문을 풀 실마리는 유연의 공초 중 '또 그해 겨울에 이제가 삼이를 보내왔습니다'라고 한 부분 이하의 진술이다. 이것은 〈유연전〉 초반부의 다음 부분에 상응하는 것이다.

> 그 이듬해인 계해년(1563, 명종 18) 겨울 이제가 종 삼이를 보내 말을 전했습니다.
> "전에 말했던 채상사蔡上舍(=채응규)가 첩을 데리고 우리 집에 왔는데 정말 유유다. 너는 와서 만나 보거라."[4]

앞에서 인용한 유연의 공초에 의하면, 유연은 삼이에게 "형이 보낸 편지가 있을 것이다"라고 하며 유유(=채응규)가 보낸 편지를 찾는다. 삼이는 이에 "백가白家에 이미 편지가 있습니다"라고 답한다. 이것은 채응규가 백씨에게 보낸 편지가 있었다는 것이다. 유연은 백씨에게 유유의 편지를 보자고 하지만, 백씨는 잃어버렸다고 답한다. 집을 떠난 지 4년 만에 나타난 남편의 편지를 아내가 받고 잃어버렸다는 것은 쉽게 납득할 수 없는 일이다.

유연이 생각하기에 백씨가 채응규로부터 받은 편지는 채응규가 유유인가 아닌가를 판단하는 데 대단히 중요한 것이었다. 내용과 필체 모두 판단의 근거가 될 것이었다. 그렇다면 그 편지를 백씨가 보여주지 못할 이유는 없다. 그럼에도 백씨가 편지를 유연에게 보여주지 않고 잃어버렸다고 말한 데에는 다른 이유가, 곧 그 편지에는 유연이 알아서는 안 될 내용이 담겼을 것이란 추측이 가능하다. 한걸음 더 나아간다면, 1차 방문 때 백씨가 채응규에게 이미 편지를 보냈던 것은 분명하다. 그 편지를 받고 채응규는 백씨에게 답신을 보냈던 것이다. 백씨와 채응규는 세 차례에 걸쳐 편지를 주고받았다. 종들이 채응규가 유유가 아니라고 했음에도 불구하고 말이다. 둘 사이의 편지에 어떤 내용이 담겨 있었기에 백씨는 시동생 유연에게 형의 편지를 보여주지 않았던 것인가.

1563년 봄 채응규가 서울로 오다

유연의 노비 억종과 윤희가 두 번째로 채응규(=유유)를 찾아간 시점은 1562년의 여름이라는 자료도 있고, 가을이라는 자료도 있다. 아마 여름에서 가을로 바뀌는 시점이었으므로 기억에 차이가 났을 것이다. 여러 증언에 의하면 채응규는 1563년 겨울 이제의 서울 집으로 찾아온다. 억종과 윤희의 2차 방문으로부터 1년을 훌쩍 넘긴 뒤다. 이 1년 넘는 기간 동안의 채응규에 대한 정보는 찾을 수 없다. 오직 1579년 유유 사건의 재조사 때 춘수의 공초에만 그 시기 채응규의 동정이 조금 언급되었을 뿐이다.

춘수의 초사에 의하면 채응규는 "계해년(1563) 봄 서울에 올라가 3개월 머물다가 돌아와서는 곧 유유라고 스스로 일컬었다"고 한다. 춘수는 채응규가 서울의 어느 곳에 머물렀는지, 또 누구를 만났는지는

08
─────

서울로 온 채응규,
1차 관문 통과

밝히지 않았다. 하지만 서울에서 3개월을 보낸 뒤 돌아와 채응규가 자신은 유유라고 말했다는 것은 음미해볼 만한 가치가 있다.

추리해본다면, 채응규는 1562년 봄 해주 성내에서 이자첨을 만나서 자신이 유유라고 말했을 뿐 춘수에게는 말하지 않았던 것으로 보인다. 채응규가 춘수에게 자신이 유유라고 말한 것은, 1563년 봄, 서울로 가서 석 달을 머무르고 돌아온 뒤이다. 왜 채응규는 1563년 봄 서울에서 3개월을 머무른 뒤 자신이 유유라고 말했을까. 아마도 자신이 유유로 행세하는 데 대해 자신감을 갖게 되었다는 말일 것이다. 채응규는 서울에서 3개월을 머무르는 동안 자신이 유유임을 보다 자신 있게 입증할 수 있는 정보를 수집한 것이 아니었을까?

어차피 채응규가 정보를 수집한 구체적인 과정은 확인할 수 없다. 다만 좀 더 과감하게 추론해본다면, 채응규는 서울에서도 유유에 대한 정보를 수집할 가능성이 있었다. 이시발李時發(1569~1626)은 유연의 옥사에 대한 짧은 자료에서 "유유·유연 형제는 서울사람[京人]으로서 모친상[1]을 당해[丁內憂] 대구에 있었는데, 유유가 미친병에 걸려 글을 읽다가 야반에 도주하였다"[2]고 말한 바 있다. 여기서 '서울사람'이란 표현에 주목해보자.

조선 전기의 사족들은 향촌에 일정한 근거를 갖고 있으면서 서울에 또 다른 근거지를 갖고 있기도 하였다. 곧 경상도에 향제鄕第를 갖고 서울에서 벼슬을 하면 다시 서울에 경제京第를 갖는 경우가 있었다. 그 과정은 알 수 없지만, 유유·유연 형제는 서울에 사는 서울사람으로도 인식되었고, 그것이 유예원의 딸이 서울사람인 종실 이제와, 또 유연이 이제의 옆집에 사는 사족 이씨와 결혼할 수 있는 근거가 되었을 것이다. 이런 사정으로 인해 유유와 그의 집안에 대한 정보는 서울에도 남아 있었을 가능성이 있고 채응규는 그런 정보들을 수집했을 것으로 추정된다. 또 채응규가 서울로 갔다가 다시 대구로 가서 정보를 수집했을 가능성도 있다. 물론 이는 확정할 수 없는 문자 그대로 '추정'이자 '가능성'일 뿐이다.

1563년 겨울 채응규가 다시 서울로 오다

1563년 여름이 지나 겨울이 되었을 때 채응규는 다시 서울에 나타났다. 이것은 여러 자료가 공히 인정하는 것이다. 다만 채응규가 서울에 도착한 즉시 이제의 집으로 간 것은 아니었던 것으로 보인다. 1564년 춘수의 초사(〈유연전〉)에 의하면 채응규는 춘수와 아들 채정(경)백蔡貞白을 데리고 서울로 와서 태복시太僕寺 옆의 천변川邊에 머물렀다고 한다. 춘수는 이때 이제와 이제의 아들 이경억이 찾아와 채응규를 보고 진짜 유유라고 했다고 말하고 있지만, 이것이 이제와 이경억이 먼저 채응규를 방문한 것이란 의미는 아니다. 채응규가 자신이 서울에 왔다는 것을 미리 알리지 않았다면, 이제와 이경억이 태복시 천변으로 찾아갈 수 없기 때문이다.

채응규는 태복시 천변에 임시로 거처를 마련한 뒤 이제를 찾아갔을 것이다. 채응규는 이제가 유유의 자형이고 또 대구의 유연에게도 영향력을 행사할 수 있을 것이라는 정보를 알고 있었을 것이다. 이제는 1564년 초사(〈유연전〉)에서 이렇게 말했다.

애초 신이 유유(=채응규)를 찾아간 것이 아니고, 유유(=채응규)가 신의 집에 온 것인데, 생김새가 이미 변하여 처음에는 알아보지 못했습니다. 앉아서 오랫동안 이야기를 했는데, 한 집안의 일을 물어보면 메아리처럼 답하는 것이 마치 부절符節을 맞춘 듯하였습니다. 언어와 행동거지가 과연 유유인 것을 의심할 바가 없었습니다.[3]

이제는 채응규가 유유라는 것은 의심할 나위가 없었다고 증언한다. 다만 이 진술은 보다 세심하게 볼 필요가 있다. 채응규(=가짜 유유)를 만난 이제는 형색이 변한 유유를 알아보지 못하다가 채응규가 유씨 집안에 대해 거침없이 쏟아내는 정보를 듣고 유유임을 인정한다. 상이한 외모와 일치하는 정보 사이에서 후자를 판단의 근거로 삼아, 채응규를 유유라고 인정한 것이다. 외모와 정보 사이에서 망설이던 이제가 후자를 선택한 이유는 분명하다. 위에 인용한 이제의 말은 1564년 삼성추국 때의 공사供辭다. 이때 유연은 이미 형 유유(=채응규)를 고의로 살해한 혐의로 기소되어 있었다. 남은 절차는 유연의 자백을 받아내어 사형에 처하는 것뿐이었다. 이런 상황에서 이제가 채응규를 유유가 아니라고 한다면, 그것은 혈육을 살해한 살인자의 편에 서는 것이 된다. 살인자의 공범이 된다는 것은 함께 죽음을 당한다는 것을 의미했다. 실제 유연의 입장에 동의했던 유연의 노비 둘도 사형을 당했다. 이와 같은 상황의 압력이 이제로 하여금 외모와 정보 중 후자를 택하게 했던 것이다.

회의하는 두 사람, 이제와 심륭

정확한 실상을 말하면, 이제는 채응규가 진짜 유유인지 가짜 유유인지를 두고 회의했을 터이다. 그가 회의에 빠진 정황은 〈이생송원록〉에 실린 이제의 1564년 초사에 명료하게 나온다.

> **이제**—네가 비록 유유라고 하지만, 생김새가 아주 다르니, 진짜 유유인 줄을 모르겠다.
>
> **채응규**—병을 얻어 이리저리 옮겨 다니느라 먹고 주리고 하는 것이 때를 잃었으니, 생김새가 달라진 것은 형편이 그럴 수밖에 없는 것입니다. 누님이 돌아가시고 형과 소식이 막힌 것이 12년이 넘었으니 형이 어떻게 저를 알아보겠습니까?[4]

진짜 유유임을 확신할 수 없다는 이제의 말이나 모습이 달라질 수밖에 없었다는 채응규의 말은 각각 나름 합리적이다. 더욱이 이제는 1541년 서울로 이사를 했고[5] 1543년에는 유유의 누나인 전처 유씨가 죽었다. 아마도 이제는 1543년 이후로는 유유를 본 적이 없을 것이다. 그리고 유유(=채응규)가 1563년 다시 나타나기까지 20년이 흘렀다. 이런 이유로 이제는 갑자기 나타난 유유(=채응규)의 진위를 쉽게 판단할 수 없었을 것이다. 채응규가 이어 유씨 집안의 일을 말하면서 울었지만, 이제는 여전히 의심을 거두지 않았다. 때마침 대구로 가는 인편이 있어 유연에게 소식을 알렸다.[6]

이제가 채응규를 유유라고 단정하지 않았던 정황은 여러 자료에서 확인된다. 예컨대 1564년 춘수의 초사(《이생송원록》)도 유력한 증거의 하나다. 춘수에 의하면, 이제를 만나고 온 채응규가 "오늘 저부姊夫인 달성도정達城都正(=이제)을 찾아갔더니 나를 알아보지 못하였네. 또 표 저부表姊夫 심륭을 찾아갔는데 안 계셨고, 누나는 나를 보지 못했으니, 유감스럽다"[7]라고 말했다고 진술했다. 채응규는 이제를 찾아갔지만 이제가 자신을 유유임을 확실하게 인정하지 않아 실망했던 것이다.

서울에 온 채응규가 심륭을 찾아갔지만, 심륭의 반응 역시 이제와 다르지 않았다. 1564년 심륭의 초사(〈유연전〉)를 들어보자. "이제가 아 들 이경억을 시켜 '유유가 집에 왔다'고 말을 전해왔습니다. 신이 즉시 가서 보니, 형용은 이미 변하여 비록 자세히 알 수는 없었으나, 그 집 안의 일을 빠짐없이 갖추어 말했습니다. 또 이제 등이 유유라고 하기 에 신 또한 그렇게 믿었습니다."[8] 그 역시 채응규의 외모를 의심했지 만, 채응규가 쏟아내는 정보를 듣고 유유로 판단한다.

〈이생송원록〉의 초사에 의하면, 심륭은 이자첨을 통해 채응규가 유유로 변성명했다는 것을 들었다고 한다. 서울로 돌아온 이자첨이 이제에게만이 아니라, 심륭에게도 채응규(=가짜 유유)의 생존 사실을 알렸던 것이 분명하다. 심륭은 채응규가 서울에 왔을 때 자신의 집을 방문했지만, 마침 외출 중이어서 만나지 못했다고 말한다. 〈유연전〉의 초사에서 심륭은 이제의 연락을 전해 듣고 채응규를 찾아갔다고 말했는데, 그것이 사실이라면, 심륭은 채응규가 집으로 찾아왔다는 말을 듣고서 거처를 찾아간 것이 아닌가 한다. 심륭은 채응규를 만나지 못했다면서 이어 처망모妻亡母, 곧 장모의 생일에 작은 차례상을 차리고 남은 음식을 채응규에게 보냈다고 말한다.[9] 이것은 이미 심륭이 채응규의 서울 거처를 알고 있었던 것은 물론 채응규를 대면한 적이 있다는 것을 의미한다.

음식을 전해 받은 채응규는 울면서 이렇게 말한다.

오늘이 선고先妣의 생일이구나. 너는 선고의 시비侍婢 선덕宣德이로
구나. 너를 보니 슬픔이 더할 수 없이 크구나.[10]

채응규는 음식을 가져온 여자가 '선고의 시비' 곧 죽은 고모(아버지
유예원의 누이)가 부리던 몸종이라고 아는 척했다. 선덕은 그 말을 심
륭에게 전했다. 선덕의 얼굴을 보고 누구인지 알아본다는 것은, 진짜
유유가 아니면 불가능한 일이었다. 심륭의 처는 선덕이 전하는 말을
듣고 채응규가 유유라고 믿고 채응규를 직접 불러서 보기도 하였다.[11]
채응규는 차츰 진짜 유유가 되어가고 있었다.

심륭의 처는 믿었지만 심륭이 채응규를 유유로 단정한 것은 아니
었다. 심륭과 이제는 여전히 채응규가 진짜 유유인지 확신하지 못하
고 있었다. 심륭은 자신과 이제 사이에 있었던 대화를 이렇게 전한다.

심륭—말은 비록 들어맞지만, 얼굴이 진짜가 아닙니다. 다만 건
이·두옹·선덕의 용모를 한 번 보고 알아보니, 이것이 정말 이상한
일입니다.

이제—나의 견해도 또한 같다. 다만 서로 보지 못한 것이 20여 년
인데, 스스로 풍상과 얼고 주려서 변한 것이라고 하니, 그대와 내가
분변하기는 정말 어렵다.[12]

심륭과 이제는 여전히 채응규의 얼굴이 자신들이 알던 유유가 아

님에 대해서 의심을 거두지 않고 있었던 것이다. 하지만 채응규가 건이·두옹·선덕의 용모를 단박에 알아보았다는 것 역시 이제와 심륭에게는 쉽게 무시할 수 없는 중요한 정보였다.

이 중 선덕의 용모에 관계된 것은 심륭과 채응규 사이에서 나온 것이지만, 건이와 두옹에 관한 정보는 다른 인물, 곧 유유의 서족庶族 김백천金百千[김백천은 의원醫員이었던 듯하다]과 채응규의 만남에서 나온 것이다.[13] 1564년 초사(《이생송원록》)에 의하면, 김백천은 유유(=채응규)가 왔다는 말을 듣고 그를 찾아갔다. 아마도 태복시 천변의 거처였을 것이다. 채응규는 김백천을 보자 "두옹斗翁은 무양하신가? 나는 병인病人으로 그대의 약에 의지하여 살았으니, 그 정을 어찌 잊을 수 있겠는가?"[14]라고 말했다. 이 말에는 특정한 인물의 외모에 대한 인지, 둘째 그 인물의 개인 정보(두옹斗翁이란 김백천의 자字), 셋째 그 개인과 자신의 특별한 경험이 포함되어 있다. 이것은 사람들이 채응규를 유유로 믿게 하는 강력한 정보들이었다.

김백천은 또 사망한 유유의 형 유치柳治의 노비 건이乾夷에게 들었던 이야기를 옮기고 있다. 건이는 김백천의 집으로 약을 사러 가는 길에 어떤 사람(=채응규)을 만난다. 그 사람은 "너는 건이가 아니냐? 형수님은 안녕하신가? 망형亡兄의 발인 때 조령鳥嶺에서 상여가 뒤집힌 일이 너로 인해 생각나는구나!"라고 말했다. 채응규는 건이를 데리고 자신의 거처로 가서 밥을 먹이고 편지를 맡겨 보냈다.[15] 채응규가 건이를 대한 방식은 김백천을 만났을 때와 완전히 동일하다. 채응규가 제시하는 정보는 쉽게 얻을 수 없는 것들이었기에 심륭 역시 채응규가 진짜인지 가짜인지를 쉽게 판단할 수 없었을 것이다.

속이려는 가짜 형, 동생의 내면 심리

이제는 유연에게 채응규(=유유)가 서울에 있으니 올라오라는 내용의 편지를 보냈다. 유연은 유유(=채응규)를 만나기 위해 서울로 가는 수밖에 없었다. 유연은 서둘러 노비를 보내고 이어 자신도 출발했다.

이제는 유연이 자신의 집에 도착한 날을 정확하게 기억해냈다. 그 기억에 의하면, 이제는 1564년 1월 12일 문소전文昭殿에 입직했고 14일에 유연이 서울로 올라왔다는 것을 들었다. 이제가 15일에 당직 근무를 마치고 귀가하자 유연·김백천·채정백(채응규의 아들)이 찾아왔다. 채응규와 이들 사이에 진짜·가짜를 둘러싼 미묘한 확인 과정이 있었다.

09

형제의
상봉

먼저 지적해야 할 것은 〈유연전〉이 묘사하는 형제의 상봉 장면이 매우 서먹하고 냉랭하다는 점이다. 〈유연전〉에 의하면, 유연이 곧장 채응규가 있는 곳으로 들어가자 채응규는 옷을 끌어당겨 얼굴을 덮고는 아프다는 핑계를 대며 시체처럼 누워 있었다. 도무지 누구인지 알아볼 수 없는 상황이었다. 채응규는 이내 천천히 유연의 자를 불렀다. "진보震甫야, 앞으로 오너라." 이어 채응규는 갑자기 유연의 손을 잡고 말했다.

　　너를 보자 놀란 마음이 가라앉고 느꺼운 눈물이 절로 솟구치는구나. 오래 앓던 병이 시원스레 나은 것만 같구나. 그런데 도무지 너는 표정이 바뀌지 않으니 동기간의 정이 어찌 이처럼 데면데면하단 말이냐?[1]

채응규는 왜 이렇게 이상한 행동을 한 것인가. 그가 진짜 유유였다면 동생을 반갑게 맞이해야만 했다. 채응규가 유유로 인정받기 위한 최대의 관문은 유연이었다. 유연을 태연하게 대면하기가 두려웠을 것이고 그러기에 옷으로 얼굴을 가린 채 누워 있었을 것이다.

유연이 5년 만에 만난 형을 데면데면하게 대한 것은, 해주에 두 차례나 보냈던 노비들이 이미 채응규가 유유가 아니라고 말했기에, '채응규=유유'라는 판단에 확신이 없었기 때문일 것이다. 〈유연전〉이 전하고 있는 1월 15일 유연과 채응규가 만나는 장면은 있었던 사실을 그대로 옮긴 것이라고 볼 수는 없다. 그럼에도 그 장면은 속이려는 가짜 채응규와 진짜라고 확신하지 못하는 유연의 내면 심리를 보여주고 있다고는 할 수 있다.

〈유연전〉에 의하면, 유연은 머뭇머뭇거리다 물러났다[淵徊偟而退]. 이 부분 역시 진짜·가짜를 쉽게 판단할 수 없었던 유연의 심리를 드러낸 것일 터이다. 이어 유연이 여러 사람에게 진짜·가짜에 대한 판단을 물어본 것은 당연한 일이었다. 이제와 심륭은 "진짜 유유가 틀림없다"고 말했고, 어떤 사람은 "관에 알려서 따져야 한다"라고 했고, 어떤 사람은 고향으로 돌아가 향족을 모아놓고 같이 논의해 판단하자고 말했다.[2] 유연은 김백천의 말을 따라 채응규를 잘 대우하면서 함께 대구로 돌아가기로 했다.[3]

〈유연전〉은 이제와 심륭이 채응규를 '진짜 유유가 틀림없다'라고 단정한 것으로 말하지만, 앞서 여러 차례 언급한 바와 같이 그것은 사실이 아니었다. 한편 〈유연전〉은 진위에 대한 판단을 내리지 못하고 회의하는 유연을 그린다. 하지만 〈유연전〉의 서술처럼 유연이 과연 회의하기만 했던 것일까? 〈이생송원록〉은 전혀 다른 상황이었음을 전한다. 〈이생송원록〉에 실린 이제의 1564년 초사에 의하면, 이제가 유연에게 "너희 형의 진위를 나는 자세히 모르겠다"라고 하자, 유연은 "경백景白(정백)의[4] 면모를 보니 진짜인 줄 알겠습니다"라고 답했다. 이제는 채응규를 의심했지만, 유연은 도리어 채응규의 아들 경백이 유예원을 닮은 것이 채응규가 유유라는 뚜렷한 증거라고 답했으며, 여러 사람들 앞에서 채응규가 유유라고 말하기도 했다는 것이다.

경백이 유예원과 닮았기에 채응규가 유유임이 틀림없다고 유연이 판단했다는 것은 김백천의 초사에도 똑같이 나온다. 김백천은 유연이 서울에 왔을 때 이제의 집으로 갔더니, 초피이엄貂皮耳掩을 쓴 채응규의 아들 경백 역시 와 있었다고 말한다. 이때 이제가 유연에게 "자네 형은 진짜인지 가짜인지 잘 모르겠다. 자네가 보기에는 어떤가?"라고 하자, 유연은 "이 아이의 면목이 선인先人(유예원)과 방불하니, 또 무엇을 의심하겠습니까?" 하고는 경백을 가리켜 보였다고 한다.[5] 유연은 〈유연전〉에서처럼 회의하기만 한 것이 아니라, 실제 여러 사람들에게 채응규가 유유라고 말하기도 했다는 것이다. 유연이 채응규를 유유라고 말한 것은, 뒷날 1564년 추국 때 이제와 심륭, 김백천 등이 채응규를 유유라고 말한 중요한 근거의 하나가 되었다.

또 다른 증언, 허의손

억종·몽합이 먼저 서울로 올라간 뒤 유연을 따라 서울로 올라간 또 다른 노비 허의손許義孫은 약간 다른 방향에서 유연이 채응규를 유유로 인정했다고 증언했다(《이생송원록》, 1564년 초사). 허의손은 몽합을 시켜 채응규에게 말을 전하게 하였다. "대구의 정병正兵이 뵙기를 청합니다." 정병은 양인 출신의 병정이다. 곧 허의손은 자신의 신분 내력을 정병이란 말로 표현했던 것이다. 이 말에 채응규(=가짜 유유)는 멀리서 허의손을 바라보면서 답했다. "너는 어찌 범범하게 정병이라고만 하느냐? 처가의 계집종 옥대玉臺와 너는 정분이 있지 않았는가? 너는 소싯적에 재주가 많아, 활쏘기와 물고기 잡기를 잘했지. 장인이 평일에 너와 낚시를 하고 주살질을 하며 놀지 않았느냐? 지금 어찌 그 일들을 잊을까 보냐?"[6] 채응규는 허의손을 알아보고 그와 정분이 있었던 유유의 처가 계집종의 이름을 들먹이는가 하면, 허의손과 장인(=백거추)의 관계까지 구체적으로 들먹였던 것이다. 채응규가 사람들에게 반응하는 방식은 똑같았다. 사람들은 채응규가 진짜 유유가 아니면 도저히 알 수 없을 것 같은 이야기를 하는 것을 듣고 그를 가짜라고 단정할 수 없었을 것이다. 그런 채응규가 쏟아내는 정보를 보고 허의손은 "유연이 그를 더욱 믿었다"[7]라고 말했다.

〈유연전〉은 유연이 채응규를 데면데면하게 대했다고 말하고 있지만 그것도 사실과 가깝지 않은 것으로 보인다. 허의손은 채응규(=가짜 유유)와 유연이 처음 만나는 장면을 이렇게 그리고 있다.

신이 유연과 함께 서울로 오자 유유가 유연의 아명을 부르며 "무양한가. 밤에 꿈속에서 너와 선군을 모시고 이야기를 했는데, 지금 네가 오는 것을 보니, 이 꿈이 맞구나" 하였습니다. 유연이 유유의 손을 쥐고 "헤어진 지 8년 만에 오늘 같은 날도 있군요. 다만 선군께서 형을 그리워하시다가 만나지 못하고 돌아가셨으니, 종천지통終天之痛이 어떠하겠습니까?" 하고는 같이 흐느꼈습니다.[8]

〈유연전〉에 기록된, 옷으로 얼굴을 덮었던 유유(=채응규)나 그를 보고 머뭇거리면서 물러나 진짜·가짜에 대한 판단을 내리지 못하던 유연과는 사뭇 다른, 다정한 모습이다.

〈이생송원록〉에 실려 있는 1564년의 거의 모든 초사는 유연이 채응규를 유유라고 믿었던 정황에 대해 서술한다. 심륭은 유연이 유유(=채응규)를 보자마자 형이라 부르고, 그간의 회포를 풀며 통곡하다가 처가로 갔으며 아무런 의심 없이 채응규를 형으로 대했다고 말했다.[9] 유연은 1564년의 공초에서 형이라고 칭하는 사람을 처음 본 자리에서 아니라고 단호하게 말하는 것은 상당히 어려운 일이었기에 같이 고향으로 돌아가 친구들과 밝히고자 했다고 진술한 바 있다.[10] 이 말은 상식에 부합할 것이다. 〈유연전〉에서 그린 것처럼 데면데면한 것이 아니라, 적극적으로 채응규를 형으로 대우했던 것이고, 또 그것을 보고 사람들은 채응규를 유유로 믿게 되었던 것이다.

　유연은 이제의 집에 오래 머무르지 않았다. 유연은 가짜 형인 채응규가 머무르는 방의 온돌이 너무 차가워 형님의 건강이 걱정이 된다고 하면서 채응규와 함께 이제의 집 옆에 있는 자신의 처가로 갔다.[11] 유연의 처가에 도착한 채응규(=가짜 유유)는 벽에 붙어 있는 글씨를 보고는 "이것은 선군先君의 수적手迹이다" 하면서 즉시 떼어냈다. 벽에 붙은 글씨가 유예원의 글씨인 것을 알아보았던 것이다. 채응규와 유연은 마주보고 흐느꼈다.[12] 이 장면은 〈유연전〉의 1564년 국문 때 이제의 초사에도 똑같이 나온다. 채응규가 유연의 처가에 접근하여 유예원의 글씨에 대한 정보를 캐냈을 수도 있다. 다만 우리는 정확한 루트를 알지 못할 뿐이다. 어쨌거나 그것은 채응규의 광범위한 정보 수집의 결과물일 것이다.

유연, 채응규가 가짜임을 알아차리다

유연은 처가에서 사흘을 머무르고 채응규와 함께 대구를 향해 떠났
다. 노비 억종·몽합·허의손도 당연히 함께했다. 하지만 이들은 대구
유연의 집까지 가지 않았다. 대구부의 북쪽 접경지인 팔거八莒에 이르
러서 유연은 몽합과 의논한 뒤 채응규를 결박해 대구부를 찾아가 옥
에 가두었다[1] (1564년 억종의 초사, 〈이생송원록〉). 유연은 팔거에 이르러
채응규가 진짜 유유가 아닌 사기꾼이라고 확신했던 것이다.

허의손의 초사는 유연이 채응규를 결박해 대구부로 넘기는 장면을
소상히 그리고 있다. 그것에 의하면, 일행이 팔거에 이르렀을 때 유연
은 자신(허의손)에게 먼저 집으로 가서 백씨에게 도착 소식을 알리게 했
다고 한다. 주인의 명을 받고 앞서 가던 허의손이 들판을 지나다 문득

10

반전,
가짜인가 진짜인가

뒤를 돌아보니, 유연이 채응규를 결박하고 있었다. 그에 놀라 되돌아와 이유를 묻자, 유연은 "형수님이 형이 오랫동안 집을 나갔다가 막 돌아오면 상서롭지 못한 일이 있을까 하여 결박한 채 집으로 돌아와 부정을 물리쳐야만 한다고 하셨네. 이것이 그 방법일세"라고 답했다[2]고 한다.

유연은 왜 대구 근처까지 와서 채응규를 결박해 대구부로 넘겼던 것인가. 서울에서 대구까지는 열흘 거리다. 유연은 그 10일 동안 채응규와 숙식을 같이하며 관찰과 대화를 통해 채응규가 가짜라는 결론을 얻었을 것이다.

유유가 채응규를 대구부로 넘긴 것은 확신에 근거한 것이었겠으나, 유유의 아내인 백씨를 배제한 것은 간과할 수 없는 실수일 수 있었다. 백씨는 유유의 아내였으니 유유(채응규)의 진짜·가짜를 판정할 중요한 당사자였다. 유연이 백씨에게 알리지 않고 채응규를 성급하게 대구부로 넘긴 것은 가짜라는 판단이 들었음과 동시에 분노 때문일 수 있다. 하지만 백씨에게 알리지 않은 데에는 유연의 의도도 작용한 것이 아닌가 한다. 자신이 가짜라고 확신하는 채응규를 만약 백씨가 진짜라고 한다면 유연의 입장은 난처해질 수밖에 없었을 것이다. 백씨는 이미 해주를 다녀온 종들이 두 번이나 채응규가 유유가 아니라고 했음에도 불구하고 유연을 압박해 서울로 가게 하지 않았던가. 또 유연이 채응규(=유유)로부터 온 편지를 보자고 하자, 잃어버렸다고 둘러대지 않았던가.

유연과 백씨의 갈등

결국 채응규(=가짜 유유)를 결박한 일로 유연과 백씨 사이에 갈등이 폭발했다. 허의손은 백씨에게 가서 유연에게 유유(채응규)를 결박해오도록 시킨 적이 있느냐고 물었고, 백씨는 단호하게 거짓말이라고 말했다.[3] 백씨의 말을 들은 허의손이 다시 유연이 있는 곳으로 돌아가 채응규를 구해내고자 했지만, 채응규는 이미 대구부의 감옥에 갇혀 있었다. 유연은 허의손에게 "이제 그 망령된 것을 알았기에 그 간사함을 다스리고자 한다" 하였다.[4] 채응규가 가짜라는 것을 알았기에 사기극의 전모를 밝히겠다는 것이었다. 허의손이 다시 유연의 말을 백씨에게 전하자, 백씨는 이렇게 따져 물었다.

> ① 처음에 형으로 여기고 함께 오던 사람을 무슨 마음으로 결박을 지워 관부官府로 간단 말인가. 내가 그를 만나지 못하게 하는 것은 무슨 마음에서 그러는 것인가?
> ② 정말 가짜라면 처음 나에게 편지를 보냈을 때는 어떻게 진짜라고 했단 말인가?
> ③ 그리고 억종의 눈알은 무슨 일로 빼버리고자 했단 말인가?

①은 유유의 아내인 백씨의 입장에서 당연히 제기할 수 있는 반문이다. 특별할 것이 없다. 중요한 것은 ②와 ③이다. ②에 의하면 유연은 서울에서 출발하기 전 미리 백씨에게 편지를 보냈던 것이 확실하다. 노비 윤희가 1564년 초사에서 언급했던 그 편지다. 그 편지에서 유연은 "지금 형을 보니 진짜 형입니다. 의심할 것이 없습니다. 억종

의 의견은 잘못된 것입니다. 그의 눈알을 뽑아버리고 싶을 지경입니다. 마땅히 속히 신침을 차리고 기다리소서"라고 말했다. ③의 '억종의 눈알은 무슨 일로 빼버리고자 했단 말인가?'라는 말은 바로 이 편지에 실린 것이다. 곧 네가 과거에 채응규를 가짜라고 판단한 억종의 눈알을 빼버리라고 할 정도로 채응규가 진짜 유유라고 확신했는데, 왜 이제 와서 채응규를 가짜라고 하여 대구부 감옥에 집어넣었느냐는 것이다. 유연이 보냈다는 편지와 백씨의 항변을 고려하건대, 서울 이제의 집으로 찾아가 채응규를 만난 유연은 채응규를 가짜라고 생각하거나 혹은 일관되게 회의했던 것이 아니라, 실제 유유라고 믿었던 것이 분명하다. 하지만 서울에서 팔거로 가는 동안 그 믿음은 완전히 뒤집혔다. 그렇기에 상황이 급변하기 시작했다.

유연이 대구 집에 도착하자 백씨와의 갈등이 시작되었다. 허의손의 공사에 의하면, 유연은 "형수님이 이놈을 보고자 하신다면, 길 가는 사람을 죄다 끌고 올 수도 있습니다"라고 말했다. 채응규가 가짜라는 것을 절대 확신한다는 것이었다. 이에 백씨는 "어찌 차마 이런 말을 하시는 겁니까? 단부斷婦는 도련님 앞에서 차라리 죽으렵니다"[5] 하고 즉시 마루 아래로 몸을 던졌다. 유연과 백씨의 갈등이 폭발하기 시작했던 것이다.

눌질비, 조작된 기억

〈이생송원록〉은 허의손의 초사를 통해 유연이 채응규(=유유)를 결박해 대구부에 넘긴 것과 그로 인한 유연과 백씨 사이의 갈등을 구체적으로 상세하게 전하고 있지만, 그에 비해 〈유연전〉 쪽은 완전히 다른 상황을 그리고 있다.

유연은 그의 서족 김백천의 의견을 따라 채응규를 잘 보살피며 함께 대구로 돌아갔다. 팔거에 이르자 백씨가 그들이 왔다는 소식을 듣고 집안의 장획臧獲(노비)을 모조리 데리고서 무리를 이루어 경계에서 맞이하였다. 남녀노소 가릴 것이 없이 모두 담장을 치고 서서 고개를 빼며 기다리던 중이었다. 그런데 백씨가 결혼할 때 새로 데리고 온 계집종 눌질비訥叱非가 사람들 사이에서 멀리서 채응규가 오는 것을 바라보고는 맞이하면서 꾸짖었다.

"너는 어떤 사람이기에 우리 주인 행세를 하며 감히 이곳에 온단 말이냐?"

사람들은 깜짝 놀랐고 채응규는 기색이 꺾여 행동거지가 이상해졌다. 유연이 노비를 꾸짖고 도리어 채응규를 모시자, 채응규가 유연의 아명을 부르면서 "무양無恙아. 어찌 이리 괴롭히는 게냐?"라고 하였다.[6]

〈유연전〉에 의하면 백씨는 채응규가 온다는 소식을 듣고 집안의 노비를 모두 데리고 나와 팔거와 대구부의 경계에서 기다렸다. 중요한 것은 백씨가 집안의 노비를 깡그리 거느리고 나왔다는 것이다. 백씨가 데리고 나온 노비 중에 그녀의 교전비 눌질비가 있었다. 교전비는 여주인을 가장 가까이에서 섬기는 노비다. 교전비가 채응규를 보고 가짜라고 하는데, 주인이 보지 못하거나 알지 못했을 리는 없다. 위에 인용한 〈유연전〉의 서술에 의하면, 백씨는 채응규(=가짜 유유)의 얼굴을 본 것이 명백하다. 또 유연이 채응규를 결박해 대구부로 넘겼다면, 그것은 눌질비가 채응규를 꾸짖은 뒤일 것이고, 동시에 백씨가 채응규를 본 뒤일 것이다. 위의 인용이 사실 그대로를 옮긴 것이라면, 백씨는 채응규가 유유가 아니라는 사실을 정확하게 인지했을 것이다. 그런데 1564년 유연의 공초(《유연전》)에 의하면, 유연이 채응규를 대구부에 넘긴 뒤 백씨를 만나자, 백씨는 노하여 말을 하지 않았다고 한다.[7] 유연이 채응규를 만나지 못하게 한 것에 대한 항의의 표시였다. 이에 의하면 백씨는 채응규를 만나지 못한 것이 확실하다. 하지만 앞에서는 백씨가 집안의 모든 종을 데리고 나왔고 그녀의 교전비가 채응규를 가짜라고 소리쳤다고 하지 않았던가. 모순이 아닐 수 없다. 이것은 〈유연전〉의 눌질비 부분 서술이 조작된 기억에 의한 것일 수밖에 없다는 것을 의미한다.

〈유연전〉은 위의 인용문에 이어 유연 일행이 대구부에 도착해 향인을 모아 채응규의 진짜·가짜를 묻는 장면을 싣고 있다. 이 역시 이해할 수 없는 서술이다. 유연이 채응규를 결박해 대구부로 넘긴 것은 대단히 중요한 의미를 갖는다. 이것은 유연이 죽음을 맞게 된 최초의 계기였기 때문이다. 곧 진짜 형을 가짜로 몰아넣고 결국에는 살해한 것으로 몰린 사건의 시작이었던 것이다. 하지만 〈유연전〉을 보면 유연이 팔거에서 채응규를 결박해 대구부에 넘긴 장면은 전혀 나오지 않는다.

하지만 〈유연전〉에 팔거에서 채응규를 결박했던 사실 자체가 실려 있지 않은 것은 아니다. 앞에서 인용한 바와 같이 유연은 1564년 공초에서 "팔거에 도착하여 거짓임이 분명하므로 묶어 본 고을에 보내고 백씨를 보았으나 백씨는 화가 나서 말을 하지 않았다"라고 말한 바 있다. 《명종실록》 역시 유연이 스스로 채응규(=유유)를 결박해 대구부로 데리고 가서 소송했다고 말하고 있다.[8] 백씨가 대구부의 경계에서 채응규(=유유)를 맞이하거나 눌질비가 채응규를 보고 가짜라고 외칠 기회는 애초부터 없었던 것이다. 이런 이유로 백씨가 유씨 집안의 노비를 깡그리 동원하여 유유(=채응규)와 유연을 맞이했다는 〈유연전〉의 서술은 믿을 수 없다. 백씨의 계집종 눌질비가 채응규가 가짜라고 소리를 질렀다는 것 역시 신빙성이 없다. 요컨대 〈유연전〉에 실린 기록들은 믿을 수 없는 부분이 허다한 것이다.

〈유연전〉은 왜 신빙성이 희박한 이야기를 배치했을까? 이항복은 채응규가 가짜라는 것, 또 그것이 발각되는 과정을 그리기 위해 백씨의 마중 나옴과 눌질비 이야기를 배치했을 것이다. 이항복은 유연의 아내 이씨가 제공한 〈가승〉 등의 자료를 가지고 〈유연전〉을 썼다. 눌질비의 이야기와 대구부에서 향인들이 채응규를 추궁한 이야기는 이항복이 창작한 것이 아니라, 당연히 〈가승〉에서 옮겨온 것이다. 아마도 그 〈가승〉의 기록은 조작된 기억에 의한 것이었을 터이다.

대구부에서 채응규의 진짜·가짜를 검증하다

〈유연전〉은 눌질비가 채응규(=유유)를 가짜라고 지적했다는 이야기에 이어 대구부에서 채응규(=유유)의 진짜·가짜를 판정하는 모임을 싣고 있다.

관에 도착해 향인을 모았다. 우희적禹希績·서형徐泂·조상규趙祥珪

및 유연의 매부 최수인崔守寅, 서속庶屬 홍명洪明이 줄지어 앉아 물었다.

"너는 무엇을 하는 사람이냐?"

"나는 유유다."

대구부사 박응천朴應川이 좌중에 두루 물었더니 모두 "아닙니다"라고 하였다. 이어 좌중에 있는 사람을 하나하나 손으로 가리키며 따져 물었다.

"여기 앉아 있는 사람은 모두 너의 친척이고 같은 고을 사람이다. 너는 어디 말해 보거라. 이 사람은 누구이고, 저 사람은 누구냐?"

그 사내는 고개를 숙이고 대답을 하지 못했다.[9]

유연이 채응규를 가짜라고 판단해 대구부에 넘겼으므로 대구부에서는 당연히 채응규의 진위를 가려야만 했을 것이다. 또 그 진위 판정에는 유유를 알고 있던 고향 사람들을 동원하는 것 또한 당연한 일이다. 여기에 등장하는 인물들은 실제 검증 과정에 참여한 사람들이었을 것이다. 다만 그들 개개인은 다른 기록에는 전혀 등장하지 않는다.

〈유연전〉은 이처럼 대구부에서 유유를 알 만한 같은 향리 사람과 친척들이 모여서 채응규의 진위를 검증하는 과정을 거쳤고 또 그 과정에서 채응규가 가짜라고 의심하는 견해가 주류를 이룬 것처럼 서술하고 있다. 하지만 이 서술이 사실 그대로를 옮겨놓은 것이라고 믿을 수는 없다. 향인들이 채응규를 진짜 유유라고 믿었던 자료도 있기 때문이다.

《명종실록》에 의하면, 대구부사 박응천이 유연의 편에 서서 채응규를 혹독하게 다스리고 고을 사람들을 모아 그 진위를 가리게 하자

고을 사람들은 박응천의 뜻을 알고는 모두 '유유가 아니다'라고 말했다고 한다.[10] 사람들은 채응규가 유유라고 믿었지만, 박응천의 의중을 따라 채응규를 유유가 아니라고 말했다는 것이다. 《명종실록》은 사람들이 내심 그렇게 믿었던 증거로 앞서 언급한 바 있는 서시웅의 판단을 덧붙였다. "생원 서형은 더욱 박응천에게 붙었고, 오직 교수敎授 서시웅이 도리어 '용모는 비록 변했지만, 그 음성을 들건대 진짜 유유다'라고 하였다."[11] 채응규가 유유라고 주장한 사람도 있었던 것이다.

서시웅의 경우를 좀 자세히 검토해보면 사실상 사람들이 채응규를 진짜 유유로 믿고 있던 정황이 드러난다. 〈이생송원록〉에 실려 있는 허의손의 초사에 의하면, 서시웅이 벽을 사이에 두고 "네가 과연 유유라면 마땅히 나의 음성을 알 것이다. 내가 과연 누구인가?"라고 묻자, 채응규는 즉각 "그대는 나의 친구 서 아무개가 아닌가? 지장사에서 《주역》을 읽을 때 납설臘雪(납일에 내리는 눈)을 가지고 창수한 일을 어찌 잊을 수 있겠는가?"라고 대답했다[12]고 한다. 허의손은 이에 "일향—鄕이 경탄했다"[13]란 말을 덧붙였다. 담 너머 있는 사람의 음성을 듣고 친구의 이름을 대고, 또 그와의 특정한 경험을 말한다는 것은, 본인이 아니라면 어려운 일이다.

이처럼 채응규의 진·가짜에 대한 논란은 결코 〈유연전〉의 서술처럼 간단하지 않았다. 〈유연전〉에 등장하는 향인 중 서형의 경우를 보자. 《명종실록》은 서형을 박응천에게 붙어 채응규가 가짜라고 했던 인물이라고 지적하였다. 서형은 누구인가. 고상안은 《효빈잡기》에서 서형에 관한 자료를 남기고 있다. "향인 서상사徐上舍 형洞은 남중南中의 거벽巨擘이다. 자못 작견灼見의 밝음이 있어서 (채응규를 보고) 유유가 아니라고 하였다."[14] 서형은 영남에서 인정받는 큰 선비이고 서형의 아들은 한강寒岡 정구鄭逑의 문인으로 성리학에 조예가 깊었던 서사원徐思遠(1550~1615)이다(실은 양자다). 서사원은 팔거에서 태어났으니 서형의 집도 물론 팔거에 있었다. 서사원은 아버지 서형의 〈묘갈문〉에서 이 사건을 언급하고 있다.

> 당시 향인 유연이 형 유유를 잃어버린 지 10년이 되었는데, 유유란 사람이 나타났다. 사람들이 그 거짓임을 가려내지 못했고, 조야와 족당들이 떠들며 모두 진짜 유유라고 하였다. 하지만 공은 진짜가 아니라고 항언하였다. 한 도道가 들끓었고 뭇사람들의 비방을 막을 수가 없어, 심지어 곤궁한 처지에서 큰 괴로움을 겪는 지경에 이르렀다. 하지만 공은 그래도 꺾이지 않았고 문을 닫은 채 스스로를 믿었다. 시간이 한참 흐르고 진짜 유유가 나타난 연후에 뭇사람들은 깜짝 놀라 공의 견해에 경탄하였다. 전에 공을 배척했던 사람들은 혀를 비틀고 싶었지만, 그럴 수가 없었다.[15]

위 글에서 보다시피 서사원이 쓴 서형의 〈묘갈문〉은 오직 서형만이 가짜라고 말했고 대부분의 사람은 채응규를 진짜 유유라고 믿었다고 했다. 〈유연전〉은 대구부에 모인 향인들이 채응규가 가짜라고 판단했다고 하지만, 실상은 판단이 엇갈리고 있었다.

공모자 백씨

대구부에서 향인과 친지들이 모여 자신의 진위를 검증하기 시작하자
채응규는 몹시 당황했을 것이다. 사람들의 얼굴을 알아보고 자신과의
관계, 특별한 경험 등을 증거로 내세웠지만, 그것만으로 이론異論을
완전히 침묵시킬 수는 없었다. 채응규에게는 어떤 사람도 반박할 수
없는 결정적인 증거가 필요했다. 채응규는 곧 아내인 백씨와 자신만
이 아는 이야기가 있으니, 그 이야기를 백씨에게 전해서 확인해보면
될 것이라고 말했다. 1564년 허의손의 공사(《이생송원록》)에 의하면 채
응규(=유유)는 그 결정적인 증거로 백씨와의 첫날밤에 있었던 성관계
에 대해 말했다고 한다. 다음은 채응규의 말이다.

11

또 한 번의 반전,
'월사'와 '검은 점'

만약 내 말이 진실이 아니라면, 마땅히 은밀한 일을 증거로 대겠다. 혼인날 밤 아내에게 월사月事가 있어 단의短衣 밖으로 피가 배어 나왔고, 또 왼쪽 다리 깊은 곳에 콩알만 한 검은 점이 있다. 이 두 가지가 실로 분명한 증거가 될 것이다. 백씨에게 물어보라.[1]

첫날밤의 성관계는 오직 부부만이 알 수 있는 이야기였다. 대구부사 박응천이 사람을 보내어 백씨에게 확인한 결과 백씨는 채응규의 말이 사실이라고 말했다.[2] 백씨는 채응규의 말을 듣고는 즉시 채응규가 진짜 유유라는 것을 확인해주었던 것이다. 채응규가 제시한 증거는 〈유연전〉에는 전혀 보이지 않고, 〈이생송원록〉에 실려 있으므로 이언용이 조작한 것이 아닐까 의심할 수도 있다. 하지만 채응규가 유유와 백씨 사이의 첫날밤 성관계를 증거로 제출했고 그것을 백씨가 확인해주었던 것은 확고부동한 사실이다. 《명종실록》에도 똑같은 내용이 실려 있기 때문이다.

유유(=채응규)는 옥중에 있으면서 진위를 밝힐 방법이 없었다. 이에 "내가 장가든 첫날 아내가 겹치마를 입었기에 억지로 벗기려 하자 지금 월경이 있다고 하였다. 이 일은 타인이 알 수 있는 일이 아니니 만일 아내에게 물어보면 거짓인지 진실인지를 알 수 있을 것이다"라고 하였다. 유연이 사실이 드러날까 봐 두려워서 비밀에 부치고 묻지 못하게 하였다. 뒤에 그 아내에게 물었더니 유유(=채응규)의 말과 꼭 맞았다.[3]

《명종실록》은 허의손의 증언과 완전히 일치한다. 《명종실록》의 자료는 사관이 쓴 것으로 이제의 아들 이언용이 접근할 수 있는 자료가 아니며 그렇기에 〈이생송원록〉에 실린 허의손의 초사는 결코 이언용이 날조할 수 있는 것이 아니다. 또 《명종실록》은 1571년 완성된 것이고, 진짜 유유가 나타나 사건의 재조사가 이루어진 것은 1579년 겨울이다. 즉 《명종실록》의 사관은 이 사건이 재조사될 줄 전혀 모르는 상태에서 종결된 사건에 대해 기록했을 뿐이다. 따라서 가짜 유유, 곧 채응규가 백씨의 첫날밤 월경과 허벅지 점을 자신이 진짜 유유임을 입증하는 증거로 내세우고 그것을 백씨에게 확인해보라고 했던 것, 그리고 백씨가 그것을 진실이라고 확인해주었던 것은 확고부동한 사실이다.

그렇다면 채응규는 유유와 백씨의 첫날밤 성관계에 대해 어떻게 알았을까. 앞서 서시웅으로 하여금 채응규를 진짜 유유로 믿게 한 것은, 유유가 서시웅과 함께 '지장사에서 주역을 읽을 때 납설을 가지고 창수한 일'에 대한 이야기다. 그것은 오직 유유와 서시웅 두 사람만의 경험이었다. 이것을 서시웅과 유유가 아닌 사람이 안다는 것은 불가능한 일이다. 그것이 가능한 경우란 유유로부터 직접 이야기를 들었거나 아니면 그것이 적혀 있는 어떤 기록을 보았거나 둘 중 하나다. 고상안은 채응규가 유유와 함께 지내면서 그의 일기를 훔쳐보았다고 말한다. "서상사 시웅 역시 동향 사람인데, 쑥대머리에 때가 낀 얼굴로 단정하지 못함이 막심했다. 일찍이 유유와 동접同接이었다. 채응규는 그가 유유와 같이 있을 때 지은 문장을 말했는데, 곧 (유유의) 일기 안에 있는 말이었다."[4] 채응규가 유유의 일기를 훔쳐보려면, 그와 함께 지낼 수밖에 없다. 고상안과는 별도로 권응인 역시 채응규가 유유와 한동안 함께 지냈다고 말했으니, 둘이 한동안 동처同處한 것은 사실일 것이다.

채응규가 유유와 같은 공간에서 일정 기간 함께 지냈다 하더라도 그가 유유와 백씨의 첫날밤의 성관계에 대해서 알아낼 수는 없었을 것이다. 앞서 언급한 바와 같이 유유는 자신이 성불구자라는 사실을 예민하게 의식한 사람이었다. 그런 그가 객지에서 만난 채응규에게 자신과 아내의 첫날밤 성관계에 대해, 나아가 자기 아내의 성기 가까운 곳에 있는 '검은 점'에 대해 말할 가능성은 없다고 보아야 할 것이다.

그렇다면 유유는 채응규가 훔쳐보았던 그 일기에 자신의 첫날밤 성관계의 실패와 그 이유에 대해, 또 아내의 허벅지에 있는 점에 대해 써놓았을까? 조선시대 사족문화를 고려하건대 그 가능성 역시 거의 없다. 성 문제에 대해서 또 자신의 성과 성욕에 대해 사족 개인이 기록을 남기는 경우는 있을 수 없다. 현재 수많은 조선시대 일기가 남아 있지만, 개인의 성역사性歷史 혹은 성적 취향에 대해 자술한 경우는 알려진 바 없다. 아니 근대 이후라 해도 그런 기록은 거의 없다고 보아야 할 것이다.

가능성은 단 한 가지다. 채응규가 첫날밤 이야기를 자신 있게 증거로 제출했던 것은, 그리고 백씨가 그 증거가 진실이라고 확인해주었던 것은 두 사람 사이에 공모가 있었음을 의미하는 것이다. 곧 채응규와 백씨 사이에 채응규가 가짜로 몰릴 경우, 누구도 부정할 수 없는 증거로 첫날밤의 월경과 '검은 점'을 증거로 내세우기로 이미 약속한 바가 있었다고 볼 수밖에 없다. 거듭 말하지만 첫날밤의 성관계를 유유 스스로 채응규에게 말했거나 일기에 쓴 것을 채응규가 훔쳐본 것이 아니라면, 단 하나의 가능성은 채응규와 백씨의 공모일 수밖에 없다. 개인의 성적 정보는 그 성격상 은밀할 수밖에 없다. 그것은 본인

이거나 성관계가 있었던 사람을 제외하고는 알아낼 수 있는 성격의
것이 아니다.

공모의 흔적

채응규와 백씨가 언제부터 공모하기 시작했는지, 또 그 구체적인 과
정이 어땠는지는 알 수 없다. 하지만 공모의 흔적을 전혀 찾을 수 없
는 것은 아니다. 유연의 노비는 1562년 두 차례 채응규를 찾아간 적
이 있는데, 그때마다 백씨와 채응규는 편지를 주고받았다. 1563년 겨
울, 채응규가 서울로 왔을 때도 백씨는 노비 편에 편지를 보냈다. 이
때 채응규는 백씨에게 답장을 보냈는데, 유연이 그 편지를 보자고 하
자 백씨는 잃어버렸다고 하면서 보여주지 않았다. 이상한 일이 아닌
가. 보여주지 않았던 편지에는 아마도 채응규와 공모한 내용이 실려
있었을 것이다. 물론 편지에 직접 '월사'와 '검은 점'을 직접 언급하
지는 않았다 하더라도 그 내용을 미루어 짐작할 수 있는 말이 포함되
어 있었을 가능성은 충분하다.

　다른 추정도 가능하다. 곧 채응규와 백씨 사이에 실제 성관계가 있
었다는 것이다. 1564년 대구에서 채응규의 진위를 두고 논란이 한창
이었을 때 채응규와 백씨의 성관계를 의심하는 사람도 있었다. 〈이생
송원록〉의 한 부분을 살펴보자. 이언용은 이렇게 말한다.

　　영남 사람들은 혹 이렇게 말하기도 합니다. "채응규와 백씨가 사통
　　한 적이 있어서 한때를 속였다." 그렇다면 단의短衣의 오염된 것과

'검은 점'과 같은 은밀한 것들은, 또한 예전부터 밀약이 있었던 것이 아닌 줄 어떻게 알겠습니까? 이 때문에 진위를 자세히 밝히지도 않고 옷과 버선을 보내고, 필적을 여러 번 보고도 그 거짓임을 분변하지 않았던 것입니다. 그리고 그(채응규)가 달아났을 때 춘수와 유연의 죄를 얽었던 것이니, 그 실정을 알 만합니다. 허의손은 백씨의 비녀婢女의 사부私夫이니, 아마도 백씨와 공모하여 무고한 것일 것입니다. 그렇다면 지금 의논하는 자들이 백씨와 허의손을 버리고 죄를 선인에게 돌리는 것 또한 억울한 일이 아닙니까?[5]

당시 영남 사람들 사이에는 채응규와 백씨가 사통, 곧 성관계를 가진 적이 있다는 소문이 광범위하게 퍼져 있었다는 것이다. 백씨가 해주에 종을 보낸 이후에 공모하여 '첫날밤의 실패한 성관계'와 '허벅지의 점'에 대해 정보를 공유한 것이 아니라, 실제 '성관계가 있었다'고 의심했던 것이다. 이것은 합리적인 의심이다.

1579년 사건이 재론되자 조사를 받고 나온 진짜 유유와 백씨 사이의 가시 돋친 대화 역시 방증이 될 수 있을 것이다. 유유는 백씨를 대면하여 "너는 전에는 채노蔡奴(=채응규)를 나로 여기고 내 동생을 죽였으니, 다른 날 지금 나를 가짜 유유라고 여기지 말아라!"라고 하자, 백씨는 "이 사내가 예전에는 내게 불측한 말을 씌우더니, 이제는 또 이런 말을 하는가?"라고 항변했다. 백씨는 유유가 집을 떠나기 전 유유가 자신에게 불측한 말[不測之言]을 뒤집어씌웠다고 말했다.

'불측지언'이란 무엇인가. '불측지언'은 종종 구체성을 부여할 수 없는, 표현하기 난감한 말을 대신하는 말로 쓰인다. 이 말을 백씨가 다른 남자와 성관계를 가진 것으로 의심하거나, 그럴 가능성을 지적한 말로 해석해도 큰 무리는 없다. 이 정황에서 영남 사람들의 여론이 근거가 전혀 없지는 않을 것이다.

이언용은 채응규와 백씨 사이에 성관계가 있었을 것이라는 영남 사람들의 여론에 이어 채응규와 백씨가 어떤 공모관계에 있었을 것이라고 추론한다. 이언용은 채응규가 진짜 유유인지 아닌지가 밝혀지지 않은 상태에서 백씨가 옷과 버선을 보내고, 그 답장이 유유의 필적이 아님에도 불구하고 적극적으로 진위를 밝히지 않았다는 것을 근거로 채응규와 백씨가 공모하는 관계였을 것이라고 추론한다. 이 역시 합리적 의심이다.

백씨의 행동에는 납득할 수 없는 부분이 허다하다. 유연은 유유의 친동생이라는 입장에서 채응규가 가짜라고 판단했지만, 백씨 역시 아내로서 진위에 대해 판단할 수 있는 위치에 있었다. 만약 백씨가 채응규를 만나서 가짜라고 판단한다면, 채응규의 거짓은 여지없이 폭로되었을 것이다. 여기서 더욱 납득할 수 없는 것은 〈유연전〉의 서술이다. 〈유연전〉은 채응규가 팔거에 이르렀을 때 백씨의 교전비인 눌질비가 채응규를 보고 가짜라고 소리를 쳤고 채응규가 이에 기색이 꺾였다고 하지 않았던가. 결혼하기 전 친정에서부터 부리던 몸종이 채응규를 가짜라고 했다면, 백씨 역시 그것을 무시하기 어려웠을 것이다. 당연히 백씨는 채응규를 만나서 가짜임을 확인해야만 했다.

하지만 역시 〈유연전〉에 의하면, 백씨는 그것을 거부했다. 〈유연전〉에서 유연은 자신이 감사를 만났을 때 백씨가 관정官庭에 나와 채응규의 얼굴을 보고 진짜·가짜를 판단하는 것이 당연한데도 백씨가 그렇게 하지 않았다고 지적했다.[6] 이 말에 백씨는 "만약 가짜라면 어떻게 진짜라고 하며 속인단 말입니까?"[7]라고 말했다. 감사가 백씨에

106

게 직접 진짜·가짜를 가리라고 명하였으나, 백씨는 거부했다. "'집안 사람과 일가붙이 모두가 유유가 아니라 하는데 첩이 사족으로서 어떤 사람인지 모르는 자를 어찌 대면할 수 있겠느냐?"[8]

백씨의 행동은 납득하기 어렵다. 백씨가 정말 채응규가 진짜인지 가짜인지 몰랐다면, 그는 당연히 관정으로 가서 진짜인지 가짜인지를 판정해야 했다. 하지만 그녀는 한사코 그것을 거부했다. 그녀는 이미 채응규가 가짜라는 것을 알고 있었던 것이다. 채응규와의 공모 외에 는 다른 원인을 생각할 수 없다. 채응규가 서울에 올라와 석 달 동안 머물렀을 때 그 공모가 이루어졌던 것은 아니었을까?

백씨의 입장에서

이제까지 언급한 바와 같이 백씨가 채응규와 사통한 사이이거나 적어도 공모관계였다고 보는 것은 결코 불합리하지 않다. 그렇다면 왜 백씨는 채응규와 공모했던가. 백씨를 비난하기에 앞서 먼저 백씨의 입장에서 이 문제를 따져볼 필요가 있다.

유유의 가출로 인해 백씨는 매우 난처한 입장이 되었다. 남편의 부재는 후사後嗣의 부재를 의미하는 것이었다. 게다가 남편이 사망한 것이 아니라서 더욱 난처했을 수 있다. 남편이 자식을 남기지 않고 사망했다면, 홀몸이 된 젊은 사족여성으로서의 삶은 고달프겠지만, 문제는 좀 더 간명할 수 있었다.

1477년(성종 8)에 제정된 재가부녀자再嫁婦女子 자손의 벼슬길에 제한을 가하는 과부재가금지법이 백씨가 살던 명종 대에는 완벽하게 작

12

백씨 부인과 채응규,
공모의 이유

동하고 있었다. 채응규가 가짜 유유 행세를 하던 1564년으로부터 불과 10년 전인 1554년(명종 9) 사헌부는 총부冢婦(본부인이 낳은 맏아들의 아내)에 대해 다음과 같이 말하고 있다.

대저 우리나라의 법이 과부를 대우하는 법은 엄격하고도 세밀하다고 할 만합니다. 성인聖人이 출모出母·가모嫁母의 제도를 세워놓았기 때문에 선현의 어머니 중에도 재가한 경우가 있었습니다. 하지만 우리나라는 재가를 금지하는 법을 세워놓았기 때문에 종신토록 수절합니다. 비록 나이 스물이 되지 않고 굶주리고 헐벗음이 절박해도 감히 마음을 바꾸지 못합니다. 천하에 고할 데 없는 가련한 사람으로 그 누가 과부보다 더하겠습니까? 지아비가 죽은 것은 이미 불행한 일인데, 아들까지 없어 더욱 불행합니다. 작게나마 위로가 되는 것은 단지 봉사奉祀할 집이 있어 자신의 몸을 가리고, 봉사할 전민田民이 있어 그 목숨을 살리는 것입니다.[1]

젊은 나이에 남편이 죽은 사족여성은 당시 수절하는 것이 일반적이었다. 자식이 없는 경우라 하더라도 재가는 엄격하게 금지되었다. 그것이 더할 수 없는 불행이자 고통이라는 것도 누구나 공감하는 바였다.

가출한 유유가 돌아오지 않고, 또 아들이 없었으므로 백씨는 사실상 과부와 다름없는 처지였다. 만약 유유가 죽은 것으로 확인된다면, 백씨는 적장자의 처로서 총부의 권리, 곧 봉사권奉祀權과 후사 지명권을 행사할 가능성이 있었다. 물론 그 권리를 완벽하게 행사할 수 있는 것은 아니었다. 위에 인용한 《명종실록》의 자료는 총부권이 현실 속에서 완벽하게 작동하지 않고 있음을 지적하면서 그것의 완벽한 보장을 요구하는 맥락에서 나온 것이었다.[2] 다음 자료를 보자.

중국은 대종법大宗法이 있으므로 남편이 죽고 아들이 없는 여자는 제사를 주관할 수가 없습니다. 하지만 우리나라는 대종법이 세상에 행해지지 않은 지 오래입니다. 장자長子의 처로서 남편이 죽고 아들이 없는 경우도 봉사할 집에 들어가 살면서 그 선세先世의 제사를 주관한 지가 오래되었으므로, 그 직분이 또한 정해져 있는 것입니다. 조종조祖宗朝 이래 성군聖君과 현상賢相이 많지 않은 것이 아니지만, 총부가 제사를 주관하는 것에 대해 일찍이 이의가 없었습니다. 그런데 근래에 혹은 그것이 옳다 하고 혹은 그것이 그르다 하다가 마침내 오늘에 이르러 구례舊例를 갑자기 고쳐 자식이 없는 형의 아내가 하루아침에 쫓겨나 들판에서 울부짖게 만들었습니다. 그 아우된 사람은 그 형이 죽은 것을 다행으로 여기고, 또 형이 아들이 없는 것도 다행으로 여겨 형의 집을 빼앗고 형의 아내를 내쫓으며 웃고 떠들며 즐거워하며 도리어 즐겁게 여깁니다. 인정으로 헤아려 보건대 지극히 도리에 어긋난 일입니다.[3]

사헌부의 논조는 총부권을 인정해야 한다는 것이지만, 현실에서는 남편이 사망하고 아들이 없는 총부인 형수는 시동생에 의해 축출되는 경우가 허다했다. 즉 형이 후사를 남기지 않고 죽었을 경우, 동생이 그 집안의 종통을 계승하는 형망제급兄亡弟及의 법이 작동하는 것이 현실이었다. 그럼에도 유유가 사망한 것이 사실이라면 사헌부의 논리에 따라 백씨는 여전히 양자를 지명할 권리를 행사할 수도 있었다. 물론 유유의 어머니, 곧 백씨의 시어머니도 양자를 지명할 권리를 가질 것이나, 시어머니는 이미 사망한 상태였다.

자식 없는 총부가 시동생에게 쫓겨난다는 사헌부의 지적은 1554년의 것이다. 채응규가 유유를 자칭하며 나타난 것은 1563년이었으니, 백씨는 그런 상황을 충분히 그리고 예민하게 의식하고 있었을 것이다. 남편도 자식도 없는 자신이 쫓겨날 가능성이 있었다. 물론 백씨는 총부권을 행사할 수도 있었다. 하지만 결정적인 문제는 유유가 사망한 것이 아니라, 가출했다는 것이었다. 남편이 사망하지 않았으므로 후계를 지명하는 총부권을 행사하는 것은 원천적으로 불가능하다. 그런데 미묘한 것은 남편은 돌아오지 않을 것이라는 점이었다. 유유는 사망한 것도 살아 있는 것도 아닌 삶과 죽음이 중첩된 상태에 있었다. 이 부분이 백씨를 혼란스럽게 만들었을 것이다. 또한 설령 남편이 돌아온다 하더라도 두 사람의 관계가 원만하게 회복되지 않을 것이라는 것, 원천적으로 임신과 출산이 불가능하다는 것도 백씨는 잘 알고 있었다.

한걸음 더 나아가 유유가 돌아와 사망하는 경우라 해도 백씨에게는 양자를 들일 수 있는 가능성도 매우 낮았을 것이다. 왜냐하면 유유의 형제는 오직 유연만 남아 있었다. 유연이 아들을 낳을 경우, 그 아들을 양자로 삼을 수도 있겠지만, 그 역시 사실상 유연에게 장자권을 넘기는 것이었다. 유연의 사촌 혹은 육·팔촌의 자식을 양자로 삼는 경우도 상정할 수 있다. 하지만 대구부에서 채응규의 진짜·가짜를 가리기 위해 친지와 고을 사람들을 모았을 때 유연의 사촌·육촌·팔촌은 전혀 등장하지 않는다. 이것은 사실상 유연에게 가까운 혈족이 없었다는 것을 의미한다. 결론적으로 백씨에게는 유유의 사촌이나 육촌·팔촌 등에게서 양자를 취할 수 있는 가능성도 거의 없었던 것으로 볼 수밖에 없다.

물론 백씨는 재가금지법을 정면으로 어기면서 이혼을 신청하고 재혼할 수도 있다. 하지만 그 역시 불가능한 일이었다. 사족여성이 이혼을 신청하려면, 예조에 문서를 올려 허락을 받아야 했다. 남편이 집을 나가서 돌아오지 않는다는 것만으로는 이혼 신청이 불가능했을 것이다. 유유가 성불구자라는 것을 이혼 사유로 밝힌다면 어떨까? 그것은 사족의 도덕관념으로는 불가능한 일이었다. 만약 남편이 성불구자라는 것을 외부로 발설하는 그 순간 백씨는 음란한 여인으로 낙인찍힐 것이었다.

가출한 남편이 돌아올 가능성은 거의 없고, 돌아온다고 해도 정상적인 부부로서의 삶은 전혀 기대할 수 없다! 남편이 죽은 것이 아니므로 재혼도 불가능하다. 이혼은 상상 속에서나 가능한 일이다. 현재 적장자의 지위를 대리하고 있는 것은 유연이다. 유연은 앞으로 형망제급의 법과 관행에 의해 적장자의 지위는 물론 유유의 재산까지 차지할 것이다. 이것이 백씨가 처한 상황이었다. 즉 의지할 데 없는, 희망 없는 삶을 살아야 한다는 것을 의미했다. 백씨의 경우, 자신이 처한 난감한 상황을 적극적으로 타개해야 할 필요가 있었다. 이것이야말로 그녀가 채응규와 공모를 할 수밖에 없었던 이유일 것이다.

백씨 부인의 속내

백씨가 채응규와 언제 어디서 최초로 접촉했는지 또 두 사람이 어느 정도로 지속적인 관계를 가졌는지는 알려진 바가 전혀 없다. 유유라고 자칭하는 채응규에 대한 소문을 들었던 것이 백씨가 채응규라는 존재를 인지하게 된 최초의 시점일 수도 있다. 유유가 집으로 돌아올 가능성도 있었지만, 유유가 집을 떠난 이유(곧 유유가 성불구자라는 사실)를 너무나 잘 알고 있는 그녀이기에 유유가 다시 돌아올 가능성은 거의 없을 것이라고 확신했을 것이다. 유연이 채응규를 대구부에 고소하는 변수가 없었다면, 그래서 채응규가 백씨부터 만나게 되었다면, 백씨는 채응규를 진짜 남편으로 인정했을 것이다. 이 문제에 대해서는 권시權諰(1604~1672)의 적절한 지적이 있다. 그는 "채응규를 백씨에게 보이지 않고 결박해 대구부로 간 것은 경솔했다"고 한 이항복의 판단을 비판하면서 채응규가 형이 아니라면 그렇게 하는 것이 당연하다고 말한 뒤 "만약 백씨가 채응규를 만나 유유라고 한다면, 유연은 그를 형으로 섬길 것인가?"라고 반문했다.[4] 실제 아내인 백씨가 채응규를 유유라고 인정한다면 제3자가 부정할 가능성은 거의 없었을 것이다. 그것이 백씨가 의도하는 바였다. 뒤에 설령 진짜 유유가 나타났다 하더라도 아내인 백씨가 완강하게 부정한다면, 그는 자신이 진짜임을 입증하기 어려웠을 것이다.

채응규와 백씨 중 누가 먼저 사기극을 제안했는지는 분명하지 않다. 하지만 백씨에게는 그것을 제안할 만한 충분한 동기가 있다. 또한 채응규의 입장에서도 그 제안은 받아들일 만한 충분한 가치가 있었을 것이다. 그가 정말 유유로 인정받는다면 버젓한 사족으로서 사회적으로 천대받는 관속과 무당, 사기꾼의 위치를 벗어날 수 있기 때문이었을 것이다.

사건의 반전, 채응규의 도망

채응규를 두고 진위를 가리는 도중 또 한 번 반전이 일어났다. 채응규가 도주한 것이다. 관이 개입한 이후 사건은 채응규의 능력으로 해결할 수 있는 범위를 벗어나기 시작했다. 벗어날 길은 도망하는 것밖에 없었다. 〈유연전〉에 의하면, 대구부 관정에서 고을 사람들과의 대질 심문에서 채응규의 행동은 점차 일관성을 잃기 시작했다. 〈유연전〉의 해당 부분을 직접 읽어보자.

> ① 그 사내는 계책이 궁해지자 혹은 유유라고 하고 혹은 채응규라고 하며 광인狂人의 말처럼 두서가 없었고, 일부러 정신 나간 짓거리를 하였다.
> ② 얼마 지나지 않아 채응규의 처 춘수가 소식을 듣고 즉시 달려와 호소하였다. "첩의 남편은 불행히도 병이 도졌습니다. 부디 옥을 나와 사실私室에 보치保置해주소서." 부사는 채응규를 관노 박석朴石의 집에 보치하도록 허락하였다.
> ③ 5일 뒤 과연 채응규는 춘수와 밤을 틈타 함께 달아났다. 박석이 알아차리고 쫓아가 춘수는 잡았지만, 채응규는 이미 벗어나 종적을 찾을 수 없었다.[5]

채응규는 자신을 유유라고 하다가 다시 채응규라고 하는 등 횡설수설하기 시작했다. 물론 채응규가 가짜라는 사실이 이의 없이 확정된 것은 아니었다.

〈유연전〉이 대구부의 조사 과정에서 채응규가 가짜라는 것이 드러났다고 서술한 것은 액면 그대로 사실이 아니라 해도, 채응규가 가짜일 수 있다는 광범위한 의심이 간접적으로 드러났을 터이다.

진위를 둘러싼 논란을 보고 채응규는 당연히 심리적으로 위축되었을 것이다. 하지만 채응규가 달아난 결정적인 계기는 자신이 진짜 유유임을 입증할 수 있다고 내세운 그 증거에 있었을 것이다. 첫날밤의 '월사'와 '검은 점'의 존재를 백씨가 인정했다는 것은, 두 사람의 공모를 의미하는 것일 수도 있고, 또 두 사람 사이에 실제 성관계가 있었다는 것을 의미했다. 만약 자신이 가짜라는 것이 밝혀진다면, 그것은 사기사건에 또 다른 사건이 병합된다는 것을 의미했다. 곧 간통이었다.

무당이 직업인 사기꾼 남자와 남편이 있는 사족여성의 간통이란 양자에게 모두 죽음을 의미했다. 원래 사족여성의 간통을 처벌하는 법은 《경국대전》 등의 법률서에 없었다. 그 법은 1512년(중종 7) 내금위 김각金珏의 처 옥종玉終의 음행을 처벌하는 과정에서 만들어졌다. 곧 실행한 사족여성과 함께 간부姦夫까지 교수형에 처하기로 확정했던 것이다.[6] 이 법이 집행된 구체적 사례는 찾기 어렵지만, 그것이 실제 작동하고 있었던 것은, 채응규가 사기극을 벌이고 달아난 1564년에 일어난 사족여성의 간통사건에서 확인할 수 있다. 사재감 참봉 최계조의 아들 최확崔擴이 무뢰배들과 어울려 도박을 일삼고 남의 재물을 빼앗는 짓을 하다가 밤이면 사족가의 여성과 성관계를 가졌다. 일이 발각되자 사헌부에서는 최확을 잡아다 장살했다. 최확의 상대였던 사족 이제李霽의 딸, 청릉부원군 심강沈鋼의 며느리는 사헌부에서 조사하기 어려워하자 그 집안에서 모두 자결하게 하였다.[7] 이 예에서 보듯 사족여성의 간통은 모두 죽음으로 끝났다.

백씨, 유연을 유유 살해범으로 고소하다

채응규가 달아난 뒤 그의 처 춘수는 당황했을 것이다. 하지만 춘수보다 더 당황한 사람이 있었다. 백씨였다. 그런데 백씨의 반응이 뜻밖이었다. 백씨가 유연을 유유의 살해범으로 고소한 것이다. 〈유연전〉은 백씨가 유연을 유유의 살인범으로 모는 장면을 길게 서술하고 있다. 백씨는 '초췌한 모습'으로 상복을 입고 밤낮 울며 감사에게 호소했다.[1] 상복을 입은 것은 남편이 죽었음을 의미하는 것이었다.

> 남편에게 불량한 아우가 있어 재물을 탐하는 것이 한정이 없어, 진짜를 가리켜 가짜라고 하면서 형을 결박해 관에 가두고 큰 재앙을 떠넘기려 하고 있습니다. 남편은 본래 광증을 앓고 있는데 구금당한 뒤 병이 더욱 무거워졌습니다. 다행하게도 태수께서 갇혀 있는

13

형제 살인극으로:
유연, 악인으로 만들기

것을 면하게 해주셔서 병을 치료하고 있는 중에, 유연이 지키는 자에게 뇌물을 써서 형을 죽이고 그 흔적을 감추었습니다. 바라옵건대 유연의 죄를 논하시어 이 아낙의 억울함을 풀어주소서.[2]

집안사람과 일가붙이가 진짜 유유가 아니라고 하는 자를 대면해 진짜·가짜를 확인할 수 없다고 하던 백씨는 갑자기 입장을 바꾸어 사라진 채응규가 진짜 유유라고 단정했다. 이것은 납득할 수 없는 일이 아닌가. 백씨는 또 유연에 대한 자신의 속내 일부를 얼핏 드러냈다. 백씨는 유연을 '재물을 한없이 탐하는 자貪貨無厭'라고 말한다. 곧 백씨는 유연이 유유의 재산을 빼앗기 위해 형을 가짜로 몰고 결박해 관에 고소하였고, 지키고 있던 자에게 뇌물을 주어 유유를 살해했다고 주장했던 것이다.

채응규의 행적이 묘연하고, 백씨가 유연을 살인범으로 지목하자, 사건은 엉뚱하게도 살인사건으로 비화하였다. 살인 혐의가 제기된 이상 경상감사는 대구부에 유연과 춘수·박석을 투옥하라고 지시하지 않을 수 없었다. 유연과 유연의 아내 이씨로서는 꿈속에서도 상상할 수 없는 사태가 발생한 것이었다. 유연의 아내 이씨가 대구부사 박응천에게 억울함을 호소하였다.

이때까지만 해도 박응천은 채응규가 도주한 것일 뿐, 유연이 유유를 살해했다고 생각하지 않았다. 박응천은 "달아난 자는 유유가 아니고 채응규다. 또 도망했다는 명백한 증거가 있고, 나 역시 유연이 억울하다는 것을 알고 있다. 다만 백씨가 호소해 마지않으니, 형편상 그렇게 하지 않을 수가 없다. 우선 물러가서 기다리라. 국문이 끝나면 마땅히 바로 잡을 것이다"라고 이씨를 달랬다.[3]

유연은 대구부 감옥에 갇혔지만, 오래 있었던 것은 아닌 것으로 보인다. 백씨가 사건을 이웃 고을로 옮겨줄 것을 요청해 유연은 현풍玄風 감옥으로 옮겨졌다.[4] 백씨는 유씨 세력이 강한 대구부에서는 자신에게 유리한 방향으로 재판을 이끌지 못한다고 판단했을 것이다. 역으로 유연은 현풍 감옥으로 이감된 것이 자신을 응원할 사람들로부터 멀어진다는 것을 직감했을 것이다. 채응규는 달아났고 그의 사기극을 밝혀낸 유연이 도리어 형제를 죽인 살인자 혐의를 뒤집어쓰고 옥에 갇혔으니, 사건은 예상치 못한 방향으로 흘러가기 시작했다.

친동생 유연이 채응규를 완강하게 가짜라고 하고, 또 채응규가 진짜일 수 없다는 증거도 많았으니, 채응규의 도망에 대해서는 사기꾼이 사기행각을 벌이다가 달아났다고 하면 그만이었다. 가짜 소동으로 인해 피해를 볼 사람은 없었다. 재산을 잃거나 명예를 잃은 사람은 아무도 없었다. 이제와 심륭 등도 진짜 유유가 아닐 가능성을 배제하지 않았으니, 채응규의 교묘한 언사에 속았다고 하면 그만이었다. 이제와 심륭이 그렇게 하여 처벌을 벗어난다면, 그 외의 사람들, 예컨대 해주에 갔던 억종과 몽합 등도 처벌을 받을 일은 없었다. 그들 역시 자신들이 목도한 정황을 그대로 말하면 그만이었다. 물론 이제와 심륭, 그리고 채응규가 유유라고 했던 서시웅 등은 체면의 손상을 입을 수는 있었지만, 그것은 시간이 흐르면 씻겨 나갈, 감내할 수 있는 수준이었다.

하지만 채응규가 사기꾼인 것, 곧 가짜 유유라는 것이 확정된다면 헤어날 수 없는 곤경에 빠질 사람이 있었다. 백씨가 바로 그 사람이었다. 백씨의 문제는 심각했다. 채응규와의 간통 혹은 공모 과정에 대해 추궁당할 경우 어떻게 대답해야 할 것인가. 그것을 털어놓는다는 것은 치명적 불명예일 뿐만 아니라, 가혹한 법적 처벌, 교형絞刑이 따르는 문제였다. 아울러 그녀의 친정인 백씨 집안도 사족사회에서 완전히 배제되는 치명상을 입게 될 것이었다. 이처럼 예상되는 갖가지 난처한 상황을 돌파하기 위해서는 먼저 채응규가 사라져야만 했다(이런 점에서 채응규의 도주는 자발적인 것이 아니라 백씨의 사주에 의한 것일 수도 있다). 채응규는 반드시 유유여야만 했다. 그다음 채응규가 가짜라고 주장한 사람들은 제거되어야만 했다. 이 조건을 모두 만족시키는 경우는 '유연이 채응규를 살해한 것'밖에 없었다. 형제 살인은 사형이었기 때문이다. 백씨는 이런 조건들을 충분히 생각한 뒤 유연을 대구부에 형제 살인범으로 고소했을 것이다.

실제로 백씨가 유연을 고소한 것은 유연을 죽음으로 몰아넣는 데 결정적인 역할을 하였다. 하지만 1564년 삼성추국에서도, 1579년의 재심에서도 백씨에 주목하는 일은 없었다. 1579년의 재심으로부터 2세기가 지난 뒤 단 한 사람, 우하영禹夏永(1741~1812)만이 〈유연전〉을 읽고 쓴 비평문 〈유연전 후서〉[5]에 유연 옥사가 전적으로 백씨의 손에서 이루어졌다고 지적했다. 물론 그는 유씨 집안의 재산을 탈취하려고 이제가 이 사건을 기획했다는 〈유연전〉의 주장을 부정한 것은 아니었다. 다만 이제보다 백씨의 행동이 갖는 범죄적 의미가 더욱 중요하다고 지적한 것이다.

채응규가 해주에 있을 때 스스로 유유가 아니라고 답하는 편지를 써 보내자 백씨가 받았다. 어떻게 부인이 평소 알지 못하는 남자와 서찰을 주고받는 경우가 있을 수 있는가? 만약 그 서찰을 받고서 내심 유유라고 생각했다면, 그가 결박을 당해 관에 잡혀갔을 때 마땅히 관을 찾아가 직접 만나보고 남편을 위해 일이 잘못되었음을 따지기에 겨를이 없어야 할 것이다. 그런데 도리어 강 건너 불 보듯 아무 관심도 보이지 않았다. 그리고 감사가 직접 가서 확인해보라고 시키는 날에는 도리어 거부하며 가려고 하지 않고서 "종인·족당이 모두 유유가 아니라고 하는데, 첩이 사족으로서 어떻게 어떤 사람인지도 모르는 사람과 대면할 수 있겠습니까?"라고 하였으니, 이것이 무슨 뜻이란 말인가?[6]

우하영은 백씨가 채응규와 편지를 주고받은 행위의 문제부터 그녀의 모순을 날카롭게 지적했다. 사족의 부녀자가 생면부지의 사람을 만날 수 없는 것이 이유라면 채응규와 편지를 주고받았던 것은 모순이 아닌가. 우하영은 채응규가 도망한 뒤 백씨가 상복을 입은 것은 더욱 모순적인 행동이라고 지적한다.

감옥에 갇혀 있을 때 가서 살피고 화를 면해야 할 것인데, 어떤 사람인지도 모르는 사람과 대면하는 것은 부당하다고 하고, 종적을 감추고 달아난 뒤에는 도리어 어떤 사람인지도 모르는 사람을 위해 상복을 입고 원통함을 하소연하여 반드시 그 원수를 갚고자 하였으니, 이것은 또 무슨 근거에서 한 일이란 말인가.[7]

우하영은 백씨의 이 모순적 행동 이면에는 '반드시 원수를 갚고자' 하는 의도가 숨어 있었다고 주장한다. 곧 유연을 죽일 의도가 있었던 것이다. 우하영은 사실상 주범은 백씨라고 지적한 것이다.

세상에서 이 옥사를 논하는 사람들은 반드시 "유연의 죽음은 이제가 재물을 다투었던 흉모凶謀에서 시작되어 채응규의 간사함에서이루어졌고, 위관委官의 손에서 결정이 되었다"라고 말한다. 하지만 나는 "전적으로 백씨의 손에서 비롯된 것이다"라고 말하겠다.만약 백씨가 채응규의 편지를 받고서 의심하지 않아야 할 데에 대해 의심하는 일이 없었더라면, 사족을 가탁하여 마땅히 분변해야할 때에 분변하지 않은 일이 없었더라면, 억지로 명분도 없는 상복을 입고 죄 없는 동생을 죄에 빠트리는 일이 없었더라면, 이제의 음모와 채응규의 간사함을 어디에 베풀 수 있었겠는가? 또 위관이 또장차 어디에 손을 쓸 수 있었겠는가. 그러므로 "유연의 억울함을 풀자면, 마땅히 백씨의 죄를 밝혀야 하는 것"이라고 말하는 것이다.[8]

우하영은 채응규와 백씨의 공모까지 상상하지는 않았지만, 백씨의죄를 추궁했더라면 사건의 본질에 접근할 수 있었을 것이라고 판단했음을 알 수 있다.

또 다른 혐의자, 춘수

〈이생송원록〉은 춘수도 유연을 유유 살해범으로 고소했다고 말한다.

뒤에 또 듣자니 채응규의 병이 무거워 부사가 보방保放[수인囚人이 옥을 벗어나되 사람을 시켜 보방하게 하는 것을 보수保囚라고 한다]했는데,이내 도망했고, 채응규의 첩 춘수가 '유연이 채응규를 죽였다'고 대구부에 고소했다고 하였습니다. 이어 또 들으니 채응규는 도망한 것이 아니라 유연이 실로 죽인 것이 틀림없다고 하였습니다. 이런 말이 길에 낭자하게 퍼져 하나만이 아니었습니다.[9]

이언용은 춘수가 유연을 채응규(=가짜 유유)를 죽인 혐의로 고소했다는 소문을 들었던 것이다. 백씨가 먼저 고소했는지 아니면 춘수가 먼저 고소했는지 선후는 알 수 없지만, 추측하건대 백씨가 먼저였을 것이다.

춘수 역시 유연을 유유(=채응규)의 살해범으로 몰아야만 하였다. 남편이 사기꾼임이 밝혀진다면, 그녀는 남편이 부재한 상황에서 사기행각의 전모를 털어놓아야만 했다. 그 과정에서 혹독한 고신拷訊이 있을 것이고 결국은 처벌을 받게 될 것이었다. 그러나 이미 백씨가 유연을 유유 살해범으로 고소했으므로 춘수에게 고소는 손쉬운 판단일 수 있었다. 그런데 혹 두 사람 사이에 공모는 없었을까? 뒷날 채응규가 사라지고 난 뒤 백씨가 채응규의 아들 채정(경)백을 춘수로부터 넘겨받아 10년 이상 양자로 길렀으니, 두 사람의 공모 가능성을 배제하기 어렵다. 어쨌든 춘수와 백씨가 자신들에게 닥친 위기를 모면하기 위해 창작한 '살인사건'으로 말미암아 채응규의 사기극은 형제 살인극으로 바뀌게 되었다.

유연이 아내 이씨에게 보낸 편지

〈유연전〉에 의하면, 대구부 감옥에서 유연은 아내 이씨에게 편지를
보냈다고 한다. 이 편지는 대단히 중요하기 때문에 그대로 인용한다.

① 아, 실인室人 이씨는 나를 따라 멀리 와서 입고 먹는 것을 마련하
느라 애를 쓰고 있구려. 나는 천지간의 지극한 억울함을 안고 몇
달 동안 옥에 갇혀 다시 살 가망이 없으니, 당신에게 뒷일을 부
탁하는 말을 남긴다.
② 생각을 하자니 아득하기만 하구나. 이제의 음모, 심륭의 음모,
백씨의 음모, 채응규의 음모가 온나라 사람의 마음과 눈을 가리
고 덮는 것이 이에 이르렀단 말인가. 나는 비단 내 한 몸을 삼가
돌보지 못했을 뿐만 아니네. 우리 돌아가신 부모님의 영혼을 생

14

날조된 유연의
유언 편지

각하니, 오장을 깎아내는 것 같구려. 저 이제 등의 간악한 정상은 당신 역시 환히 알고 있을 것이다. 지금 내가 말하는 바는 털끝만큼의 거짓도 없으니, 당신은 반드시 이 편지를 가지고 서울로 들어가 나의 지극한 억울함을 아뢰어다오.

③ 화의 근본을 찾아 생각해보면, 오로지 횡재橫財에서 비롯된 것이네. 당신은 선부先父께서 별급한 것과 백숙모 유씨의 문건을 관에 고하고 없애버리시오. 그래도 밝히지 못하거든 황천후토皇天后土와 부모의 영혼이 위아래에서 환히 비추고 계시리니, 당신은 밤마다 기도하여 모쪼록 명우冥佑를 빌어 채응규를 잡아서 구천에 있는 나의 원통한 마음을 위로해주기 바라네. 혼기昏氣가 모자라 다 쓰지 못하네.

④ 끝에는 '가옹 무고인 유연은 곡하고 죽는다家翁無辜人柳淵哭死'는 아홉 자가 있어, 원근에서 듣고서 슬퍼하였다.[1]

그런데 이 편지를 유연이 썼다는 것이 진실일까? 이 점을 먼저 검토해보자. ①에서 유연은 아내 이씨에게 '나를 따라 먼 길을 와서 옥바라지를 하며 고생을 했다'라고 말한다. 유연은 원래 대구 사람이었으니, 거주지가 대구부에서 먼 곳에 있지는 않았을 것이다. 앞서 검토한 바와 같이 달성 유씨는 수성壽城에 거주했다. 수성은 지금의 대구광역시 수성구 일대다. 대구부가 어디에 있었는지는 확인하기 어렵다. 그런데 조선 후기에 대구는 경상도 관찰사영의 소재지가 된다. 관찰사영은 바로 대구부 자리에 설치된 것일 터이다. 대구 관찰사영, 곧 대구감영은 현재의 대구시청 주변에 있었다. 따라서 유연이 현재의 수성구 어느곳에 거주했는지는 알 수 없지만, 현재의 수성구청을 기점으로 한다면 수성구청에서 대구시청까지의 직선거리는 4킬로미터 이하다. 도로 사정이 좋지 않은 점 등을 고려한다 해도, 유연의 거주지에서 대구부까지는 반나절 거리다. 따라서 유연이 아내 이씨에게 자신을 따라 먼 길을 와서 옥바라지를 했다는 것은 아무래도 이상하다.[2]

다른 표현도 검토해볼 필요가 있다. 유연은 자신이 대구 감옥에 갇힌 지 몇 달이 되었다고 말한다[幽囚數月]. 1, 2개월을 '몇 달[數月]'이라고 하지는 않을 것이다. 최소한 3, 4개월은 되어야 '몇 달'이라고 말할 수 있을 것이다. 과연 유연은 대구 감옥에 3, 4개월 동안 갇혀 있었던 것인가. 춘수가 서울에서 대구로 내려온 1월 22일 채응규는 옥에 갇혀 있었다. 〈유연전〉은 춘수의 호소로 대구부 감옥에서 풀려나 박석의 집에 보치되어 있던 채응규가 5일 뒤에 달아났다고 말했다. 춘수가 대구에 내려와 즉시 호소했고 호소한 그날로 박석의 집에 보치했다고 해도 채응규가 달아난 것은 1월 27일이다. 이후 백씨가 소복을 입고 감사에게 밤낮으로 호소했던 시간 등을 생각한다면, 유연은 아무리 빨라도 1월 말에야 대구부 감옥에 갇혔을 것이다.

전술한 바와 같이 백씨의 요청으로 유연은 대구부에서 현풍으로 옮겨 수감된다. 현풍에 수감되어 있던 유연은 다음에 이야기할, 사간원 대사간 박계현朴啓賢(1525~1580)의 계청啓請[계청이 있었던 시점은 알수 없다]으로 인해 한양 의금부로 이감되고, 곧 그를 심문하는 삼성교좌가 열린다. 박계현이 사간원 대사간에 임명된 것은 1564년 2월 17일이었고[3] 유연이 현풍을 떠나 서울에 도착한 날짜는 3월 11일이다. 대구에서 서울까지가 열흘 일정이었으니, 대구 남부에 붙어 있는 현풍 역시 서울까지는 열흘 일정이다. 오가는 데 최소한 20일이 걸린다. 박계현의 계사가 즉각 수용되어 서울에서 곧장 공문을 보내고 현풍에서 그 공문을 접수하자마자 유연을 서울로 보냈다고 해도 서울에서 공문을 보낸 날짜는 일러야 2월 21일이다. 유연이 현풍의 감옥에서 며칠 동안 있었다고 가정한다면, 그가 대구부 감옥에 있었던 것은 아무리 길어도 20일을 넘을 수 없다(실제로는 10일도 되지 않을 것이다). 그런데 유연의 편지는 여러 달을 감옥에 갇혀 있다고 말한다. 이것은 사실일 수 없다. 유연의 편지는 무언가 잘못된 것이다.

이어서 유연은 몇 달을 갇혀 있던 끝에 "몇 달 동안 옥에 갇혀 다시 살 가망이 없으니, 당신에게 뒷일을 부탁하는 말을 남긴다"라고 말한다. 이 말에 의하면 유연은 이미 절망적인 상태에 빠져 죽음을 기정사실화하고 최후로 아내 이씨에게 유언을 남기려는 참이다. 하지만 대구부 감옥에 갇혔을 때 유연은 죽음이 기정사실화된 절망적 상태가 아니었다. 앞서 언급한 바와 같이 대구부사 박응천은 유연의 아내 이씨에게 "나 역시 유연이 억울하다는 것을 알고 있다. 다만 백씨가 호소해 마지않으니, 형편상 그렇게 하지 않을 수가 없다.……국문이 끝나면 마땅히 바로잡을 것이다"라고 말했다. 이런 정황으로 보아, 대구부 감옥에 있는 유연은 자신이 서울로 이송된다는 것, 자신이 형을 죽인 살인범으로 몰려 죽을 것이라고는 예상하지 못했을 것이고, 죽음을 목전에 둔 사람처럼 절망의 언사를 토할 필요가 없었을 것이다.

유연이 몇 달을 서울의 감옥에서 지냈고 거기서 이 편지를 쓴 것이라 주장할 수도 있을 것이다. 하지만 유연은 3월 11일 서울에 도착했고, 3월 20일에 처형되었다. 서울로 이감된 지 불과 열흘 만에 처형되었으니, 서울의 의금부 감옥에서 몇 달을 보냈을 가능성은 전혀 없다. 의금부 감옥에서 쓴 편지를 대구의 감옥에서 쓴 것으로 착각했다고 생각할 수도 있다. 하지만 위의 편지에서 유연은 명백히 아내 이씨에게 "지금 내가 말하는 바는 털끝만큼도 거짓이 없으니 그대는 이를 들고 '서울로' 들어가 나의 지극한 원통을 호소하시오"라고 말하고 있다. 따라서 서울에서 썼을 가능성도 전혀 없다. 그렇다면 현풍에서 쓴 편지일 수도 있다. 이것도 후술하겠지만, 현풍에서 본격적으로 심문을 받기 전 박계현의 계청으로 유연은 서울로 이송된다. 그러므로 이 편지는 현풍에서 쓴 것도 아니다.

유연의 판단

편지의 끝에 붙인 '가옹家翁 무죄인無罪人 유연은 통곡하고 죽는다[家翁無辜人柳淵哭死]'는 아홉 자가 있었는데 '원근에서 듣고 슬퍼하였다'는 부분 역시 전혀 사실과 일치하지 않는다. 유연이 자신의 죽음을 직감한 것은 삼성교좌 때 고문을 받고는 할 수 없이 거짓 자백을 한 뒤였을 것이다. 자백은 자신의 범죄 사실을 인정한다는 것이며, 자백이 끝나면 그것으로 결안結案이 작성되고 이내 사형이 집행되는 것이 관례였기 때문이다. 즉 고문을 전환점으로 유연은 자신의 죽음을 직감했을 것이다. 하지만 대구부에서는 고문이 없었다. 따라서 마치 자신의 죽음을 목전에 둔 듯한 '가옹 무죄인 유연은 통곡하고 죽는다'는 편지의 끝부분도 역시 사실에 근거하지 않은 것이다. 이러한 모순으로 가득한 편지는 누군가 의도적으로 작성한 것일 터이다.

유연의 편지는 날조된 것이 분명하다. 이항복이 날조한 것인가. 그것은 아닐 터이다. 이항복은 이씨 집안에 있었던 자료를 취하여 〈유연전〉에 삽입했을 것이다. 편지를 날조한 주체는 알 수 없다. 문제는 이 편지의 의도인데, 그것은 편지의 후반부 ③에 나타나 있다. 이 편지는 이전까지 어떤 사람의 공초에서도, 혹은 소문에서도 나오지 않았던 이제와 심륭의 음모, 채응규와 백씨의 음모가 처음으로 언급되고 있다. '이제의 음모, 심륭의 음모'라는 언급은 유언이 곧 채응규가 가짜 유유 행세를 하도록 한 이 사건이 이제와 심륭, 채응규와 백씨가 공모하여 기획한 결과물로 확신했다는 것을 의미한다. 이어 편지는 아버지 유예원이 유연에게 별급한 토지와 백숙모 유씨의 토지에 대해 언급하는데, 전자는 유연으로부터 빼앗으려는 것이었고, 후자는 심륭이 돌려주지 않으려는 것이라고 했다. 결국 유연 집안의 토지에 대한 이제와 심륭의 탐욕이 사건을 일으킨 근거였다는 것이 유연의 판단이다. 하지만 이제와 심륭의 욕망이 백씨와 어떻게 얽혀 있는지에 대해서는 완전히 침묵한다. 이렇듯 편지는 곳곳에서 문제를 드러내고 있는 만큼 날조된 것이 분명하다.

박계현의 계사

채응규는 자신의 정체가 드러날 것이 두려워 도주했으니, 실제 발생한 사건은 사기극과 사기꾼의 도망이었다. 춘수와 백씨는 그것을 형제 살해사건으로 바꾸려 했고 그 결과 유연은 대구부의 감옥에 갇히게 되었다. 하지만 대구부에서는 여전히 유유가 아니라 채응규가 달아난 것으로 인식하고 있었다. 도망자를 추적하여 잡아들이고 춘수를 심문하면 사건의 전모가 드러날 것이었다. 하지만 난데없이 사간원 대사간 박계현이 명종에게 이 사건을 아뢴 것을 계기로 유연은 꼼짝없이 살인자가 되고 말았다.

　박계현이 파악하기에 백씨가 고소한 내용은 심각했다. 어느 날 형이 갑자기 집을 나가서 소식이 끊어지자 동생은 적장자의 지위와 재산을 차지할 수 있었다. 그런데 또 갑자기 사라졌던 형이 나타났다.

15

재심으로 부활한 사건:
대사간 박계현의 계사

움켜쥐었던 지위와 재산이 손아귀에서 빠져나가게 되자, 동생은 형을 죽이고 시신을 은폐했다. 사기꾼이 사기극을 벌이다가 달아난 사건보다 지위와 재산을 노린 형제 살해가 훨씬 더 충격적인 사건임은 두말할 필요가 없을 것이다. 조선은 친족공동체의 집적으로 이루어진 사회였다. 친족 살해, 그것도 가문 적통을 잇는 적장자를 동생이 살해한 것은 유교에 입각한 가부장적 친족공동체를 파괴하는 행위였다.

동생이 형을 살해한 사건은 사기꾼의 사기극을 덮으면서 빠르게 퍼져나갔을 것이다. 원래 살인사건은 왕에게 보고되어야 하는 것이었다. 곧 대구부에서는 경상도 관찰사영을 거쳐 서울의 조정으로 마땅히 보고서를 올려야 했다. 하지만 대구부가 보고하기도 전에 간관이 왕에게 계사를 올려 유연의 처벌을 요청했다. 〈유연전〉에 실린 그 계사는 이러하다.

유유는 이곳저곳 옮겨 다니며 고생을 한 탓에 모습이 비록 변하기는 했지만, 언어와 행동거지는 실로 유유입니다. 그의 아우는 적장嫡長의 지위를 빼앗고 재산을 차지하려고 모의하여, 유유를 협박해 묶어 관에 고소하였습니다. 부사가 된 사람은 마땅히 유연을 같이 가두어야 할 것인데, 먼저 아우의 고소를 믿어 단지 그 형만 가두어 옥체獄體를 잃고 말았습니다. 또 유연의 옥사를 늦추어 형을 해치고 윤상倫常을 어지럽힌 죄를 지금까지 덮어두게 만들었으므로, 한 도道의 사람들이 분노하고 욕을 하지 않음이 없습니다. 청컨대 유연을 잡아다 안율按律하고 박응천을 아울러 파직하소서.[1]

선조에게 계사를 올린 간관이 박계현으로, 1564년 2월 17일에 사간원 대사간에 임명된 인물이다. 박계현은 당대의 권신이었던 윤원형과 각립하는 등 꽤나 강직한 관료였다. 그런데 〈이생송원록〉에 의하면, 박계현이 이 사건에 관심을 갖게 된 것은 그의 서종매庶從妹 존심存心과 관계가 있다고 한다. 존심은 유연의 처가에서 부리던 계집종이었다. 박계현은 유연이 처음 채응규(=유유)를 만났을 때 기뻐했던 모습을 존심을 통해서 소상하게 들은 적이 있었다. 그런데 사라진 형이 나타났다고 그렇게 기뻐했던 유연이 갑자기 형을 가짜로 몰아세워 대구부에 고소하는가 하면, 어느 날 그 형이 흔적도 없이 사라졌다. 형의 아내(백씨)와 첩(춘수)은 동생이 적자의 지위와 재산을 빼앗기 위해 형을 살해하고 시신을 은폐했다고 주장한다. 이런 일이 벌어졌는데도 대구부사 박응천은 유연의 편을 들고 있는 것으로 보인다. 그래서 박계현은 자신의 의견을 왕에게 피력할 수 있는 대사간의 지위를 얻자, 자신이 갖고 있는 정보를 가지고 유연을 잡아다 서울에서 조사, 처벌할 것을 계청했던 것이다.[2] 여기서 유의해야 할 것은 박계현이 조사가 아닌 처벌을 계청하고 있다는 것이다. 박계현의 행동은 유연이 적장자로서의 지위와 재산을 빼앗기 위해 형을 살해했다는 백씨와 춘수의 주장을 그대로 받아들인 것이다. 유연이 유유를 죽인 것을 기정사실화한 대사간의 요청은 엄청난 무게를 갖는 것이었다. 그 결과 사기꾼 채응규는 완전히 잊히고 대신 형제 살해범 유연이 사건의 전면에 등장하였다.

사죄死罪와 강상죄綱常罪

동생이 형을 살해한 것은 10악十惡에 해당하는 중죄였다. 명의《대명률》을 채용한 조선의 형률 그 첫머리는 10악의 종류를 열거하면서 시작된다.

> 10악: 모반謀反, 모대역謀大逆, 모반謀叛, 악역惡逆, 부도不道, 대불경大不敬, 불효不孝, 불목不睦, 불의不義, 내란內亂

이 중 유연의 범죄는 '악역'에 해당하는데, 그 정의는 다음과 같다. "할아버지나 할머니 또는 아버지나 어머니 또는 남편의 할아버지나 할머니 또는 시아버지나 시어머니 등을 때려 다치게 하거나 살해를 음모한 일을 이르는 것이다. 또한 아버지의 형제인 큰아버지나 작은아버지, 큰아버지 또는 작은아버지의 아내인 큰어머니나 작은어머니, 아버지의 동기[同生]로서 누이가 되는 고모, 나의 형과 맏누이, 어머니의 부모인 외할아버지나 외할머니, 남편 등을 음모로 살해하는 일이다."[3] 자기보다 높은 항렬의 존속을 살해하거나, 같은 항렬의 연장자를 살해하는 경우가 곧 악역이었다. 십악에 대한 처벌은 간명했다. 십악은 사형이 있을 뿐이고 어떤 일이 있어도 사면[赦宥] 대상에서 제외되었다.

이 원칙은 문자 그대로 예외 없이 지켜졌다. 형을 죽인 동생은 사형이었다. 1454년 경상도 산음의 정효지와 정효례는 형 정효의를 죽인 죄로 가장 잔혹한 형벌인 능지처사陵遲處死에 처해졌다.[4] 정효지·효례는 정효의와 재산 상속으로 인해 갈등이 있었는데, 아버지 정양

부가 어떤 일을 계기로 정효의에게 화를 내며 '사살'하라 명하자 활을 쏘아 정효의를 죽였던 것이다.[5] 1529년에는 충청도 아산의 차응참이 적통을 뺏을 계략으로 형 차응벽을 타살한 혐의가 인정되어 교대시絞待時에 처해졌다.[6] 두 경우는 능지처사와 교대시라는 차이는 있지만, 사형이라는 점은 다르지 않았다.

유연이 유유를 살해한 죄 역시 당연히 사형에 해당하는 사죄死罪였다. 사죄에 해당하는 범죄는 지방과 서울에서 각각 심리할 수 있었다. 지방의 경우 관찰사가 차사원差使員을 정해 해당 고을의 수령과 함께 추문하게 하고, 그다음 또 차사원 2명을 정해 고복考覆하게 하고, 다시 직접 추문한 뒤에야 왕에게 보고하는 것이 원칙이었다.[7] 이것은 해당 범죄가 일어난 지역에서 직접 조사하는 것이 원칙이었기 때문이었다. 그런데 유연이 형을 살해한 것은 동일한 사죄지만 강상죄綱常罪라는 점에서 그 성격이 달랐다. 강상죄는 삼강오상三綱五常, 곧 유가의 기본 윤리인 삼강과 오륜을 어긴 죄였다. 강상죄는 지방에서 심리할 수 없고 서울로 옮겨 삼성교좌三省交坐로 심문하는 것이 원칙이었다. 실제 1584년 전라도 관찰사는, 형을 살해한 사람을 추국하겠다면서 경관京官 파견을 요청했지만, 선조는 서울로 데려와 삼성교좌할 것을 명했다.[8] 유연 역시 이런 이유로 서울 의금부에서 삼성교좌의 대상이 되었다.

삼성교좌

그럼 삼성교좌란 무엇인가. 삼성교좌는 의금부에서 행하는 추국의 하나다.[9] 삼성은 조선 초기에는 사헌부와 사간원, 형조를 가리켰으나,

세조·성종 대에 형조가 빠지고 정승이 포함되어 곧 사헌부·사간원·정승을 의미하게 되었다. 곧 삼성교좌 추국은 의금부에서 사헌부와 사간원, 정승이 참여하는 재판이란 의미다.

의금부는 반역사건, 강상범죄, 관원의 일반 범죄, 사족여성 범죄의 재판을 맡는다. 의금부의 재판을 추국이라 하는데, 추국에는 다른 관청의 관여 없이 의금부 단독으로 행하는 금부 단독 추국, 의금부에서 주관하되 전·현직 정승, 승지, 대간이 참여하는 국왕 주재 추국과 삼성교좌 추국이 있다. 의금부 단독 추국은 관원의 일반 범죄와 사족여성의 범죄, 의옥疑獄을, 국왕 주재 추국은 반역사건을, 삼성교좌 추국은 국사범(반역사건,[10] 능陵에 대한 죄, 전패殿牌 훼손)과 강상범죄, 도성 내 살인사건을 담당한다.

삼성교좌 추국 대상 중 가장 복잡하고 사례가 많은 것은 역시 강상 죄였다. 곧 '백성들의 죄가 조금이라도 강상에 관계되었으면 반드시 의금부에 회부하고 대신으로 위관委官을 삼아 삼성三省이 함께 다스려 옥사의 체통을 무겁게 하는 것은 고칠 수 없는 조종祖宗의 영전令典'이 었다.[11] 《속대전》에 의하면, 삼성교좌 추국이 다루는 강상죄는 다음과 같다.

부모·조부모·시부모·남편·백숙부모·형·누나를 죽이는 것, 노비의 주인 살해, 관노비의 관장官長 살해(이상은 기수旣遂 여부를 불문함), 머슴이 가장을 죽이는 것, 계모와 간음하는 것, 백모·숙모·고모·자매·며느리와 간음하는 것, 사내종이 주인과 간음하는 것, 적모를 팔아버리는 것, 부모를 때리거나 욕하는 것, 아버지의 시체를 불태우는 것(이상은 기수일 것)은 모두 삼성교좌 추국으로 한다.[12]

영조 대에 편찬된 《속대전》에 실린 것이기는 하지만, 그 이전에 있었던 삼성교좌 추국의 사례들을 반영한 것이고, 또 시대에 따라 범위가 약간씩 달라지기는 하지만, 그 핵심적인 범위는 위에 제시한 것을 벗어나지 않았다. 춘수와 백씨가 유연에게 씌운 '동생의 형 살해'는 삼성교좌 추국의 대상이 되었다.

삼성교좌 추국이 다루고 있는 범죄를 10악으로 분류하고 그에 따른 처벌을 구별하면 다음과 같다.

• 삼성교좌 추국의 대상과 10악

부모·조부모·시부모·남편·백숙부모·형·누나·주인·관장·가장 살해/ 형벌: 능지처사(기수既遂), 또는 참형(미수未遂)/ 10악의 유형: 악역惡役

계모·백모·숙모·고모·자매·며느리·주인여자와의 간음/형벌: 참형/10악의 유형: 내란

적모를 팔아버림/ 형벌: 참형/ 10악의 유형: 악역惡逆

부모 구타/ 형벌: 참형/ 10악의 유형: 악역

부모에게 욕을 함/ 형벌: 교형/ 10악의 유형: 불효

아버지의 시체를 태움/ 형벌: 참형/ 10악의 유형: 불효

(*)《대명률》2장, 〈명례율名例律〉10악十惡을 참조하였다.

삼성교좌 추국에 참여하는 관원은 매우 많았다. 위관 1명, 의금부 당상관, 형방승지, 대관·간관 각 1명, 문사낭청 2명, 문서담당 도사 2명, 별형방 도사 2명, 사관이 참여했다. 그렇기에 심문을 받는 사람에게 더욱 공포감을 갖게 하였다. 정승을 위시한 고위 관원들, 엄숙하고 까다로운 절차, 살벌한 고문도구들은 심문 받는 사람들을 크게 위축시

컸던 것이다.

유연의 삼성교좌 추국에 참여한 관원 중 극히 일부는 밝혀져 있다. 추국의 총책임자인 위관은 당시 우의정으로 재직 중이던 심통원沈通源이었다. 그리고 문사랑 중 1명은 홍문관 전한典翰이었던 홍인경洪仁慶이었다. 이조참판 기대항奇大恒과 예조판서 홍섬洪暹 역시 추국에 참여한 사람이었다(정식 직책은 미상). 이들과 여러 추관에 의해 추국이 시작되었다.

이자첨·김백천·심륭·이제의 공초

삼성교좌 추국을 열기로 결정했으므로 현풍의 감옥에 있는 유연과 대구부에 있는 사건 관계자 곧 유연의 노비 억종·허의손·윤희·김석金碩·몽합을 서울 의금부로 불러올려야만 했다. 공문을 주고받고 사람을 압송하는 데 상당한 시간이 걸리는 것은 당연한 일이었다. 서울에 있던 사건 관계자 이자첨·김백천·심륭·이제부터 심문한 것[1]은 이런 이유 때문이었을 것이다. 〈이생송원록〉은 의금부에서 이들이 바친 원정原情, 곧 초사를 싣고 있다. 물론 요약된 것일 터이다. 중요한 부분은 앞에서 인용한 바 있으므로 여기서는 먼저 이자첨·김백천·심륭·이제의 초사만 간단히 압축해 정리한다.

　이자첨은 자신이 평안병사의 군관에서 교체되어 서울로 돌아오던 도중 채응규를 만났던 사실을 이야기하며 1563년 겨울 채응규가 서

16

삼성추국에서의
공초

울에 왔을 때도 자주 찾아갔다면서 채응규가 유유임이 확실하다고 말했다. 김백천 역시 1563년 서울에 온 채응규를 찾아갔을 때 그가 자신과의 특별한 과거 경험을 이야기했으며 유연 역시 채응규를 유유라고 말했다고 증언했다. 심륭 역시 채응규가 죽은 고모(유예원의 누이)의 시비侍婢를 알아본 것과 유연이 채응규를 보자 그 즉시 형이라고 부른 것 등을 근거로 채응규는 의심할 바 없이 유유라고 증언했다. 이제의 경우도 이들과 다르지 않았다. 이자첨으로부터 유유(=채응규)를 만난 사실을 듣고 유연에게 연락했다는 것, 1563년 겨울 채응규가 서울에 왔을 때 유연에게 다시 연락했던 것을 말하고, 이어 유연이 채응규의 아들 채정백을 보고 유예원을 닮았기에 유유가 틀림없다고 말했던 것 등을 증언했다.

〈이생송원록〉에 실린 것이 자세하고, 〈유연전〉의 것이 짧기는 하지만, 내용상 서로 어긋나거나 충돌하는 부분은 없다. 이들이 일관되게 채응규를 진짜 유유라 한 것은 무엇보다 삼성추국 때 이미 유연이 유유의 살해범으로 지목되었기 때문이다. 또한 이들은 모두 서울에서 채응규를 만났을 뿐, 대구에서 일어난 사건에는 전혀 간여한 바가 없기 때문에 진술이 일치할 수밖에 없었을 것이다. 다만 이자첨만은 약간 따질 부분이 있다.

이자첨은 채응규를 처음 만난 사람으로 매우 중요한 인물이지만, 〈유연전〉에는 존재 자체가 언급되지 않는다. 〈유연전〉은 유연에게 채응규의 존재를 최초로 알린 사람으로 이제를 지목했다. 나아가 이제가 채응규에게 가짜 유유 행세를 하도록 음모한 사람이라고 말했다. 따라서 만약 채응규가 스스로 이자첨을 찾아왔고, 따라서 이자첨이 최초로 채응규를 만난 사람이라고 밝히는 것은, 〈유연전〉의 서술 의도와 배치될 것이다. 아마 이런 이유로 〈유연전〉에서 이자첨을 완전히 묵살한 것으로 보인다. 김백천의 경우는 〈유연전〉에 "김백천은 이제의 말이 옳다고 했고 다른 말이 없었다"[2]라고 짤막하게 나온다. 채응규가 김백천에게 자신이 유유임을 입증하는 중요한 정보를 쏟아냈음에도 불구하고 무시해버린 것이다.

억종·허의손·윤희의 공초

〈이생송원록〉에는 이자첨·김백천·심륭·이제의 초사에 이어 노비 억종·허의손·윤희, 춘수, 노비 김석·몽합, 유연의 초사를 차례로 싣고 있다. 이들의 초사는 입장이 각각 다른데, 억종과 허의손, 춘수는 유연이 유유를 살해했다고 주장하고, 김석·몽합은 춘수가 유연을 모함한 것이라고 주장했다. 유연은 당연히 자신의 무죄를 주장했다.

억종은 자신이 몽합과 함께 해주로 가서 채응규를 만났지만, 그 생김새가 유유와 다른 것을 보고 자신은 아니라고 했지만, 몽합은 고생으로 외모가 달라졌을 수도 있다고 말했다는 것과, 두 번째 방문에서 채응규가 자신은 아버지의 상에 달려가지 못했기에 같이 떠나는 것을 거부했다는 것, 그리고 1563년 겨울 자신을 질책하면서 매를 쳤던 것, 1월 14일 유연이 와서 채응규를 형이라 부르고 옛일을 이야기한 것, 3일 뒤 대구로 가다가 팔거에 이르러 몽합과 함께 채응규를 결박해 대구부에 투옥한 것, 이어 채응규가 보방保放 중 사라진 것을 말하고, 사람들이 유연이 박석과 공모하여 채응규(=유유)를 죽인 것으로 안다고 진술하였다.

허의손의 공초 역시 다르지 않았다. 허의손은 유연이 서울로 올라가 채응규를 만나 서로 알아보고 손을 잡고서 같이 흐느꼈고, 채응규가 자신이 했던 일을 잘 기억하고 있더라는 것을 말하고, 이어 팔거에서 유연이 채응규를 결박해 대구부에 넘기는 것을 목격했고, 이어 유연과 백씨 사이에 언쟁이 있었던 것, 채응규가 '월사'와 '검은 점'의 존재를 말했던 것, 음성만 듣고 서시웅을 안 것 등에 대해 증언하고, 끝으로 유연이 유유를 죽인 것이 분명하다고 말했다. 윤희는 유연이 서울에서 채응규가 진짜 형이라면서 백씨에게 편지를 보낸 사실을 증언했다.

   이들의 공초는 모두 채응규가 진짜 유유라고 말하는데, 그것은 유연이 유유를 죽였다는 것을 의미하는 것이었다. 하지만 그 누구도 살해의 증거를 제시할 수 없었다. 이들이 유연이 유유(=채응규)를 살해했다고 말했던 것은 역시 유연이 형제 살해범이라는 것이 기정사실화되어 있기 때문일 것이다. 반대의 경우, 곧 채응규가 유유가 아니라고 하거나 달아난 것이라고 하거나 유연이 채응규를 죽이지 않았다고 한다면 형제 살해범에게 동조하는 것이었고, 그것은 곧 죽음을 의미하는 것이었다. 억종과 허의손은 굳이 유연의 입장에 동조할 필요도 없었다. 그들이 유연이 유유를 살해했을 것이라는 소문을 따른 것은, 유연에게는 안타깝겠지만, 그렇다고 억종과 허의손을 비난할 수는 없는 일이었다.

춘수의 문제적 진술

춘수의 공초 역시 객관적 사실에 대한 진술로서 다른 사람들의 진술과 일치한다. 특별히 문제가 되는 것은 다음 진술이다.

> (a) 하루는 보주保主 박석의 처가 저를 토실土室로 불러 술을 권하고 말을 붙이며 애써 머물러 있게 하였습니다. 저는 마음속으로 이상한 생각이 들어 사양하고 바삐 돌아왔더니 등잔은 꺼져 있었고 남편은 없었습니다. (b) 들으니 옥에 갇혀 있을 때 유연이 옥쇄장獄鎖匠에게 뇌물을 먹이고 큰 칼을 씌워 그가 죽기를 재촉했다고 하였습니다. (c) 그런데 이때에 와서 박석을 종용하여 첩이 없는 틈을 타서 죽여 흔적을 없앤 것이 분명하여 가릴 수가 없습니다.[3]

(a)는 채응규를 죽이기 위해 박석과 그의 처가 공모하여 춘수를 밖으로 유인해냈다는 이야기인데. 이것은 곧 춘수가 박석의 처와 술을 마시는 동안 유연이 채응규를 살해했다는 것이다. (b)는 풍문에 의한 진술이고 (c)가 막연한 추측이라는 점에서도 주목할 필요가 있다. 엄밀하게 말해 춘수는 "유연이 살해했을지도 모른다"고 말했을 뿐이다. 그리고 〈유연전〉에 실린 춘수의 초사 역시 살해가 의심된다고 말하고 있을 뿐이다.

유연이 서울로 와서는 유유와 아들 정백과 함께 고향으로 돌아갔고 신은 홀로 집에 남아 있었는데, 조금 있다가 유유를 옥에 가두었다는 소식을 듣게 되었습니다. 즉시 가서 옥바라지를 했고 옥을 나와서는 병구완을 했습니다. 신이 한밤중에 측간에 갔다가 들어와보니 등불이 꺼져 있었고 유유(=채응규)는 없었으므로 유연이 죽인 것이라고 의심하였습니다.[4]

박석의 아내가 자신을 꾀어내어 술자리를 베풀었다는 말은 없고 부엌에 갔다가 돌아와보니 유유(=채응규)가 보이지 않았다는 것이다. 정황이 다르게 설정되어 있기는 하지만 〈이생송원록〉과 〈유연전〉에 실린 춘수의 진술은 다음과 같이 요약된다. ① 채응규와 같이 있던 춘수가 잠시 자리를 비우고 돌아왔더니, 채응규가 없어졌다. ② 채응규가 없어진 것은 유연이 살해했기 때문이다. ①과 ②의 관계는 임의적이다. ①과 ②의 사이에 필연적 관계가 성립하려면 확고한 증거가 필요하다. 하지만 춘수는 그 증거를 제시하지 않았다.

유연이 채응규를 살해했다는 춘수의 주장은, 채응규가 가짜 유유 행세를 하다가 발각될 위기에 처하자 달아난 것을 은폐하기 위한 술책에 지나지 않았다. 그럼에도 유연은 유유 살해범이 되었다. 이는 백씨가 춘수의 주장을 되풀이했기 때문이었다. 역으로 백씨의 주장은 춘수의 주장을 사실로 만들었다고 할 수 있을 것이다.

김석·몽합의 초사

팔거에 이르러 그 거짓을 알고는 묶어 대구부 감옥에 가두어 그 거짓을 끝까지 캐내고자 하였으나, 춘수가 관을 속여 보방하고, 동모하여 달아나게 하였으며, 뒤에 형을 시해한 것으로 상전을 무함하였으니, 그 간사함이 실로 헤아리기 어렵습니다.[5]

김석은 여기에 처음 등장하는 유연의 노비다. 아마도 유연이 서울에 갔다가 대구로 돌아올 때 동행했던 노비일 것이다. 몽합은 억종과 함께 1562년 처음 채응규를 만났던 그 노비다. 그때 억종은 채응규의 생김새가 유유와 다르다고 의심했지만, 몽합은 채응규가 진짜 유유일 것이라고 말한 바 있었다. 하지만 그는 대구로 돌아오는 길에 채응규가 가짜라는 사실을 알았고, 유연과 함께 채응규를 결박해서 대구부로 넘긴다. 김석과 몽합은 단순히 유연의 지시를 따른 것이 아니라, 채응규가 가짜라는 것을 자신들도 확신한 것으로 보인다.

이상에서 유연을 제외한 사건 관계자에 대한 심문이 끝났다. 단 한 사람 백씨만 제외되었다. 사족여성을 심문하는 것은 어려운 일이었다. 조선은 사족을 존중하는 사회였고 특히 사족부인의 경우는 범죄가 강상綱常과 실행失行에 관계된 것이라야만 비로소 국옥鞫獄이 이루어졌다.[6] 백씨 역시 의심스러웠지만, 그가 강상죄를 범한 것도, 실행한 것도 아니었다. 그래서 그녀를 의금부에 가두고 조사할 수가 없던 것이다. 이 시기에는 백씨가 '살인'의 피해자였던 것도 이유가 될 수 있었다. 하지만 채응규의 진짜·가짜 분변을 포함하여 백씨가 어떤 조사도 받지 않았다는 것은, 사건의 실체를 파악하는 것을 불가능하게 만들었고, 또 유연을 비롯한 여러 사람들의 목숨을 잃게 만드는 결과를 가져왔다.

몽합 등이 고문으로 허위자백을 하다

유연을 제외한 모든 사건 관계자에 대한 심문이 끝났다. 그 심문을 자료로 하여 삼성교좌 추국을 담당한 추관은 사건의 실체를 파악할 것이었다. 〈이생송원록〉에 의하면, 추관은 허의손과 춘수의 공초를 정직한 것으로 인정하고, 몽합 등은 사실을 은폐하고 있다고 판단했다. 곧 채응규는 진짜 유유이고 유연이 유유를 살해한 것이 사건의 실체라는 판단이었다. 물론 그 사건의 실체를 확정할 객관적 증거라고 할 만한 것을 찾아보려는 노력은 전혀 없었다. 예컨대 유연이 유유를 죽인 것이 사실이라면, 당연히 시신을 찾아내야만 했다. 결과적으로 시신이 발견되지 않았다 해도, 시신을 찾는 절차는 있어야만 했다. 하지만 그런 절차 자체가 없었다. 살인이 이루어진 장소에 가서 어떤 방식으로 살인이 이루어졌는지를 확인하지도 않았고, 살인에 사용된 도구를 찾으려는 노력도 없었다.

삼성교좌 추국이 사건의 실체에 접근할 수 있는 확실한 방법이 있었다. 자백을 확보하는 것이었다. 조선의 형법은 혐의자의 자백을 확보하는 것을 사건의 최종 해결 단계로 삼았다. 만약 죄인이 자백하지 않으면 형신할 수 있었다. 고문을 수단으로 범죄 사실을 인정하는 자백을 요구하는 것은 합법이었다. 고문을 통해 얻은 자백을 조선의 형법은 진실로 판단했다. 물론 고문에도 최소한의 합리성은 있었다. 곧 고문에 사용되는 신장訊杖의 길이와 두께, 너비까지 치수를 법으로 정해둔 것이었다. 한 차례 고문에서 칠 수 있는 신장의 횟수와 고문과 고문 사이의 시간적 간격 역시 법으로 제정되어 있었다. 그럼에도 고문이 인간에게 견딜 수 없는 신체적 고통을 가하여 원하는 답을 이끌어내는 잔혹한 수단이라는 본질은 변할 수 없는 것이었다.

1564년의 삼성추국 역시 유연의 자백을 얻어내기 위해 고문을 행사했다. 추관은 먼저 유연의 노비 몽합 등에게 신장을 쳤고, 그들은 모두 승복했다.[7]

철수[옥쇄장의 이름]에게 뇌물을 줘서 무거운 칼을 씌우게 하여 그 죽음을 재촉하고, 보방한 뒤에는 소를 박석에게 주어 밤중에 끌고 나가 결박해 물에 던지고자 하였으나, 때마침 동쪽 하늘이 밝아오고 또 사냥꾼들이 가까이 오므로, 창졸간에 머리를 부수어 금탄金灘에 던져버렸습니다.[8]

극심한 고통을 견딜 수 없었던 몽합 등은 존재하지 않았던 채응규의 살해 상황을 창작해냈다. 춘수의 날조가 있었으므로 몽합 등은 그 날조에 구체성을 더하는 방식으로 자신의 범죄를 창작했던 것이다. 옥쇄장 철수에게 면포를 주고, 박석에게 소를 주었다는 것은, 춘수의 날조를 사실로 만드는 또 다른 강요된 날조였다. 《명종실록》 기사 역시 유연이 적장자의 지위와 재산을 빼앗기 위해 박석에게 뇌물을 후하게 주어 공모한 뒤 자기 종을 시켜 채응규를 업어내 오게 하여 돌을 매달고 결박하여 금탄에 던졌다고 유연의 살해 과정을 서술하고 있다.[9] 이것은 몽합 등이 구체성을 더한 춘수의 날조와 동일한 것이었다. 다만 철수와 박석에 대한 심문 기록은 나타나지 않는데, 역시 고문을 통해 몽합 등의 말을 인정하게 했을 것이다.

146

유연의 초사 ① 〈이생송원록〉

몽합을 고문하여 얻은 자백으로 추관은 사건의 전말이 밝혀졌다고 판
단했다. 〈이생송원록〉을 인용하자면 몽합 등의 공사가 "대개 춘수가
고소한 것과 같아서 마침내 사건을 귀일歸─시키고 정범正犯을 신국訊
鞫하기"[1] 시작했다. 곧 유연을 심문하기 시작했던 것이다. 이제 유연
에게서 범죄를 자백 받는 절차만 남은 것이다. 〈이생송원록〉에 실린
유연의 공초를 보면 유연은 채응규의 출현과 자신이 심문을 받고 있
는 당시까지의 사건 진행 과정을 진술했다. 요약하건대, 유연은 자신
에게 씌워진 혐의는 춘수와 백씨가 무고한 것이라고 주장했다. 여기
에 새로 추가된 것은 다음과 같다,

17

유연의
초사

신이 아무리 형편없다 하더라도 그래도 사람 사이에 살고 있는데, 봉사奉祀하는 것을 빼앗기 위해 동기간을 죽인다는 것은 결코 그럴 이치가 없습니다. 하늘의 해가 환히 임하고 계시니, 신의 억울함은 굳이 발명發明할 것도 없을 것입니다. 신을 한두 해 가두어 두었다가 신의 형이 죽었는지 아닌지를 철저히 조사한 연후에 신의 몸을 죽여 가루로 만들어도 늦지 않을 것입니다.[2]

형을 살해한 것으로 결론이 나면 사형이 필연적이므로 유연은 사형 집행을 1, 2년 유예하여 유유의 생존 여부 확인과 사건의 재조사를 요청했다. 다른 대응책이 있을 수 없었다.

추관의 입장에서 보면 유연의 진술, 곧 그의 해명과 주장, 요청은 자신이 확보한 '유연이 제사와 재산을 빼앗기 위해 형을 죽였다'는 진실과 일치하지 않았다. 당연히 몽합 등을 고문해서 원하는 진술을 얻어낸 것처럼 유연을 고문할 필요가 있었다. 〈유연전〉에 의하면, 추관은 "이제와 심륭, 김백천은 모두 유유라고 일컬으니 분명히 유유입니다. 그런데 유연만 홀로 아니라고 하면서 길에서 결박하여 관에 고하였으니, 유유를 죽이고 흔적을 없앤 것이 분명합니다"라며 왕에게 고신할 것을 요청했다.[3] 원래 신장은 한 번에 30대 이상을 칠 수 없도록 법에 규정되어 있었으나, 법은 당연히 지켜지지 않았다. 신장이 42대에 이르도록[4] 고문을 하자 고통을 견디지 못한 유연은 김석 등이 그랬던 것처럼 거짓으로 자복하였다.[5]

자복을 하면 범죄를 인정한 문서인 결안이 작성된다. 결안한 뒤 간절한 한마디를 할 수 있었다. "내가 죽은 뒤 만약 형이 다시 나타난다면 추관이 아무리 후회한들 나의 목숨을 다시 이을 수 있겠소이까?"

이 말에 심통원은 "형을 죽인 놈이 또 이런 말을 꺼내느냐?" 하고, 사람을 시켜 기와 조각으로 유연의 입을 치게 하였다.[6]

유연의 초사 ② 〈유연전〉

유연의 초사는 〈유연전〉에도 길게 실려 있다. 〈유연전〉은 일차적으로 유연의 억울함을 알리기 위한 전기이므로, 다른 사람의 심리 과정은 생략하거나 극히 짧게 서술하고, 유연의 심리 과정은 집중적으로 길게 서술한다. 〈유연전〉의 초사는 〈이생송원록〉과 성격이 판이하므로 따로 검토하지 않을 수 없다. 사건의 경과에 대한 진술 부분은 이미 앞에서 충분히 거론했기에 여기서는 새로운 진술만 보기로 하자.

> 채응규가 도망한 뒤에 백씨가 도리어 형을 죽인 죄로 신을 무함하여 먼저 붉은 깃발을 꽂자 이제와 심륭 두 사람은 멀리서 성세聲勢를 이루어 메아리가 응하듯 그림자가 따르듯 반드시 옥사를 이루고자 한 것은 또한 그럴 만한 이유가 있습니다. 대개 이제는 신의 아비가 양전良田을 별급別給한 것을 이유로 신이 총애를 받은 것을 시기했습니다. 심륭은 신의 백숙모 유씨가 일찍이 재물을 그의 처에게 주면서 "네가 만약 아들이 없거든 예원의 아들에게 전하거라" 했는데 그 때문에 그는 늘 그 재물을 빼앗길까 두려워하여 신을 시기하였습니다. (그래서) 지금 이제와 심륭 두 사람이 번갈아 자雌가 되고 웅雄이 되어 부르고 답하며 증거도 없는 말을 어지럽게 내뱉는 것입니다.[7]

이는 〈이생송원록〉에 실린 유연의 초사에서는 찾을 수 없는 진술이다. 유연은 백씨가 채응규의 진짜·가짜를 공개적으로 가리는 일을 의도적으로 회피하다가(한편으로는 백씨는 일가친척의 말대로 채응규를 가짜라고도 했다) 채응규의 도주 이후 채응규가 진짜 유유라고 하면서 자신을 유유의 살해범으로 무고한 것이라고 주장했다. 여기까지는 〈이생송원록〉과 일치한다. 하지만 백씨가 이제·심륭과 공모했다는 지적과 그 공모의 이면에는 토지 문제가 있다는 지적은 〈이생송원록〉에는 실려 있지 않다. 왜 〈유연전〉에 있는 진술이 〈이생송원록〉에 빠진 것인가. 뒤집어 말한다면 〈이생송원록〉에 없는 진술이 왜 〈유연전〉에 들어간 것인가.

첫 번째 가능성은 〈이생송원록〉이 근거로 삼았던 원래 자료인 《옥사獄辭》(《옥사》는 이제의 집안에서 확보하고 있었던 《추안推案》과 왕에게 보고한 문서 등을 말한다)에는 진술이 있었지만, 이언용이 의도적으로 삭제했다는 것이다. 곧 이언용이 《송원록》에서 이 부분을 의도적으로 삭제하고 권득기에게 전했다고 생각할 수 있다. 하지만 이언용은 이에 대해 맹렬히 반발했다. 그는 1564년의 조사 때는 토지 문제는 아예 거론되지 않았고 이것이야말로 이제가 무죄라는 강력한 증거의 하나라고 주장했다.[8] 이 점은 충분히 고려할 필요가 있다. 유연은 채응규가 갑자기 나타나 진짜 유유 행세를 하게 된 이유가 의문이었을 것이다. 만약 그가 이제·심륭·백씨의 공모와 토지 문제가 그 이유라고 생각했다면, 국청에서 그것을 강하게 말하지 않았을 리 없다. 그것은 아마도 추관의 관심을 끌었을 것이고 어떤 형태로든 공초에 남았을 것이다. 하지만 그것은 공초에서 전혀 찾아볼 수 없다. 유연을 사형에 처한 사실을 알리고 있는 《명종실록》 기사는 1564년 삼성추국에서의 공초를 기반으로 하여 사건의 전말을 정리한 것이 분명한데, 이 기사에는 유예원이 유연에게 토지를 가급加給한 것 때문에 이제가 유연을 싫어했다든지, 심륭이 토지를 다시 넘겨주어야 할 가능성 때문에 유연을 미워했다든지 하는 등의 토지 문제에 대한 언급이 전혀 없다. 이것은 당시 유연 집안의 토지와 이제·심륭을 연결하는 진술이 없었다는 것을 의미한다.

백씨·이제·심륭의 공모와 토지 문제에 대한 언급은 위의 유연의 진술에 실린 것이 전부다. 이것을 제외하고 유일하게 토지 문제를 언급하고 있는 것은, 앞서 검토한 바 있는, 대구부 감옥에서 아내 이씨에게 보냈다고 하는 유연의 편지다. 이 지점에서 주목하는 것은, 이 편지가 실려 있는 위치다. 〈유연전〉에서 이 편지는 유연이 대구부 감옥에 갇혀 있던 그 시점(사실 대구부 옥에 갇힌 시점을 〈유연전〉은 명백하게 지적하지도 않았지만)에 삽입된 것이 아니라, "유연의 노비 금석今石과 몽합 역시 무복誣服하여 마침내 유연과 함께 죽음을 당했다. 유연은 죽을 당시 나이 27세였다"[9]라는 서술 뒤에 실려 있다. 곧 〈유연전〉은 유연이 사형을 당한 것을 알리는 서술 뒤에 편지를 실은 것이다. 그것은 곧 1564년 공초에서 유연이 토지 문제를 언급한 것이 사실임을 지지하기 위한 것으로 해석될 수밖에 없다. 그런데 이 편지는 앞서 검토한 바와 같이 유연이 쓴 것이 아니라, 누군가 날조한 것이다.

아울러 유연의 진술에는 백·이·심의 공모의 이유에 대한 진술은 전혀 없다. 백씨·이제·심륭 세 사람이 가짜 유유를 등장시켜 공동으로 얻을 수 있는 이익을 전혀 밝히고 있지 않고 있는 것이다. 이제와 심륭의 토지 문제도 그 구체적 내용이 대단히 불명료하다. 토지를 되돌려주지 않으려는 것과 가짜를 조작하는 일에 적극 참여한 것을 구체적으로 연결할 수 있는 증거는 없다.

이제의 경우도 다르지 않다. 이제에 관해 서술한 부분의 원문은 "禔以臣父別給良田, 慁臣怙寵"이다. 대개의 번역본은 이 부분을 "대체로 신의 아비가 이제에게 특별히 좋은 밭을 주었는데 신이 신임과 고임을 받는 것을 꺼리었다"라고 번역한다. 하지만 이것은 "이제는 신의 아버지가 (신에게) 따로 좋은 밭을 주었기 때문에 신이 사랑받는 것을 미워했다"라고 번역해야 한다. 유연의 논리를 따르면, 이제는 유예원이 유연에게 좋은 밭을 따로 상속한 것을 질투하여 백씨·심륭과 공모하여 채응규를 내세워 가짜 유유 행세를 하게 사주한 것이다. 채응규의 가짜 노릇이 성공했을 때 이제가 얻는 이익은 무엇인가. 그럴 경우 유연이 별급 받은 토지를 이제가 차지할 수 있을 것인가.

이 부분에 대해서는 〈이생송원록〉에 실린 이언용의 말을 들어볼 필요가 있다.

유연이 이관의 사위가 된 것은 선인[이제]이 천거한 것입니다. 그의 아버지 유예원은, 유치가 죽고 유유가 도망하여 유연이 그다음 장자가 된 뒤 결혼을 하고 그 처가 아주 현숙하였으므로 기쁨을 이기지 못하여 따로 몇 경頃을 주었던 것이고, 선인이 또한 그 증인이 되었습니다. 이른바 '하변맥전河邊麥田'이란 것이 바로 그것이니, 미워하는 마음을 싹 틔울 수 있는 것이 아니었습니다. 설령 미워하여 유연을 죽인다 하더라도 그의 처가 그대로 있으니, 어떻게 그 재산을 취할 수가 있겠습니까? 유연의 초사에는 원래 이 말이 없었는데, 이제 와서 덧붙여 넣은 것입니다. 이 역시 유연의 처의 오류입니다.[10]

첫째 유치가 죽고, 둘째 유유가 달아나 장자의 역할을 하게 된 유연이 결혼한 것을 기뻐한 유예원은 유연에게 따로 이른바 '하변맥전'을 주었다. 그런데 유연의 처 이씨는 이제의 친구인 이관의 딸이었고 두 사람을 중매한 것은 다름 아닌 이제였다. 유예원이 유연에게 토지를 별급할 때 증인 또한 이제였다. 이제는 그 별급토지에 대한 어떤 권리도 없다. 또한 이제와 유연의 처 이씨는 친구의 딸이라는 윤리적인 관계가 있다. 설령 이제가 음모를 꾸며 유연을 죽이는 데 성공한다 하더라도 그 땅은 아내인 이씨가 있는 이상 자형인 이제의 몫으로 돌아오지 않을 것이다. 만약 그 땅이 어떤 상속 과정을 거쳐 넘어갈 수 있다고 해도 유예원은 딸이 셋이었다. 이제의 전처 유씨는 그 딸 셋 중 1인이다. 조선 전기의 균등상속제를 생각한다면, 이제는 그중 3분의 1을 차지할 수 있을 것이다. 그것을 위해 자신이 중매한 처남을 죽일 복잡한 음모를 꾸민다는 것은 현실적으로 상상하기 어렵다.

이언용은 이상의 소론을 통해 유연은 1564년 초사에 별급토지의 문제를 언급하지 않았고, 토지 문제가 덧붙어 있는 것은 이씨의 오류로 인한 것이라고 추정한다. 이언용의 말은 논리적이다. 지금 남아 있는 추국 기록들은 《추안급국안推案及鞫案》에서 확인할 수 있듯, 묻고 답한 것을 그대로 옮겨 쓴 것이다. 일종의 속기록이다. 이씨는 원래의 속기록을 볼 수 없었을 것이다. 이씨의 〈가승〉은 1579년에 사건이 종료된 뒤 여러 사람의 이야기를 듣고 그것을 언문으로 옮긴 것으로 보인다. 그것은 여러 기억들이 뒤섞인 것으로 뒤의 이야기가 앞으로 옮겨갔을 가능성이 충분하다. 이미 그 증거를 유연이 대구에서 썼다는 편지에서 확인할 수 있었다.

다시 유연의 자복으로 결안이 작성되는 〈유연전〉의 그 순간으로 돌아가자. 유연은 최후로 결안을 앞에 두고 부르짖었다. 이 부분은 〈이생송원록〉에도 나와 있지만, 〈유연전〉 쪽이 서술량이 훨씬 많고 구체적이다.

> ① 신이 이미 형을 죽였다는 이름을 얻었으니 죽는 것이 마땅합니다. 하지만 아마도 나라는 끝내 상형祥刑에 누를 끼치게 될 것입니다. ⓐ 달성達城(=이제)은 나라를 속이고 신을 죽음으로 몰아넣었습니다.
>
> ② 바라옵건대 신을 1년만 감옥에 가두어 두고, 채응규와 신의 형을 찾아낸 뒤에 그 죄를 명백히 정하신다면 신은 억울함이 없을 것입니다. 만약 신이 죽은 뒤 진짜 유유가 나타난다면, 죽은 사람을 다시 살릴 수가 없을 것이니, 나라에서는 아마도 후회할 것입니다. 추관은 신과 본래 사사로운 원한이 없는데, 어찌하여 이렇게 하십니까?[11]

유연의 최후 진술은 그로서 할 수 있는 최선의 것이었을 터이다. 특히 ②의 방책이야말로 죽음을 앞둔 그가 내놓을 수 있는 최선이었다. 하지만 그에 앞서 ①의 ⓐ "달성(=이제)은 나라를 속이고 신을 죽음으로 몰아넣었습니다"라는 부분을 보라. 유연은 자신을 죽이는 것은 국가의 상형의 도리에 누를 끼칠 것이다. 그러니 사형을 1년만 유예하고 채응규와 유유를 찾도록 해달라고 요청하고 있는 참이다. 그런데 그 중간에 난데없이 이제가 범죄의 기획자라고 말한다. 이 지점에서 자신의 억울한 죽음의 이유를 이제에게서 찾는 ⓐ는 맥락을 벗어난 말로 보인다. 만약 이제가 사건을 기획한 주범이라면, 이 지점에서 유연은 이제가 자기 집안의 토지를 빼앗을 목적으로 자신을 사지에 몰아넣은 것이라면서 더욱 강한 어조로 이제에 대한 심문을 요청했어야만 했을 것이다. 곧 이제가 사건 전체의 기획자라면 이제에 대한 강력한 심문이야말로 사건의 전모를 드러낼 것이기 때문이다. 그러나 유연은 이제의 심문을 요청하지 않는다. 곧 ⓐ는 1579년에 사건이 번복된 이후 이제에게 죄를 돌리기 위해서 이항복이 의도적으로 삽입한 것으로 보인다.

또 하나 지적해야 할 것은 위의 제안에 대한 위관 심통원의 반응이다. 심통원은 화를 내며 나졸을 시켜 유연의 머리채를 잡고 그 입을 치게 하면서 말했다. "지독함이 이와 같으니 형을 시해했음은 있을 수 있는 일이다." 이것은 분명 법을 벗어나는 것이었다. 기대항이 "법이 엄연히 있는데 어찌 입을 때린단 말인가?"라고 항의했고, 문사랑 홍인경은 "형을 시해한 큰 사건에 허술한 점이 많습니다. 서둘러 결정을 내리면 옥사를 처리하는 체통이 어찌되겠습니까?"라고 반발했다. 그러나 심통원은 "대악大惡인 자에게 어찌 주저한단 말인가?"라고 답했다. 기대항은 홍인경에게 눈짓을 하여 그만두게 하고 두 사람은 침울한 마음으로 물러났다.[12]

억울한 죽음, 능치처사

심통원의 말과 행동으로 보건대, 그는 추국을 하기 전에 이미 유연을 형을 죽인 살인자로 확신하고 있었다. 추국은 다만 유연의 자백을 받아내는 형식적 절차에 불과한 것이었다. 고문으로 자백을 얻어내자

156

곧 형이 집행되었다. 유연이 서울에 도착한 것이 3월 11일이었는데, 처형된 날짜는 같은 달 20일이었다. 유연을 추국하기에 앞서 모두 10명의 추국이 있었으니, 아마도 유연은 11일로부터 며칠이 지난 뒤 추국을 받았을 것이다. 따라서 그는 거짓 자백을 하고 며칠 안에 처형되었던 것이 분명하다.

유연의 죄는 사형이었다. 사형에는 참형斬刑과 교형絞刑 등 여러 방식이 있는데, 유연은 그중에서 가장 잔혹한 능지처사로 처형당했다. 《대명률》은 '모반대역謀反大逆'을 시작으로 이하 10개의 살인죄를 능지처사에 처한다고 규정하고 있었는데, 유연의 경우는 '아우로서 형을 고의로 살해한 경우'에 해당하였다.[13] 능지처사는 원래 오랜 시간을 두고 살아 있는 사람의 사지를 조금씩 저며서 죄인의 고통을 극대화하는 것이지만, 조선의 경우 참형에 처한 뒤 사지를 자르는 방식이었다. 그 경우 역시 잔혹하기 짝이 없는 형벌이었음은 두말할 필요가 없을 것이다.

유연이 사형을 당했을 때 그의 나이 불과 스물일곱이었다. 그는 사형을 당해야 할 이유가 털끝만큼도 없는 사람이었다. 사기꾼 채응규가 백씨와 공모해 벌인 우스꽝스러운 사기극이 엉뚱하게도 죄 없는 젊은 청년을 죽음으로 몰아넣었던 것이다. 사형장에서 자신의 목을 벨 칼을 앞에 둔 유연의 심정은 어떠하였을까? 유연의 노비 김석과 몽합도 함께 사형을 당했으니 이들 역시 억울하기는 마찬가지였다.

소문

유연은 1월 14일 서울에 가서 채응규를 만났고 그로부터 불과 두 달 뒤 죽음을 맞이하게 되었다. 그의 죽음에는 어떤 합리적인 이유도 없었다. 이런 어처구니없는 일이 왜 벌어졌던가. 대구부에서 채응규의 진짜·가짜를 가리지 못하고 춘수의 말을 들어 성급하게 보석해준 것이 문제의 발단이라고 할 수 있을 것이다. 진짜·가짜를 분변하던 중 채응규가 도주했으므로 엄밀하게 심문했더라면, 춘수는 사실을 털어놓았을 것이다. 하지만 춘수는 제대로 심문을 받지 않았고 도리어 유연이 채응규를 살해했을 것이라고 고소했다. 이로 인해 사건은 사기꾼 채응규의 사기극에서 유연의 유유 살인사건으로 바뀌었다. 하지만 대구부는 그 살인사건을 효율적으로 조사하지 않았다.

18

유연 죽음의 두 가지 이유

대구부의 무능과 실수에 더하여 유연을 죽음으로 몰아넣은 결정적 요인은 소문의 형성과 전파였다. 권응인의 《송계만록》의 일부를 인용한다.

당시의 태수가 처음에는 옥에 잡아 가두었더니, 채응규가 병이 중하다고 거짓말하여 보석으로 풀려나 남의 집에 있다가, 밤에 몰래 도망쳐버렸다. 사람들은 모두 유연이 자기 형을 죽여 흔적을 없애버리기 위해 강에 던져버렸다고 하였다. 듣는 사람들이 사실을 모르고 가까운 곳에서 먼 곳으로 말이 전파되어 조정에 알려지게 되었다.[1]

채응규가 종적도 없이 사라지자, 유연이 형을 죽이고 흔적을 없애기 위해 강에 던져버렸다는 소문이 퍼지기 시작했던 것이다. 이것은 《송계만록》만의 증언이 아니다. 고상안의 증언도 동일하다.

향리에서 유연을 미워하는 자들은 유연이 재물을 빼앗으려 형을 죽였다고 하였다. 한 마리 개가 짖으니 백 마리 개가 따라 짖는 것처럼 서형徐泂과 이름을 다투던 자들 역시 서형이 유연에게서 뇌물을 받고 악한 짓을 같이 행했노라고 하여, 심지어 정거停擧하고 종신토록 금고禁錮하기에 이르렀다.[2]

유연의 가문 역시 복잡한 사회적 관계망 속에 있었을 것이니, 채응규가 도주한 뒤 평소 유연 집안과 좋지 않은 관계에 있던 자들이 유연이 재물 때문에 유유를 죽였을 것이라는 소문을 퍼뜨리기 시작했던 것이다.

서형은 채응규가 가짜라고 말했던 사람이다. 고상안은 서형을 '남중南中의 거벽巨擘'이라고 말하고 있는데, 남중은 영남 지방, 거벽의 원의는 '엄지손가락'으로 원래 탁월한 인물 혹은 인재를 말한다. 그런데 거벽은 문장 혹은 과문科文을 짓는 데 으뜸으로 꼽히는 자란 의미도 있었다. 그것은 문인사회였던 조선에서 큰 명예였다. 서형과 명예를 놓고 경쟁관계에 있던 자들은 서형이 유연의 뇌물을 받고 유유를 살해하는 데 협조했을 것이라는 소문을 냈고, 그 소문만으로 서형은 과거 응시 자격을 박탈당하고 종신토록 벼슬길이 막혔다. 소문은 소문으로 그치는 것이 아니라 실제 사람의 운명을 좌우하는 힘을 가지고 있었다.

유연을 사형에 처한 것을 알리는《명종실록》기사에는 당시 유포되어 있던 소문들이 실려 있다.

> 유연이 서울에 올라와 만나보고는 같이 대구로 돌아가던 중 적장자의 지위를 빼앗고 재산을 독차지하려는 사악한 계교를 꾸며, 유유를 결박해 ① 구타하고는, 자신의 형이 아니라면서 대구부에 고소하였다. ……
>
> 사관은 논한다. 유연은 흉악무도한 자로서 적장자의 지위와 재산을 빼앗아 독차지하려는 계책을 꾸며 박석에게 뇌물을 후하게 주고는 은밀하게 내통하고는, ② 종을 시켜 유유를 업어서 내오게 한 뒤 결박을 지우고는 돌을 묶어 금호琴湖에 던져 그 흔적을 없앴으니, 그 악이 극도에 이르렀다 하겠다. …… 그 흔적까지 없앤 뒤에 유유의 시신을 찾지 못했는데, 단지 매질로 승복을 받아내고 성급하게 형

을 해친 죄로 성안成案했기 때문에 항간의 시비가 한결같지 않았다. 아마도 열흘을 넘게 생각해 죄를 판결하라는 뜻은 아닌 것 같다.

사관은 논한다. …… 유연은 서울에 올라와 형과 같이 대구로 돌아가던 중 ③ 낯가죽을 벗겨내어 유유인 줄 모르게 한 뒤 결박을 지워 대구부에 고소하였다. "이 사람은 나의 형이 아닌데 나의 형이라고 하니, 청하옵건대 옥에 가두고 끝까지 캐물어 다스리소서." 부사 박응천은 대구부 감옥에 수감했더니, ④ 유연이 몰래 옥리獄吏를 사주해 죽이게 하여 말이 흘러나올 가능성을 봉하고자 했으나, 옥리는 억울한 일이 있을까 염려하여 들어주지 않았다. …… 박응천이 부득이 유유를 인가人家에 보방하고 유연을 옥에 가두었다. ⑤ 유연이 그 흔적을 없애버리고자 하여 보방을 맡은 집과 모의해 유유가 달아났다는 말로 둘러대고는 유유를 업어내어 그 집을 떠났다. ⑥ 강물에 던지지 않았다면 도랑에 묻었을 것이다. 유연이 형을 죽인 죄는 너무나도 밝게 드러나 가리기 어렵다. 유연이 형을 모살한 것은 적장자의 지위와 재산을 빼앗아 독차지하기 위해서였다.[3]

번호를 붙인 부분은 춘수와 백씨의 고소 내용에도 없는 것이다. 이 중에서 '구타했다(①)', '유유에게 돌을 매달아 묶어 금호강에 던져넣었다(②)', '낯가죽을 벗겨내어 유유인 줄 모르게 했다(③)', '옥리를 사주해 죽이게 했다'(④), '유유를 업어내어 떠났다'(⑤), '강물에 던지지 않았으면 도랑에 묻었을 것이다(⑥)'는 것은 어떤 근거도 없이 떠도는 소문을 채록한 것이다. 이 소문들은 채응규가 도망하고 춘수와 백씨가 유연이 유유를 살해했다고 고소한 직후부터 생겨났을 것이다. 이 근거 없는 소문들이 퍼져나가면서 여론은 유유의 범죄를 기정사실화하고 처벌을 바랐던 것이다. 박계현이 계사를 올린 것은 광범위하게 퍼진 소문과 그 소문을 믿은 대중들의 죄인 처벌에 대한 의지를 따른 것이다.

사법제도의 문제

삼성추국의 절차는 혐의자와 사건 관계자를 불러 심문하고, 그들의 진술에 입각해 판단하는 것이 전부였다. 그 과정이 고문을 동반하지 않으면 평문平問이라 하였다. 평문 과정을 통해 사건의 전모에 대한 가설의 윤곽을 얻으면, 다시 평문으로 그 가설을 입증하는 진술을 요구하였다. 하지만 바라는 진술이 나오지 않을 경우, 형신, 곧 형장을 치는 고문 과정을 통해 진술을 확보했다. 그 진술에 기초하여 사건의 최종 결론 곧 결안을 작성했고, 이어 결안에 따라 처벌의 수위와 종류를 결정하는 조율이 이루어졌다.

이 절차는 복잡한 사건의 실체에 접근하기에는 너무나 문제가 많았다. 가장 먼저 지적해야 할 문제는, 어떤 구체적 증거도 확보하지 않고 오로지 진술만을 판단의 근거로 삼았다는 것이다. 몽합 등을 고문해서 얻어낸 진술은, 유연이 옥쇄장 철수에게 면포를 뇌물로 주어 채응규에게 무거운 칼을 씌워 죽음을 재촉하도록 하였고, 또 박석에게 소를 뇌물로 주어 채응규를 끌어내어 죽이는 데 협조하게 했다는 것이었다. 하지만 그 면포와 소가 실재했는지, 어떻게 마련되었으며, 어디에 있는지는 전혀 조사하지 않았다. 유유의 머리를 부수어 금호琴湖(琴灘)에 던졌다고 했지만, 살인이 이루어진 장소에 대한 조사가 이루어지지 않았던 것은 물론이고 그때 사용한 흉기에 대한 조사도 이루어 지지 않았다. 시신을 찾는 노력도 없었고 당연히 시신도 발견되지 않았다.

삼성추국에서 추관이 채응규가 유유라고 판단한 근거는 이제와 심륭, 김백천과 억종과 허의손의 초사였다. 하지만 그들의 진술 역시 유연이 유유의 살해범으로 기소된 상황에서 채응규의 외모와 정보 중에서 정보 쪽을 선택해서 채응규가 유유일 것이라고 추정한 것에 지나지 않았다. 채응규가 진짜 유유인지를 분변하는 것이야말로 사건의 핵심이었다. 삼성추국의 추관은 이제와 심륭, 김백천과 억종과 허의손의 진술과 유연·김석·몽합의 진술을 비교하고, 또 대구부에서 있었던 향족과 친지들의 진술 전체를 엄밀히 검토하고, 또 채응규에 대해 가장 풍부한 정보를 가지고 있는 춘수를 재차 심문하여, 확실한 근거에 입각해서 채응규의 진·가에 대해 판단해야만 했을 것이다. 하지만 그런 과정은 없었다. 추관은 이제와 심륭, 김백천과 억종의 판단을 수용했을 뿐이었다. 그것은 이미 광범위하게 유포된 소문을 진실로 믿은 것에 불과했다. 사법제도 자체는 물론 그것의 작동 과정 역시 최소한의 합리성도 갖추지 못하고 있었던 것이다.

사법제도와 그것의 작동 과정은 거기에 더해 잔혹성까지 풍부하게 갖추고 있었다. 고문을 통해 진술을 확보하는 것은 원래 비합리성과 잔혹성을 원천적으로 보유하고 있는 것이지만, 실제 추국 과정에서 그것들은 더욱 증폭되었다. 《경국대전》은 고신에 대한 규정을 마련해 두었다. 신장은 1회에 30도 이상을 칠 수 없고, 한 번 고신하면 3일 안에 다시 고신할 수 없었다. 또한 무릎 아래를 치되 정강이에는 닿지 않게 했다.[4] 하지만 이것은 제대로 지켜지지 않았다.

유연은 형장이 42도에 이르자 거짓 자복을 했으니, 30대란 규정은 처음부터 지켜지지 않았던 것이다. 실제 형장 30대는 견디기 어려운 고통이겠지만, 그것이 상한선이라면 버텨내고 자복하지 않는 사람도 있었다. 나중에 이제가 형신을 받았지만 끝내 자복하지 않고 죽었던 것이 그 실례가 될 것이다. 하지만 유연에게는 42도란 형장이 집행되었다. 이것은 30대란 법적 상한선을 지키지 않고 그야말로 자백을 얻어낼 때까지 계속해서 장형을 집행한 것을 의미한다.

법을 넘어선 고문은 조선시대 사법기관에서는 일상적으로 벌어지는 일이었다. "형조의 관리 중에서 형장刑杖으로 소송하는 자를 고문하는 자와 협박하여 판결하는 자를 당상관이 유능하다고 하고, 혹 차분하게 찬찬히 살펴서 판결하는 자를 도리어 무능하다고 하므로 각박한 풍조가 이 때문에 이루어진다"[5]고 하는 것이 당시 사법기관의 풍조였던 것이다. 예컨대 형조의 수인囚人 25명 중 2명만이 병사했다고 하니,[6] 나머지는 모두 고문으로 사망한 것이었다. 역시 사법기관인 한성부의 경우도 수인이 곤장으로 죽은 경우가 허다하였다.[7]

지방의 경우도 예외가 아니었다. 수령들은 조금이라도 사적인 분노가 있으면 관찰사에게 보고하고 인민을 거리낌 없이 박살했던 것이다.[8] 예외적인 극소수를 제외하면 남형을 한 관리는 처벌받지 않았다.[9] 《경국대전》에 실린 법이란 형전刑典의 〈남형〉의 "관리가 남형한 경우는 장 일백杖100·도 3년徒三年에 처하고, 죽게 만든 경우는 장 100대에 처하고 영구히 서용하지 않는다"[10]는 조항을 말한다. 이처럼 강력한 처벌 조항이 있다는 것은, 사실상 남형이 비일비재하게 일어났음을 반증한다고 할 것이다. 법은 아무 소용이 없었다. 중종은 남형하는 관리를 치죄하는 법이 《경국대전》에 실려 있음에도 불구하고 옥사를 맡은 관리가 사실을 알아내기 위해 형장을 마음대로 집행할 뿐 아니라, 개인적인 노여움으로 인해 매를 함부로 쳐서 사람을 죽게 만든다고 개탄했다.[11]

심통원은 사형의 집행을 유예하여 진짜 유유가 나타날 것을 기다려보자는 유연의 말이 떨어지자, 나졸을 시켜 유연의 머리채를 잡고 기와 조각으로 입을 치게 하였다. 법을 벗어난 폭행이었고 또 다른 고문이었다. 이처럼 법을 벗어난 고문이 가능했던 것은 이미 유연의 유죄에 대한 확신이 있었기 때문이었다. 삼성추국의 최고 책임자는 유연이 유유를 살해했다고 확신하고 있었으니, 자신의 확신에 반하는 유연의 말을 법 밖의 잔혹한 폭력으로 짓밟았던 것이다. 요컨대 삼성추국은 비합리성과 잔혹성으로 점철되어 있었던 것이다.

한편 관료조직의 위계는 법을 벗어난 초법적 법집행을 제어할 수 없었다. 유연의 입을 치게 한 심통원에게 "법이 엄연히 있는데 어찌 입을 때린단 말인가?"라고 했던 기대항은 당시 이조참판으로 있었고,[12] "형을 시해한 큰 사건에 허술한 점이 많습니다. 서둘러 결정을 내리면 옥사를 처리하는 체통이 어찌 되겠습니까?"라고 했던 문사랑 홍인경은 당시 홍문관 전한典翰이었다.[13] 하지만 심통원은 삼성교좌의 최종적 책임자인 위관이었고 또 우의정이었다. 기대항과 홍인경이 법을 말했지만 그 위계를 넘을 수는 없었다. 결국은 이와 같은 사법제도의 내재적 모순이 유연을 죽음에 몰아넣은 결정적 원인이었던 것이다.

이씨와 영수·김헌 부부의 거래

1564년 유연이 억울하게 죽은 뒤 유씨 집안에는 여자 둘이 남았다. 유유는 살아 있었고 채응규도 살아 있었으나, 유연이 채응규(=유유)를 살해한 것으로 사건이 종결되었으므로, 유씨 집안에는 유예원의 아들이 아무도 없는 이상한 상황이 조성되었다. 유연의 아내 이씨와 유유의 아내 백씨 둘은 원수가 되었다. 백씨에게 이씨는 남편을 살해한 사람의 아내였다. 이씨에게 백씨 역시 자신의 남편을 죽음으로 몰아넣은 악녀였다.

　이 사건은 윤국형의 계청을 계기로 1579년 재조사가 이루어진다. 유연이 사형을 당한 1564년으로부터 15년이 흐른 뒤다. 그 15년 동안 백씨와 이씨는 어떤 삶을 살았을까? 먼저 이씨부터 살펴보자. 이씨가 남편의 죽음을 원통하게 여겼던 것은 당연한 일이다. 〈유연전〉은 남

19
남은 두 아내,
이씨와 백씨의 삶

편의 신원을 위한 이씨의 치열한 노력에 대해 서술하고 있다.[1]

유연이 죽은 그 이듬해인 1565년 춘수의 언니 영수永守와 그 남편 김헌金憲이 이씨를 찾아와 한 가지 제안을 하였다. "채응규(가짜 유유)가 죽지 않고 춘수와 예전처럼 그냥 살고 있으니, 내게 재물을 넉넉히 준다면, 너를 위해 그들을 찾아줄 수 있다."[2] 채응규와 춘수가 체포된다면 극형에 처해질 것은 명백한 일이었으므로 이들의 제안은 사실상 두 사람의 목숨을 넘기겠다는 것이었다. 재물을 얻기 위해 동생의 생명을 넘기겠다는 제안은 놀랍도록 비윤리적이다. 혹 이들은 채응규가 그랬던 것처럼 이씨를 대상으로 다시 사기극을 벌이려고 했던 것은 아니었을까? 뒤에 이들이 실제 춘수와 채응규를 추적한 것을 보면 그것은 아니었던 것으로 보인다. 어쨌든 영수와 김헌은 춘수와 채응규가 있는 장소를 특정할 수는 없지만, 친족이었기 때문에 그들이 함께 있을 만한 곳을 알고 있었을 것이다.

이들은 이씨에게 자신들이 신뢰할 만한 사람이며 춘수와 채응규를 잡을 수 있다는 정보를 충분히 제공했을 것이다. 채응규를 잡을 수만 있다면 유연의 억울함은 풀릴 수 있을 것이다. 이씨는 이들을 믿고 결혼할 때 혼수로 가져온 재물을 모두 주었다. 은 수십 냥에 해당하는 금액이었다. 이씨와 영수·김헌 사이에 일의 진행 상황을 알리는 심부름꾼이 끊이지 않았고, 급기야 채응규의 행방을 추적하여 거의 체포하기에 이르렀다고 한다. 하지만 정엄鄭淹이 유연의 옥사를 재론한 것이 알려지자 영수와 김헌은 달아나 종적을 감추었다. 정엄이 유연의 옥사를 재론한 것이 언제 있었던 일인지는 확정할 수 없지만, 적어도 1571년 전의 일인 것은 확실하다.[3] 따라서 영수와 김헌이 이씨에게 접근하여 춘수와 채응규를 찾겠다고 한 것은 대체로 1565년에서

1571년 사이의 약 6, 7년 정도일 것이다.

영수가 도망한 것을 알게 된 이씨는 은밀하게 영수 집안의 사람 몇을 붙잡아 자기 집에 가두어두었다. 이에 영수가 나타나 스스로 감옥으로 들어갔으나, 끝내 그를 법에 의거해 처벌할 수는 없었다고 한다. 이 일련의 사건은 1579년 유유 사건의 재조사가 있기 전의 일이었다. 재조사가 이루어지자, 영수와 김헌을 체포하여 이씨가 주었던 금품을 회수했다고 한다.

유연이 죽은 뒤 이씨는 남편의 누명을 벗기기 위해 적극적으로 노력을 기울였던 것은 확인할 수 있다. 하지만 그래도 의문은 남는다. 영수와 김헌이 채응규가 살아있음을 알리고 자신들이 잡을 수 있다고 제안했을 때 이씨는 왜 관에 알리지 않았던 것일까? 만약 그들을 추궁했으면 채응규를 일찍 잡았을 가능성이 있다. 이씨가 국가의 사법제도를 믿지 못한 것이 그 이유였을 것이다.

백씨의 대담함, 채경(정)백의 입양

이씨가 채응규를 잡는 데 열중하고 있던 그 시기에 백씨는 전혀 다른 지점에 서 있었다. 백씨 자신이 유유(=채응규)가 살해당했다고 했으므로 그는 이제 공식적으로 과부가 되었다. 남편 유유를 대신하여 적장자의 자리에 있었던 시동생 유연 역시 죽었다. 남은 사람은 유연의 아내 이씨다. 이씨 역시 자식이 없었으므로, 유씨 집안은 두 사람의 과부만 남았다.

백씨는 어떻게 처신해야 할 것인가. 유씨 집안의 계승과 재산 문제는 고스란히 백씨의 몫으로 떨어졌다. 그녀는 이른바 총부가 되었다. 이제 유씨 가문을 이을 방법을 생각해야만 했다. 양자를 들이는 것이 합리적인 선택이었을 것이다. 유예원에게 남자 형제가 있어 그들에게 아들이 있다면, 양자로 들일 가능성이 있었다. 하지만 유예원은 남자 형제가 없고 여자 형제, 곧 심륭의 장모인 유씨만 있었던 것으로 보인 다. 양자를 들일 가능성은 매우 낮았다.

백씨는 묘안을 생각해냈다. 곧 채응규가 서울 이제의 집에 나타났 을 때 데리고 왔던 아들 채경(정)백을 양자로 입적하는 것이었다. 백씨 가 채경백을 양자로 삼은 일은 1579년 춘수의 초사에 실려 있다(《유연 전》). 1579년 사건이 뒤집히기 전까지 채응규=유유였으므로, 채경백 은 첩의 소생이기는 하지만, 분명히 유유(=채응규)의 핏줄을 이은 아 들, 곧 유유의 서자였다. 곧 《경국대전》 예전 〈봉사〉 조항은 "만약 적 장자가 자손이 없으면 중자衆子가, 중자도 자손이 없으면 첩자妾子가 제사를 받든다"[4]고 했다. 이 법에 의거해 백씨는 채경백에 의지해서 유씨 집안의 종통을 이을 수 있게 된 것이었다. 제사권은 물론 모든 재산은 백씨의 손에 쥐어질 것이었다. 백씨는 유연이 유유를 죽이지 않았다는 사실을 알고 있었고, 또 유유가 자식을 낳을 수 없는 성불구 자라는 사실도 알고 있었다. 그런 백씨가 아직 유유가 살아있음에도 불구하고 유유의 핏줄이라면서 채경백을 양자로 입양한 것은, 사실상 대담한 범죄에 속하는 일이었다. 물론 채경백의 입양 문제에 대해서 는 매우 조심스레 접근할 필요가 있다. 초사라고 하지만, 《추안》에서 옮긴 것은 물론 아니고 당시 구전을 이씨가 언문으로 옮긴 〈가승〉을 근거로 한 것이기 때문이다. 일단 이 점을 염두에 두자.

채응규의 처 춘수는 1564년 사건이 마무리되자 자신은 해서海西로 가서 살았다고 한다. 하루는 이경억이 사람을 보내서 이렇게 말했다고 한다. "나는 지금 너의 남편을 거두어 데리고 있다. 남편 역시 마음속으로 너를 보고 싶어 하니, 너는 와서 만나야 할 것이야." 이제가 아니라 이경억이 채응규를 '거두어 데리고 있다'고 한다. 곧 받아들여 보호하고 있다는 말이다. 이경억은 이제의 아들이다. 따라서 이제와 이경억이 도망한 채응규를 몰래 숨겨주고 있다는 말이다. 이경억의 전갈 이후 반년쯤 지났을 때 백씨가 사람을 보내어 채경백을 양자로 삼겠다고 했지만 춘수는 허락하지 않았다고 한다. 춘수는 뒤에 이제를 만나 경백을 양자로 보내는 일에 대해 물었더니, 이제는 유연의 옥사가 의심스럽다고 말하는 사람이 많고, 채응규가 도망하여 아직도 살아 있다고 하는 사람도 있어, 일이 앞으로 어떻게 될지 모르니, 경백을 백씨에게 보내지 않는 것은 사람들의 의심만 키울 것이라고 답했다. 이에 춘수는 경백을 백씨에게 보낸다.[5]

　뒤에 따로 살피겠지만 춘수의 초사에는 날조된 부분이 적지 않다. 춘수가 이제·이경억과 접촉했다는 것은 믿기 어려운 것이다. 다만 부동의 진실은 백씨가 경백을 양자로 삼을 것을 요청했고, 춘수가 결국 응했다는 것이다. 왜 춘수는 자기 아들을 백씨에게 양자로 내어주었을까? 정말 백씨에게 경백을 보내지 않으면 사람들의 의심을 사기 때문이라는 이제의 판단을 따른 것이었던가. 채응규 또한 자신의 아들 경백을 백씨에게 양자로 보내는 것을 전혀 몰랐던 것인가. 그렇지는 않았을 것이다. 경백이 백씨에게 양자로 가서 유유의 후사가 되는 것은 여러 가지 의미가 있었고, 이들을 모두 만족시키는 일이었을 것이다.

　백씨와 춘수는 채응규가 가짜 유유라는 것을 알았고 그가 유연에게 살해당한 것이 아니라, 도주한 것이라는 사실도 알고 있었다. 따라서 경백을 양자로 삼는 것은 '살해된' 채응규가 진짜 유유라는 것을 널리 알리는 유력한 방법이었을 것이다. 다시 말해 경백을 양자로 삼는 것은 결과적으로 유연이 형 유유를 살해한 것이 사실임을 외부로 알리는 데 알맞은 방법이었던 것이다. 아울러 비록 서자이기는 하지만 유씨 가문을 이을 장자를 확보하는 한편 유유의 재산도 지킬 수 있었다. 춘수의 입장에서도, 그리고 살아 있던 채응규의 입장에서도 자신의 아들이 유씨 집안에 들어가 유유의 유일한 핏줄이 되는 것은 경제적으로 엄청난 이익이 되는 것이었기 때문에 경백의 입양을 허락했을 것이다. 실제 백씨와 채응규는 어떤 방식으로든 서로 연락을 주고받았을 수도 있다. 아니 서로 만났을 수도 있다. 채응규의 아들을 입양했던 것은, 채응규–춘수–백씨가 공모한 사기극의 완성을 의미하는 것으로 볼 수 있다.

윤국형과 1579년 사건의 부활

유연이 사형을 당한 뒤 그의 억울함을 말하는 여론이 있었다. 《명종실록》에는 사관의 평이 둘 실려 있는데 그중 첫 번째 평은 유연이 유유를 살해한 것이 더할 수 없이 큰 악행이라고 판단했지만 조심스러운 어조로 재판에 오류가 있었을 가능성도 언급했다.

다만 강상을 범한 큰 죄는 원래 반복해서 자세히 심문해 흉악한 짓을 한 정상이 의심할 바 없이 환히 드러나게 한 뒤에야 사람들의 마음이 시원해지는 것이다. 그런데 이제와 심륭·김백천의 공초는 비록 '진짜 유유'라고는 말했지만, 모두 처음에는 그 생김새를 알아보지 못했다고 하였으니, 의심스러운 단서가 없지 않다. 그리고 그 흔적을 없앤 뒤에 또 유유의 시신을 찾아내지 못했는데, 단지 매질

20

진짜 유유의
등장

로 승복을 받아내고 성급하게 형을 해친 죄로 성안成案했기 때문에 항간의 시비가 한결같지 않았다. 아마도 열흘을 넘게 생각해 죄를 판결하라는 뜻은 아닌 것 같다.[1]

사관은 이제와 심륭·김백천이 채응규를 진짜 유유라고 진술했지만, 처음에는 모습을 알아보지 못했던 것을 지적하면서 채응규가 가짜일 가능성을 열어놓았다. 아울러 유유의 시체도 찾지 못한 상황에서 유연을 고문하여 자복을 받아낸 과정이 비합리적이라는 사실도 지적했다. '항간의 시비가 한결같지 않았다'는 말은 채응규가 가짜일 수 있다는 것, 유연이 유유를 죽이지 않았다는 것, 나아가 춘수와 백씨에 대한 의심이 있었다는 것을 암시하는 것이다.

1579년 사건 재조사의 결과를 싣고 있는 《선조실록》은 유연의 처형 이후 "시신도 찾지 못했는데 성급하게 유연의 죄를 확정한 것은 타당하지 않고, 또 유유가 생존해 있다는 말을 하는 사람들이 있어 경연에서 왕에게 아뢰기까지 했지만 조사는 실제 이루어지지 않았다"고 말하고 있다.[2] 실제 〈유연전〉에 의하면, 장령 정엄鄭淹이 경연에서 유연의 억울함을 논했고, 이에 영의정 홍섬 역시 자신이 추국에 참여하여 유연이 억울하다고 생각했지만 구할 수가 없었다면서 재심을 요구했다고 한다. 여론과 정엄·홍섬 등의 요청에도 재심이 이루어질 수 없었던 것은 유연을 살인범으로 보는 여론이 더 강력했기 때문이었다.

이시발은 그쪽 여론을 전한다. 곧 이시발에 의하면, 당시의 추관과 조정의 사대부들은 형을 죽인 놈을 잡아 법대로 처결했다고 하여 서로 축하하는 말을 했고, 유연의 억울함을 말하는 사람이 한 사람도 없었을 뿐만 아니라, 진실을 알고 유연의 죄를 벗겨주려 하는 사람이 있

으면 모두 같이 배격했다는 것이다.[3]

이런 상황 속에서 파묻힌 유유 사건을 다시 끄집어낸 것은 윤국형尹國馨(윤선각尹先覺에서 개명함)이었다. 윤국형은 유유가 살아 있다는 증거를 갖고 1579년 겨울 선조에게 사건의 재심을 요청했다. 윤국형은 자신의 수필집《문소만록聞韶漫錄》에 유유 사건의 재조사와 관련한 기록을 남기고 있지만 의외로 정보량이 적다. 가장 정보량이 풍부한 것은 〈유연전〉이고 그다음이《선조실록》13년(1580) 윤4월 10일(2)의 기사다. 이 두 자료를 근거로 윤국형이 재심을 요청하게 된 과정을 재구성해보자. 윤국형이 유유를 만난 이야기는 앞서 서술했지만 좀 더 자세히 들여다보겠다.

《선조실록》에 의하면, 윤국형은 1560년 그의 장인을 따라 평안도 순안현에 갔을 때 천유용天裕勇이란 사람을 만난다. 천유용은 미친 척하면서 여러 곳을 드나들며 남의 집 아이들을 가르치고 있었는데, 행동거지로 보아 정말 미친 사람 같지는 않았다.[4] 윤국형은 그 뒤에 경상도를 왕래하면서 유유의 친구들을 만나 물어본 결과 천유용이 유유와 너무도 같다고 하여 유유가 생존해 있을 것이라고 판단했다.[5] 이것이 선조에게 재조사를 요청한 근거였다.《선조실록》에서 윤국형의 말은 여기서 끝난다.

〈유연전〉의 자료는 기본적으로는《선조실록》과 대동소이하지만 훨씬 더 구체적이다. 우선 〈유연전〉은 유유를 미친 사람이 아니라 거지라고 말하고 있다. 아마도 떠돌이 생활을 했던 유유의 행색에 주목한 것일 터이다. 하지만 "글을 잘하고 두루 돌아다니며 아이들을 가르치며 입에 풀칠을 했다"는 것은《선조실록》과 일치한다. 이 뒤로《선조실록》에 없는 서술이 이어진다. 이에 의하면 윤국형은 절에서 천유용과 몇 달을 함께 지낸다. 그 몇 달 동안 천유용은 윤국형에게 영남의 산천과 선비들의 성명을 말하고 또 자신이 "기유년己酉年(1549, 명종 4)에 영천시永川試에 합격하였으나 빈공의 일로 이름이 삭제되었다"고 말했다. 윤국형은 영남의 선비가 왜 평안도에 와 있는지를 물었으나, 천유용은 입을 다물고 답하지 않았다.[6]

윤국형은 뒤에 자신의 동향 사람에게 천유용을 만난 이야기를 꺼냈다. 윤국형은 의성義城 출신일 것이다. 그의 수필집《문소만록》의 '문소聞韶'는 경상도 의성의 다른 이름이다. 곧 그는 대구와 가까운 의성 출신 인사를 만나 천유용을 만난 이야기를 했던 것이다. 윤국형의 말에 박장춘朴長春이란 사람이 놀라며 그 사람은 반드시 유유일 것이라고 말했다. 그는 자신도 1549년 영천시에서 이름이 삭제되었기에 유유를 기억한다는 것이었다.[7] 천유용이 진짜 유유라는 심증이 더 굳어졌다. 결정적인 증거는 유연이 능지처사를 당했던 1564년에 나왔다. 윤국형은 1564년 평안도 개천군에 머무르고 있었는데, 그때 산승山僧이 천유용의 편지를 보냈다고 했다.[8] 이 편지를 받은 뒤 윤국형은 유연이 대구에서 유유를 죽인 죄로 사형에 처해졌다는 말을 듣는다. 윤국형은 천유용의 편지를 읽고 유유가 언제 편지를 썼는지를 알았을 것이다. 그런데 그날로부터 계산하건대, 평안도에서 대구까지 가서 유연에게 살해당한 날까지는 시간의 간격이 너무나 짧았다. 이후 윤국형은 평안도 지방의 인사를 만날 때마다 천유용의 생존 여부를 물었다.

윤국형은 1543년에 태어나 1611년에 사망했다. 그가 천유용을 처음 만난 1560년은 그의 나이 18세 때다. 1557년 유유가 집을 떠난 지 3년 즈음이다. 이어 1564년 유유의 편지를 입수해 읽은 것을 계기로 자신이 만난 천유용이 곧 유유라는 심증을 굳히게 되었지만, 그는 재조사를 공식적으로 요구할 지위에 있지 않았다. 윤국형은 1568년 증광문과에 병과로 합격하고 순조로운 승진 과정을 거쳐 1580년 홍문관 수찬으로 경연관을 겸임하게 되었다. 경연관은 경연에서 왕과 대면할 수 있었다. 윤국형은 비로소 오랫동안 마음속에 간직하고 있었던 유유 사건의 재조사를 요청할 수 있었던 것이다.

진짜 유유의 등장

윤국형의 요청은 간단했다. 천유용을 체포해서 조사하면 사건의 전모가 밝혀질 수 있다는 것이었다. 선조는 허락했고 사헌부에서는 즉각 평안도에 공문을 보냈고 평안도에서는 천유용을 잡아 보냈다. 천유용을 심문한 결과 받아낸 공초는 그가 진짜 유유임을 입증하고도 남았다. 《선조실록》은 '4대의 계보와 집안의 세세한 일까지도 일일이 다 말하는 것'으로 보아, 천유용이 유유인 것은 의심할 여지가 없다고 하였다. 다만 유유는 1564년 채응규의 출현과 유연의 죽음에 대해서는 전혀 모른다고 답했다.[9] 〈유연전〉에 의하면 천유용=유유라는 것을 확인하기 위해 이제와 심륭, 그리고 같은 동리의 평소 가까이 지내던 정자 김건金鍵과 생원 한극심韓克諶을 불러 확인하게 한 결과 모두 진짜 유유라는 답을 받아냈다.[10] 천유용은 확실히 유유였던 것이다. 하지만 가장 중요한 질문이 남았다. 유유의 가출 이유였다. 유유는 결혼한 지 3년이 지났지만, 아들이 없어 아버지와 갈등이 있었으므로 집을 떠났다고 하였고 유연이 죽은 것은 듣지 못했다고 말했다.

이로써 유유의 가출 이유가 처음 밝혀졌다. 하지만 유유의 진술은 그의 육성을 그대로 옮긴 것이 아니다. 요컨대 그의 진술은 〈유연전〉의 작자인 이항복의 해석과 표현을 조절하는 과정을 거친 것이라는 데 주목할 필요가 있다. 앞에서 살핀 바와 같이 이 진술은 외견상 자식을 보지 못한 문제로 아버지와 갈등 끝에 집을 나갔다는 것으로 읽히지만, 정작 전달하고자 하는 이면의 진의는 유유가 성불구자라는 것이다. 당시 유유의 정확한 진술은 알 수 없지만, 아마도 그 조사에 참여했던 사람들은 유유가 갖고 있는 성적 문제가 사건의 기원이라는 것을 인지했을 것이다.

유유에 대한 조사는 그가 진짜 유유라는 것을 확인하는 차원에서 간단히 끝난 것으로 보인다. 〈유연전〉에도 위에서 이야기한 짧은 자료만 실려 있을 뿐이고, 〈이생송원록〉에는 유유의 재조사에 대한 의미 있는 자료가 전혀 없다. 그러나 유유는 이렇게 간단히 조사하고 말 인물이 아니었다. 채응규가 유유와 함께 지내는 동안 그의 일기를 보고 유씨 집안에 대한 정보를 빼냈다는 소문이 파다하였으니, 그에 대한 철저한 추궁과 확인이 있어야만 했다. 그 정보 중에는 유유가 친구 서시웅과 지장사에서 《주역》을 읽을 때 납설을 가지고 시를 지은 개인적인 경험도 있었다. 나아가 백씨의 '월사月事'와 '검은 점'과 같은 지극히 사적인 정보를 채응규가 얻게 된 내력 역시 유유에게 묻지 않을 수 없는 것이었다. 하지만 1579년의 조사에서 이런 문제들에 대해 유유에게 캐묻지는 않았던 것 같다. 이상한 일이 아닌가. 사실 1579년의 조사는 처음부터 사건의 본질을 향해 정확한 길을 가지 않고 있었다.

채응규의 체포와 자살

천유용이 진짜 유유임이 확인되자 사건의 재조사가 불가피해졌다. 의
금부에서 황해도 감영으로, 감영에서는 다시 군현으로 채응규와 춘수
를 수배하는 공문을 보냈을 것이다. 결국 채응규는 장련(지금의 은율)
에서, 춘수는 해주에서 체포되었다. 하지만 채응규는 해주를 5리 남
겨두고 칼로 목을 찔러 자살하였다. 서울까지 압송된 것은 춘수 한 사
람뿐이었다.

　유유 사건의 주인공인 채응규의 자살은 사건의 전모를 파악하는
데 결정적인 장애가 되었다. 사건을 처리하는 가장 간단한 방법은 모
든 것을 채응규 개인의 범죄로 돌리는 것이었다. 하지만 제기된 의문
이 너무나 많았다. 채응규는 어떤 동기로 가짜 유유 행세를 했던가,
또 그는 어떻게 유유가 집을 나가 떠돌이가 되었다는 것을 알았던 것

21
또 다른 '악인',
이제

인가, 나아가 떠도는 소문만으로는 결코 알 수 없는 유유 집안 내부의 정보들, 예컨대 노비들의 이름과 그들의 개인사, 극히 개인적인 친분관계를 통해서만 알 수 있는 경험들을 어떻게 알 수 있었던 것인가. 또 채응규와 백씨의 관계 등 밝혀내야 할 것이 허다하였다. 이것이 1579년 재조사가 풀어야 할 문제들이었다. 하지만 재조사가 이런 문제들을 정확하게 해결한 것은 아니었다.

1579년 재조사 결과로 현재 남아 전하는 것은 이제와 춘수의 공초뿐이다. 〈유연전〉에는 1579년 재조사 때 이제와 심륭이 서울로 압송된 천유용을 진짜 유유로 확인했다는 단 한 줄만이 실려 있을 뿐이다. 〈이생송원록〉 역시 마찬가지다. 심륭의 공초는 전혀 실려 있지 않고 이제의 공초만 70자 정도 실려 있을 뿐이다. 춘수의 공초는 〈유연전〉에 557자가 실려 있는데, 〈유연전〉의 분량이 4,232자이니, 전체의 13퍼센트에 해당한다. 상대적으로 적지 않은 양이다. 이렇게 1579년의 재조사는 관계자의 공초를 극히 적게 남기고 있는데, 이 역시 의미하는 바가 있는 것으로 보인다. 우선 이제의 공초를 먼저 다루고 이 문제를 따져보기로 하자.

이제의 초사

유유 사건에 대한 재조사가 시작되었고 이제는 국청에서 조사를 받았다. 〈이생송원록〉에 실린 그때의 공초를 보자.

갑자년(1564)의 《추안》을 지금 조사해보면 제가 애초에 채응규를 반

드시 유유라 지적하지 않았던 뜻을 알 수 있을 것입니다. 채응규와
춘수를 잡아와 캐물으면 그 간사한 짓거리의 실상을 알아낼 수 있
을 것입니다.[1]

이제 역시 1564년 채응규가 유유인지 아닌지 그 진위를 밝히기 어
렵다고 말했다고 한다. 이제는 자신의 말이 거짓이 아님을 입증하기
위해 1564년의《추안》을 조사하고, 사건의 정확한 전모를 밝히기 위해
춘수를 체포해 추궁할 것을 요청했다. 국청에서 1564년의《추안》을 가
져와 확인하는 것은 쉬운 일이었다. 하지만 국청에서《추안》을 확인하
는 일은 없었던 것으로 보인다. 아니 확인했다 해도 이제가 채응규를
유유로 단정하지 않았던 사실을 애써 외면했던 것이 분명하다.

그 증거가 〈이생송원록〉이다. 〈이생송원록〉은 서두에서 서울로 체
포되어 온 천유용을 보고 이제와 심륭·김건·한극심 등이 자세히 살펴
보고 모두 진짜 유유라고 확인한 사실을 전한 뒤 "그런데 시의時儀는
마침내 유연의 억울한 죽음을 낳았던 옥사의 책임을 선인先人(이제)에
게 돌렸다"[2]라고 말하고 있다. 이제가 유연의 죽음에 책임이 있다는 증
거는 아무것도 밝혀진 것이 없었다. 유연을 죽음으로 몰아넣었던 비합
리적인 사법제도가 다시 이제에게 작동하기 시작했던 것이다.

다시 왜곡되는 사건

국청은 왜 이제의 말을 따라 1564년《추안》의 내용을 진실로 확인하지
않았던 것인가. 의문은 계속해서 제기될 수밖에 없다. 이미 언급한 바

있듯 권응인의《송계만록》과 고상안의《효빈잡기》는 분명 채응규가 한동안 유유와 함께 지내면서 정보를 빼내었다고 증언하고 있다. 또한 〈이생송원록〉은 채응규가 유유의 친구 서시웅과 지장사에서《주역》을 읽을 때 '납설'을 제재로 같이 시를 지었던, 지극히 개인적인 경험을 자신이 진짜 유유임을 입증하는 증거로 내세웠다고 증언했다. 상식적인 차원에서 추관은 당연히 유유에게 이것들을 물어보아야 했을 것이다. 그러나 어떤 자료에도 이런 질문과 관련된 언급은 아무것도 남아 있지 않다.

1579년의 재조사 때 조사 대상이 된 사람은 유유와 이제, 심륭, 춘수 겨우 4명이다. 최초로 채응규를 만났던 이자첨은 이미 사망했고, 채응규는 자살했고, 유연과 그의 노비 김석·몽합은 사형을 당했으니, 조사 대상은 축소될 수밖에 없었다. 그럼에도 조사할 대상이 없는 것은 아니었다.《송계만록》이 '경산현 관속'이라고 밝힌 것을 제외하면 채응규의 내력은 어떤 자료도 언급하지 않는다. 심지어 〈유연전〉조차 사기극의 주인공이었던 채응규의 출신 내력에 대해서는 침묵한다. 경산현에 공문을 보내고 그것을 확인할 수도 있었다.

1564년 이후 채응규 체포를 내걸고 이씨로부터 금품을 받았던 춘수의 동생 영수와 그의 남편 김헌도 모두 중요한 조사 대상이었다. 하지만 어떤 이유에서인지 그들도 조사하지 않았다. 백씨는 유유가 나타나자 자신이 양자로 10년을 길렀던 채응규의 아들 채경백을 조사할 것을 요청하였으나, 역시 알 수 없는 이유로 조정에서 허락하지 않았다. 남은 사람은 춘수였으나 춘수의 입에서도 채응규의 내력은 나오지 않았다. 후술하겠지만 국청은 의도적으로 춘수에게 채응규에 대해 묻지 않았다. 철저한 조사를 통해 사건을 재구성하려는 노력을 의도적으로 회피한 것은 사실상 사건을 왜곡하는 것이었다.

의심의 대상이면서 조사 대상에서 벗어나다

백씨는 사건의 중심에 있는 사람이었다. 채응규가 진짜 유유로 받아들여질 경우, 가장 큰 이익을 보는 사람은 백씨였다. 자신의 새 남편 채응규는 적장자의 지위와 봉사권奉祀權 및 재산을 갖게 될 것이었다. 여기에 채응규는 성불구자가 아니었다. 자식을 낳을 수가 있었다. 채응규가 진짜 유유로 받아들여지면, 백씨는 자신을 괴롭혀왔던 모든 문제를 일거에 해결할 수 있었다.

하지만 유연이 채응규를 가짜로 지목하고 이어 채응규가 달아나자 백씨는 더할 수 없는 난관에 봉착하게 되었다. 채응규가 가짜로 확정되면 그녀는 '월사月事'와 '검은 점'의 존재를 채응규가 어떻게 알았는가 하는 물음에 답해야만 했다. 이 물음은 회피할 수 있는 것이 아니었다. '월사'와 '검은 점'은 백씨가 채응규과 성관계를 맺거나 혹은

22
미스터리로 남은
백씨 부인

그에 준하는 정보를 주고받았음을 명백히 드러내고 있었다. 그것은 넓게 말해 채응규의 가짜 행세 배후에는 채응규와 백씨 사이에 어떤 공모의 과정이 있었다는 것을 의미하는 것이었다. 물론 그 과정이 어떠했는지는 알려진 바는 없다. 하지만 적어도 유유 사건은 전체 기획에 백씨가 주도적인 역할을 했다는 것은 분명하다. 어떻게 보면, 유유 사건은 남편과 자식(아들)이 없는 여성이 살아남기 위해 기획한 처절한 생존전략일 수도 있다. 채응규가 도망한 뒤 채경백을 백씨가 자신의 아들로 받아들여 키운 것 역시 그 전략을 실행에 옮긴 것이라 말할 수 있을 것이다.

사건은 계획한 대로 풀리지 않았다. 가짜로 의심을 받던 채응규가 달아났던 것이다. 이에 백씨가 유연이 유유(=채응규)를 죽였다고 고소한 것은, 백씨로서는 불가피한 선택이었다. 유연이 형을 죽인 살인범으로 몰아 제거해야만 자신에게 닥친 곤경을 피할 수 있었기 때문이었다. 백씨는 살아남고자 유연을 제거하기로 결정했던 것이다. 이것이 사건의 진실에 가까울 것이다. 요컨대 백씨야말로 최종적으로 유연을 죽음으로 몰고 간 주체였던 것이니, 사건 전체의 실체를 밝히는데 있어 결정적으로 중요한 인물이었다.

하지만 백씨는 단 한 차례로 조사를 받지 않았다. 백씨에 대한 위의 추론을 부정한다고 해도 백씨는 여전히 조사할 필요가 있는 사람이었던 것은 두말할 필요가 없다. 하지만 백씨에 대한 심문은 어떤 형태로든 이루어지지 않았다. 의문이 아닐 수 없다. 전술한 바와 같이 사족여성을 사법기관에서 심문하는 경우는 드물지만 강상죄와 실행의 경우는 의금부에서 조사하는 것이 원칙이었다. 특히 후자의 경우는 성 문제와 관련된 범죄를 의미하는 바, 그것은 당연히 조사 대상이 되었다. 신혼 첫날밤의 '월사'와 그녀의 성기 가까이에 있는 '검은 점'의 존재를 채응규가 알고 있었던 것은 분명 여성의 성적 일탈과 관계가 있는 문제였다. 도대체 채응규는 그것을 어떻게 알았던 것인가. 그러한 의문이 있기에 1579년 진짜 유유가 나타나 사건이 번복되었을 때 백씨는 조사 대상이 되어야만 했다.

그럼에도 불구하고 백씨는 조사 대상에 오르지 않았다. 그녀는 유유가 옥에 갇혀 있을 때 '백씨는 마땅히 고향에 있으면서 남의 일 보듯 해서는 안 된다'는 조정 의론을 듣고서 서울에 와서 머물러 있었을 뿐이었다. 더욱 이상한 것은 백씨 주위에는 수많은 의혹이 맴돌고 있었음에도 불구하고 그녀에 대한 정보는 거의 남아 있지 않다는 것이다. 백씨에 대해 언급하는 것을 모두가 꺼리고 있었던 것이다. 그것은 백씨의 입을 통해서 흘러나올 정보와 그로부터 구성되는 사건의 실체를 회피하고 싶었던 것은 아닐까? 백씨와 영수·김헌, 채경(정)백을 조사하지 않았던 것 역시 동일한 회피 심리에서 나온 것이라고 짐작할 수 있다.

무엇이 문제였을까? 그 이유를 정확하게 알려줄 만한 자료는 없다. 다만 몇몇 제한된 자료의 해석을 통해 조심스럽게 추정할 수 있을 뿐이다. 이 지점에서 송시열의 〈유연전〉 발문(《유연전발柳淵傳跋》)을 검토해보자. 송시열은 이항복이 〈유연전〉을 지은 의도는, 유연 한 사람의 억울함을 드러내려는 것뿐만 아니라, 나아가 천리天理를 멸하고 집안과 자신을 망치려 했던 자를 경계하려는 것이었다고 평가했다.[1] 천리를 멸한다는 것은, 부자간의 윤리를 멸한다는 것으로 읽힌다. 따라서 이것은 유유가 아버지 유예원을 버리고 집을 나간 것을 두고 한 말일 것이다.

송시열은 이어 유예원이 벽두에 화禍의 기틀을 만들었던 일에 대해서 이항복이 완곡한 표현으로 사실을 은근히 드러내었으니 옛사람이 빼어난 작품을 짓던 방법을 얻은 것이라고 평가했다.[2] 〈유연전〉이 빼어난 산문 작법을 구사한 것으로 보이지만, 이면의 의미는 미묘하다는 것, 곧 우회적 표현을 통해 진실을 드러내고 있다는 것이다. 유예원이 화의 기틀을 만들었다는 것은 서두에서 검토한 〈유연전〉의 유유가 자신의 가출 동기를 밝히는 부분을 지적하는 것일 터이다. "아내를 맞이한 지 3년이 넘었지만 아들이 없어 아버지가 업業이 박하다며 나무라고 슬하에 가까이 오지 못하게 하셨습니다." 이 발언과 유유의 외모와 음성에 대한 유연의 진술, 곧 유유의 불임과 그에게 여성성이 과다하다고 진술한 부분을 음미하면 성적 문제가 사건의 배후에 있었다는 결론에 자연스럽게 도달하게 된다. 다만 이항복은 그것을 직설하지 않았을 뿐이다. 송시열은 이미 유유의 가출 동기에는 성적인 문제가 내재해 있음을 알고 있었다. 그러기에 이항복이 그것을 직설하지 않은 것을 높이 평가했던 것이다.

이것은 무리한 추정이 아니다. 송시열의 다음 발언을 계속 음미해보자. 송시열은 이어 "《시경》에 이르기를, '중구中冓의 말은 상세히 말할 수 없다' 하였다"[3]라고 말한다. 송시열이 인용한 시는 《시경》 용풍鄘風 〈장유자牆有茨〉의 한 부분이다. 〈장유자〉는 모두 3장으로 구성되어 있는데, 그중 '중구의 말을 상세히 말할 수 없다'라는 부분은 2장에 실린 것이다. 2장 전체는 다음과 같다.

담장에 납가새, 제거할 수 없구나牆有茨, 不可襄也.
중구의 말은, 상세히 말할 수 없지中冓之言, 不可詳也.

상세히 말하려면 말이 길어지리라所可詳也, 言之長也.

이 시는 부기되어 있는 해설을 알아야 이해할 수 있다. 위衞나라 선공宣公이 죽고 어린 혜공惠公이 즉위하자, 혜공의 서형庶兄인 공자公子 완頑은 혜공의 어머니이자 아버지 선공의 아내였던 선강宣姜과 간통한다. 혈연관계는 아니지만 완과 선강은 일종의 근친상간의 관계, 곧 비윤리적인 성관계로 엮이게 되었다. 시인은 비윤리적 성관계가 있었던 사실은 알리지 않을 수 없지만, 구체적으로 밝힐 수는 없다고 말하고 있는 것이다. 그렇다면 이것은 유유 집안 내부의 비윤리적 성관계를 암시하는 것인가. 그것은 유예원과 백씨의 관계일 것이라고 추정할 수 있겠지만, 그럴 가능성은 사실상 전무하다고 보아야 할 것이다. 만약 그런 경우라면 유예원이 아들 유유에게 결혼 3년 뒤에도 자식이 없는 것에 대해 물음을 던질 수 없기 때문이다. 송시열은 이 기묘한 사기극과 유연의 죽음으로 이어지는 비극의 출발점에는 유유의 성적 문제와 그 문제를 인지한 뒤 유유를 의식적으로 멀리했던 유예원의 잘못된 대처 방식이 있었다고 말하고 싶었던 것이 아닐까? 아울러 송시열은 그 문제를 이항복이 직설하지 않고 에둘러 표현한 것이 〈장유자〉의 화자가 취한 태도와 같았다고 평가한 것이다.

이항복이 성적 문제를 직설하지 않았던 것을 높이 평가한 것은, 사족사회 내에서 성적인 문제를 언표하는 데 있어 일정한 금제가 작동하고 있었다는 것을 의미한다. 물론 모든 성적 문제에 대한 발언이 금지된 것은 아니었다. 《촌담해이村談解頤》나 《태평한화골계전太平閑話滑稽傳》, 《어면순禦眠楯》 등의 허다한 색담집色談集에 실린 색담의 존재에서 확인할 수 있듯, 성적인 이야기들은 사족사회에 널리 퍼져 있었다.

하지만 그것은 남성을 주체로 한 성적 희학을 골계적 차원에서 다루는 것이었을 뿐, 동시대에 존재하는 특정 인물이나 가문의 명예를 훼손할 정도로 구체성을 띠는 경우는 극히 드물었다. 더욱이 그 색담들에서 사족여성을 특정하여 성적 욕망이나 성적 일탈을 언급하는 일은 있을 수 없었다. 백씨에 대해서 의심을 가지면서도 조사할 수 없었던 것은 바로 이런 묵시적인 금제 때문이었을 것이라고 생각된다. 그 금제를 건드리게 되면 감당할 수 없는 복잡한 사태가 빚어질 수 있었다.

유유의 상태가 정확하게 어떠했는지는 알 수 없지만, 성관계가 불가능했거나 성관계를 기피했거나 간에 그는 백씨와 성관계가 없었을 것이고, 그것은 그의 과도한 생물학적 여성성 때문이었을 것이다. 생물학적으로 과도한 여성성을 갖는 남성, 달리 말해 남성과 여성이 겹쳐 있는 사람은 그 시대에는, 앞서 예거한 사방지와 임성구지의 경우처럼 일종의 '괴물'로 인식되었다. 유예원이 불임 이유를 알고 유유를 멀리한 것과 유유가 가출한 뒤 유예원과 백씨가 같은 말로 그 가출 이유를 둘러대었던 것은 아마도 이런 상황을 의식했기 때문이었을 것이다. 남편이 성행위가 불가능한 불구자이자 괴물이라는 사실이 아내의 입에서 흘러나오는 것을 남성사족들은 회피하고 싶었을 것으로 보인다. 만약 유유와 같은 경우 아내가 털어놓는 것이 허용된다면, 사족 가문의 모든 불임에 대해 남성이 절반의 책임을 져야 한다는 것을 암시하는 것이었다. 이것이 백씨를 조사하거나, 채응규와의 관계를 추궁하지 못하는 내밀한 사정이었을 것이다.

또 다른 악인 만들기

그렇다면 백씨와 관련된 의혹들은 어떻게 해소되어야 할 것인가. 백씨가 아니라면, 월사와 '검은 점'을 채응규에게 알려준 사람은 누구였던가? 이 문제는 간명하기 짝이 없는 방법으로 해결되었다. 권득기는 경준에게 보낸 편지에서 이렇게 말한다.

> ① 다만 십여 살 때 천유용의 옥사를 들었는데, 당시 아동주졸兒童走卒까지도 모두 달성達城(=이제)의 이름을 전하며 욕을 퍼부었습니다. 저는 당시 어리고 몽매할 때였지만, 또한 의심하는 바가 없지 않았습니다.
> ② 대개 채응규를 유유로 인정하는 것은 달성에게 애당초 무슨 손해나 이익이 있는 것이 아니었기 때문입니다.
> ③ 월사月事와 '검은 점' 같은 은밀한 일까지 또한 달성이 알려주었다고 하지만, 이것은 실로 규방의 비밀스러운 일입니다. 비록 계집종처럼 아주 가까운 사이라 하더라도 능히 알지 못할 것입니다. 그런데 달성이 저부姐夫로서 어떻게 죽은 처의 동생의 처의 비밀스러운 일을 알 수 있다는 것인지요. 하지만 중론은 모두 옥사를 달성에게로 귀착시켰으니, 그 까닭은 정말 알 수 없는 것이었습니다.[4]

곧 월사와 '검은 점'의 존재를 이제가 채응규에게 알려주었다고 판단하는 간명한 해결책이 있었던 것이다.

그렇다면 이제가 채응규에게 월사와 '검은 점'의 존재에 대해 알려주었다는 진술은 누구로부터 확보한 것이었을까? 그 말을 했던 채응규는 이미 죽었다. 백씨로부터 확보된 것도 당연히 아니다. 이제는 이 진술을 인정할 리 없으니 이제로부터 확보한 것은 더더욱 아니다. 결국 이제가 월사와 '검은 점'의 존재를 채응규에게 알려주었다는 진술은 실제 신뢰할 수 있는 사건 관계자로부터 확보한 것이 아니었다. 그것은 근거 없는 소문이었을 뿐이다. 그 진술의 비합리성은 십여 살 어린 나이의 권득기조차 의문을 제기할 수 있는 것이었다.

이제가 채응규에게 월사와 '검은 점'의 존재를 알려주었다는 진술은 어떤 합당한 근거도 갖추지 않은 무책임한 상상일 뿐이었다. 조선의 사법제도가 합리적으로 작동했다면, 합당한 근거가 없다는 것을 인지하고 진짜 유유를 확인한 순간 사건을 마무리지었어야 했다. 하지만 사법제도는 그 진술을 사실로 만드는 방향을 택했다. 곧 상상에 구체성을 부여할 새로운 증언을 찾아 나선 것이다. 그 증언을 할 사람은 단 한 사람 춘수밖에 없었다.

춘수의 진술로 이제의 죄를 구상하려면 춘수를 설득해야만 했고, 그 과정에 인위적인 개입이 있었다. 〈이생송원록〉에 의하면 국청에서 춘수를 세 차례 심문했지만 춘수는 이제에 대해 전혀 언급하지 않았다고 한다. 춘수는 채응규가 이제가 아니라 "서보덕徐輔德·유필선柳弼善 등과 주야로 같이 있었다"고 말했고, 이들을 체포해 신문하면 채응규가 벌인 사기극의 전모를 알 수 있을 것이라고 말했다.[5] '보덕輔德'은 세자시강원의 정3품, '필선弼善'은 4품 관직이다. 장차 왕이 될 어린 세자를 가르치는 대단히 명예로운 벼슬이다. 춘수가 한 말의 뜻은 채응규와 함께 보덕이니 필선이니 하는 별명을 붙여 부르면서 어울리던 그룹이 있었으니, 그들을 체포하여 심문하라는 것이다.

이언용은 여기에 자신이 들었던 다른 소문을 추가했다. 곧 채응규는 본래 그 그룹에서 응교應敎[홍문관과 예문관의 정4품 관직]로 불렸으나, 그것을 이름으로 삼는 것은 별 재미가 없어서 이름을 '응규應珪'로 고쳤던 것이므로, 원래 그 그룹은 '채응교·서보덕·유필선' 셋으로 구성되었다는 소문이 있었다는 것이다. 이언용은 곧 이 소문이 춘수의 말과 일치한다고 주장한다. 나아가 '유필선'이 유유일 가능성도 있다고 추정했다. 이언용의 주장이 사실과 부합하는지는 알 수 없지만, 춘수가 심문 과정에서 채응규와 어울리던 사람들을 말한 것은 사실일 가능성이 높다. 따라서 국청에서는 일단 서보덕과 유필선이란 사람의 존재 여부를 조사했어야만 했을 것이다. 하지만 추관은 그것을 조사하지 않았고 도리어 '첩은 남편에 대해 증언할 수 없다'는 규정을 들어 춘수에 대한 형신을 정지할 것을 계청했다.[6]

이것은 외견상 법을 엄격히 준수하는 것 같았지만, 사실상 춘수로부터 사건의 실체에 접근할 수 있는 진술을 더 이상 확보하지 않으려는 것이었다. 이언용·이언관은 격렬하게 항의했다. 의금부와 법사法司에 정소呈訴하고 경연관이 출입할 때와 조정 신료들이 크게 모이는 자리가 있으면 울부짖고 호소하였다. 사헌부에서 다시 논열論列하여 춘수를 다시 한 차례 형신했지만, 춘수는 여전히 이제를 사건의 기획자로 지목하지 않았다.[7]

춘수가 이제를 사건의 기획자라고 증언하게 한 것은 색랑色郎[색랑은 낭관으로서 이 옥사를 주관하는 자다 - 원주]이었다. 이언용에 의하면, 이름이 알려지지 않은 담당 낭관은 춘수에게 "중론이 모두 달성達城(=이제)에게 옥사를 귀결시키고 있는데, 너는 어찌하여 한사코 말을 하지 않느냐?"라고 했고, 그때부터 춘수는 없었던 사실을 날조하여 이

제를 사건의 기획자로 몰아붙였다고 한다.[8]

　여기서 반드시 지적해야 할 것은, 춘수에게 날조된 증언을 하게 만든 것이 추관 개인의 판단이 아니라는 것이다. 추관은 '중론이 달성에게 옥사를 귀결시키고 있다'고 말했다. 그것은 국청의 구성원 모두가 이제를 범죄의 기획자로, 채응규의 교사자로 만들고 싶어 한다는 의미였다. 그것은 이제가 범죄의 기획자이며 채응규의 교사자로 확신한다는 의미이기보다는 국청의 구성원들이 그렇게 보고 싶어 한다는 것이었다. 곧 색랑의 제안은 이 의도에 맞게 진술해달라는 의미였다. 춘수의 입장에서 색랑의 제안을 생각해보자. 춘수는 자신이 중형, 곧 사형을 피할 수 없을 것이라는 사실을 이미 알고 있었을 것이다. 이런 상황에서 계속되는 고문을 감내하기란 고통스럽기 짝이 없었을 것이다. 이제에게 모든 것을 뒤집어씌운다면, 자신의 그 고통을 피할 수 있을 것이다. 그리하여 춘수는 추관의 제안을 수용하지 않을 수 없었을 것이다.

날조된 춘수의 초사

이언용은 국청의 의도에 따라 춘수가 진술을 날조하여 이제에게 죄를 뒤집어씌웠다고 주장했다. 이언용의 주장은 진실인가? 이를 알기 위해 춘수의 공초를 검토하지 않을 수 없다. 1579년 춘수의 초사는 오직 〈유연전〉에만 실려 있다. 아래에서 춘수의 공초를 적당히 나누어 그 진실 여부를 검토하겠다.

> ⑴ 채응규와 결혼한 뒤 아들 둘을 낳았습니다. 그때는 유유란 이름을 전혀 듣지 못하였습니다.[1]

춘수는 채응규와 결혼하고 아들 둘을 낳았다는 것만 말하고 있을 뿐, 채응규에 대해서는 완전히 침묵한다. 채응규의 출신과 내력에 대

23
___

공모자 춘수의
최후 진술

해서는 어떤 언급도 없다. 이상한 일이 아닌가. 1564년의 경우라면 그럴 수 있다. 당시는 채응규를 유유로 알았기 때문에 채응규에 대한 물음은 있을 수가 없다. 하지만 1579년 채응규가 가짜라는 것이 밝혀졌다. 설령 채응규가 이제의 교사에 의해 움직인 수동적 존재라 할지라도 그의 출신과 내력에 대해 묻는 것은 당연한 일이다. 하지만 채응규의 신원은 전혀 밝혀지지 않았다. 〈유연전〉 어디에도 채응규의 신원에 대한 언급은 없다. 〈이생송원록〉에도 권응인의 《송계만록》을 인용하여 채응규가 '경산현의 관속'이라고 밝히고 있을 뿐, 더 이상의 정보는 없다. 이언용은 〈이생송원록〉이 원래의 《추안》에서 인용한 것이며 자신의 집에 1579년의 《추안》이 있다고 하였다. 그럼에도 그가 군이 《송계만록》을 인용한 것은, 1579년 《추안》에도 역시 채응규의 신원에 대한 정보가 없다는 것을 의미한다. 이는 국청에서 채응규의 신원을 적극적으로 밝히려는 의지가 없었음을 의미한다. 채응규에 대한 적극적 조사는 사건을 전혀 다른 방향으로 구성할 수 있었기 때문이다.

> (2) 임술년(1562)경 달성령(=이제)이 사노 삼이를 보내왔는데, 채응규를 만나보고는 '바로 유유다'라고 하였습니다. 백씨 역시 사람을 보내어 뜻을 전해왔습니다.[2]

춘수는 사건을 완전히 다른 방향에서 재구성한다. 춘수에 따르면 1562년 어느 날 난데없이 이제가 보낸 종 삼이가 나타나 채응규를 보고 유유라고 했다. 이어 백씨도 사람을 보낸다. 이것은 〈유연전〉의 "하루는 신표의 자부姊夫 달성령 이제가 신에게 글을 보내 이르기를 '집의 종 삼이가 무슨 일 때문에 해주에 갔다가 본 고을에 채응규란 자가 있

음을 듣고 유유일 것이라고 의심하여 가서 보았더니 정말 유유였다'
라고 하였습니다"(1564년 유연의 공초)라고 하는 부분과 상응한다.

두 공초는 미묘하게 다르다. 1579년의 공초는 이제가 의도적으로
삼이를 보내어 채응규가 유유인지 알아보게 한 결과 삼이가 채응규=
유유라고 확인했다는 것이다. 이 진술은 이제가 채응규의 존재를 미
리 알았다는 것을 전제한다. 하지만 1564년의 공초는 삼이가 우연히
해주에서 채응규란 사람이 유유라는 소문을 듣고 찾아가 본 결과 채
응규=유유임을 확인했다는 것이다. 전자와 후자의 내용은 이렇듯 결
정적으로 다르다. 그런데 〈이생송원록〉에서는 이자첨이 채응규를 최
초로 만난 정황이 구체적으로 서술되어 있다. 앞서 검토한 춘수의
1564년 초사는 1562년 이자첨이 해주 성내에 와서 숙박할 때 채응규
가 찾아가 만났고 돌아와 '표형 이모를 만났고 처음 아버지의 부음을
들었다'고 말했다. 춘수는 또 그다음 날에는 이 군관李軍官(이자첨)이
찾아와 흐느껴 울고 갔다고 증언했다. 이처럼 채응규의 존재는 이자
첨으로 인해 알려진 것이다. 하지만 춘수는 이자첨에 대해서 전혀 언
급하지 않는다. 이자첨을 삭제한 것은, 채응규를 최초로 인지한 사람
이 이제라는 것을 강조하기 위해서다.

춘수의 공초는 또 다른 차원에서 비판할 수 있다. 위의 공초에 의
하면, 채응규를 보고 유유라고 확인한 사람은 삼이다. 그런데 삼이가
과연 채응규가 유유라는 것을 확인할 만한 사람이었던가. 삼이는 이
제의 노비다. 이제는 자신이 말한 바와 같이 유유를 만난 지 20년도
넘은 사람이고 그렇기에 서로 만나서도 긴가민가했다. 유유를 섬긴
종들도 긴가민가했고, 동생인 유연도 긴가민가하다가 열흘을 함께 여
행한 끝에 겨우 가짜인 것을 알았다. 그런데 삼이가 채응규를 보고 유

유라고 단박에 알아보았다는 것은 믿기 어렵다.

> (3) 계해년(1563) 봄 채응규가 서울에 가서 석 달을 머물고 돌아와 곧
> 자신이 유유라고 일컬었습니다.[3]

1562년 유연이 두 차례에 걸쳐 노비를 채응규에게 보낸 것은 여름
까지다. 앞에서 검토한 바에 의하면, 채응규는 1563년 겨울 서울 이제
의 집으로 찾아왔다. 따라서 1562년 가을부터 1563년 겨울에 서울 이
제의 집으로 찾아올 때까지 일 년 이상 그의 행적에 대해서는 전혀 알
려진 바 없다. 춘수의 이 초사가 사실이라면 채응규는 1563년 봄과 여
름을 서울에서 보낸 뒤 집으로 돌아와 자신을 유유라고 칭하기 시작
한 것이다. 하지만 이것은 1564년의 초사와 어긋난다. 곧 1562년 채
응규가 해주 성내에서 이자첨을 만나고 온 뒤부터 자신이 유유라고
말했다는 1564년의 진술과 어긋나는 것이다.

1563년 봄 채응규가 서울에 간 것은 객관적인 사실일 것이다. 전술
한 바와 같이 아마 이때 채응규는 유연 집안의 정보를 수집했을 것이
다. 하지만 춘수가 1563년 봄 채응규가 서울에 간 것을 밝히는 것은
완전히 다른 맥락이다. 그것은 곧 이어지는 (4-1)에서 이제가 채응규
를 서울로 부른 것과 긴밀한 관계에 있음을 암시하기 위해서다. (4)는
일관되게 채응규가 유유와 유씨 집안에 관한 정보를 습득하고 있었음
을 증언하고 있는데, (4-1)과 (4-3)에서 보듯, 그것은 이제의 후원과
교사에 의해 이루어지고 있었던 것이다. 곧 (3)은 (4)에서 이루어지는
이제의 교사가 이미 1563년 봄부터 있었음을 암시하는 것이다.

(4) (4-1) 이해 겨울 채응규는 첩과 함께 서울로 들어가면서 '달성(=이제)이 나를 불렀다'고 하였습니다. 서울에 도착하자 달성 부자는 과연 자주 왔고, 안부와 선물이 끊이지 않았습니다.

(4-2) 채응규는 이에 삼이와 백씨 집안의 노비, 달성 부자 등이 말하는 것을 암기했습니다. 백씨 집안과 본가本家 일문─門의 일이 아주 상세히 적어 옷깃을 뜯어 그 속에 감추고는 때때로 열어 보기도 했습니다.

(4-3) 그리고 말하는 사이에 '물가의 보리밭을 유연이 감히 독차지한단 말인가?'라고 하는가 하면, 또 '내 처가의 가산을 유연이 독차지하는 것이 옳단 말인가?'라고 하였습니다.[4]

(4)는 이제가 채응규를 교사한 과정에 대한 진술이다. 춘수의 이 공초에 근거해 이제는 채응규의 사기극과 유연 살해사건의 기획자가 된다. 이 공초를 꼼꼼하게 검토해보자. 춘수에 의하면, 채응규는 이제로부터 유씨 집안과 유연에 관한 정보를 습득한다. 그런데 채응규가 가짜행각을 벌이면서 쏟아낸 정보를 이제가 모두 주입할 수 있었던 것인가. 전술한 바와 같이 이제는 1540년 유예원의 맏딸과 결혼했다. 그는 당시 혼속 곧 부처제婦妻制를 따라 잠시 대구에서 처가살이를 하고 이듬해인 1541년 서울로 이사를 하고 이후 계속 서울에서 살았다. 서울로 이사를 오고 2년 뒤 1543년 아내 유씨는 아들 이경억을 낳고 1개월 뒤에 사망한다. 이제는 물론 재혼했다. 아내가 죽고 재혼을 했으니 이제는 1543년 이후 대구 유연의 집안과의 관계는 과거에 비해 성글어질 수밖에 없었다.

1543년은 사건이 일어난 1564년까지 21년이란 시간적 거리가 있다. 21년 동안 떨어져 있던 이제가 과연 유씨 집안의 내력에 대해, 인물에 대해 그렇게 소상히 알 수 있었을 것인가. 물론 이제는 친구 이관의 딸 이씨와 유연의 결혼을 주선하기도 했으니, 대구 유씨 집안과의 관계가 완전히 단절된 것은 아니었을 터이다. 하지만 그렇다고 해서 오래전에 죽은 아내의 친정에 대한 정보를 낱낱이 알고 있을 정도는 아니었을 것이다. 채응규는 뒤에 유씨 집안 사람들을 만나면 그들의 얼굴을 보고 즉시 누구인지 알아보았다. 이제로부터 들은 정보만으로 그것은 결코 가능하지 않은 일이다. 그것은 유씨 집안 사람들에 대해 정보를 의식적으로 수집하고 오랫동안 관찰한 결과 가능한 일이었다. 인물을 알지 못하는 상태에서 말로만 들은 정보로 가능한 일이 아닌 것이다.

춘수의 공초가 날조일 수밖에 없는 것은, 〈이생송원록〉의 허의손 공초에서 나온, 유유와 서시웅이 지장사에서 《주역》을 읽고 납설을 가지고 창수한 일이 강력한 근거가 된다. 이 정보는 서울의 이제가 도저히 알 수 없는 것이다. 또 채응규가 담 넘어 서시웅의 음성을 듣고 즉각 서시웅이라고 확인한 것 등은 도저히 이제가 제공한 정보에서 나올 수 있는 것이 아니다.

만약 이런 것들이 〈이생송원록〉에서 실린 것이므로 이언관에 의해 날조되었을 가능성이 있다고 반박한다면, 또 다른 증거를 들 수 있다. 곧 채응규 스스로 자신이 유유임을 입증하는 결정적 증거라고 내세운 유유와 백씨의 첫날밤의 '월사月事'와 백씨의 성기 근처에 있는 '검은 점'은 이제로서는 도저히 알 수 없는 것이었다. 채응규가 이것을 증거로 제시하고 백씨가 곧 그것을 확인해주었다는 것은 두 사람 사이의 공모가 있었음을 강하게 시사한다. 상식적 차원에서 합리적으로 판단한다면, 월사와 '검은 점'에 관한 정보는 백씨가 채응규에게 제공한 것일 수밖에 없다. 하지만 춘수의 공초를 따라 이제를 채응규의 교사범으로 만들기 위해서는 그 정보조차 이제가 채응규에게 제공한 것이어야만 했다. 이것은 전술한 바와 같이 열 살의 어린 소년(권득기)도 속일 수 없는 것이었다. 전처 동생의 처의 성性과 관계된 문제를 21년 동안이나 멀리 떨어져 살고 있는 이제가 알아서 채응규에게 알려주었다고 하는 것은 억지에 가깝다. 권득기가 지적하고 있듯, 월사와 '검은 점'은 채응규와 백씨와의 공모를 시사하는 대단히 중요한 증거임에도 불구하고 〈유연전〉이 전혀 언급하고 있지 않다는 것은, 권득기의 지적처럼 '달성(=이제)에게 귀옥歸獄'하고자 하는 의도의 산물로 보인다. 요컨대 위의 춘수의 공초(4-2)는 춘수에 의해 날조된 것으로 보아야 할 것이다.

이제가 채응규를 교사하여 일으킨 유유 사건의 기획자라면 그 기획의 동기는 무엇이었을까? (4-3)이 이 의문에 대한 답이다. 춘수는 이제가 유씨 집안의 토지를 탈취하려는 의도를 갖고 있었다고 말한다. 1579년 사건의 재조사가 끝난 뒤로 이제의 재산 탈취 의도가 실재했다는 것이 정설로 수용되었다. 이제가 채응규를 사주한 것이 사실이 아니라면, 그의 재산 탈취 의도 역시 자연스럽게 부정되어야 할 것이다. 이제 (4-3)을 검토해보자. (4-3)에 등장하는 '하변맥전'은 유연이 대구 감옥에서 아내 이씨에게 보낸, 날조된 편지에 처음 등장하는 것이다. 앞에서 살폈듯, 원래 이 편지는 유연이 대구부 감옥에 있던 그 시점에 실려 있어야 마땅한 것이지만, 사형을 당한 것을 알리는 진술 뒤에 실려 있다. 물론 산문의 수사법에 있어서 사건의 시간적 착종은 흔히 있는 것이고, 또 그것이 반드시 필요한 국면이 있지만, 이 편지는 그런 경우에 해당하지 않는다. 곧 '하변맥전'을 담고 있는 이 날조된 편지는 1579년 춘수의 초사가 근거가 없지 않다는 것을 암시하기 위해서 의도적으로 어색한 자리에 삽입된 것으로 보아야 할 것이다. 그렇다면 이 서술 전략은 그 의도를 충실히 구현했던가.

춘수의 진술처럼 이제가 유유 사건의 기획자라면, 그는 채응규가 유유의 역할을 훌륭히 수행하여 유씨 집안에 받아들여지는 것을 목적으로 삼았을 것이다. 만약 그 의도가 성공했다면, 채응규는 유유의 몫으로 분배된 토지를 차지했을 것이고 그것의 일부를 이제에게 주었을 수 있다(이것도 사실상 불가능한 것이었다!). 곧 이제가 사기극의 성공으로 받을 수 있는 토지는 유연의 하변맥전이 아니라, 유유의 토지였던 것이다. 따라서 이제가 유연의 하변맥전을 노렸을 수는 없다. 따라서 날조된 편지에 실린 '하변맥전이 원인이라는 유연의 진술'은 참일 수 없다.

이제가 '처가의 가산을 유연이 독차지하는 것'을 저지하기 위해 유연을 죽음으로 몰고 갔다고 가정할 수도 있다. 하지만 이제가 유연을 유유의 살해범으로 만들어 사형을 당하도록 기획했다면, 그것은 채응규가 가짜 유유임이 드러나도록 처음부터 계획했다는 모순에 처한다. 곧 이제는, 채응규가 의도적으로 가짜로 드러나도록 행동하고, 그 결과 가짜임이 드러날 무렵 달아나고, 이어 춘수와 백씨가 유연을 형의 살해범으로 고소하고, 대사간 박계현이 계사로 왕에게 강상죄로 유연의 조사와 처벌을 요청하고, 삼성추국에서 결국 사형을 선고하는 것을 모두 예상해서 사건 전체를 기획했다는 것이다. 하지만 이것은 불가능한 일이다. 이제가 기획자라 해도 그 목적은 채응규의 가짜 행세가 성공하는 데 있었을 뿐이다. 유연을 죽여 하변맥전 혹은 처가의 재산을 차지한다는 것은 날조한 자의 상상일 뿐이다.

이 부분에 대해서는 〈이생송원록〉의 이언용의 주장도 참고가 된다.

〈유연전〉에는 유연의 초사를 싣고 있는데, "유연에게 양전良田을 별
급한 것을 미워했다"라고 하였습니다.

유연이 이관의 사위가 된 것은 선인이 천거한 것입니다. 그의 아버
지 유예원은, 유치가 죽고 유유가 도망하여 유연이 그다음 장자가
된 뒤 결혼을 하고 그 처가 아주 현숙하였으므로 기쁨을 이기지 못
하여 따로 몇 경頃을 주었던 것이고, 선인이 또한 그 증인이 되었습
니다. 이른바 '하변맥전河邊麥田'이란 것이 바로 그것이니, 미워하는
마음을 싹틔울 수 있는 것이 아니었습니다. 설령 미워하여 유연을
죽인다 하더라도 그의 처가 그대로 있으니, 어떻게 그 재산을 취할
수가 있겠습니까?

유연이 초사에는 원래 이 말이 없었는데, 이제 와서 덧붙여 넣은 것
입니다. 이 역시 유연의 처의 오류입니다.[5]

이언용은 이제와 유연·유예원·이씨와의 인적 관계와 하변맥전이
별급된 정황을 예로 들면서 이제가 그 땅을 넘볼 의도가 없었다고 말
한다. 일정한 설득력을 갖는 논리지만, 필연적인 것이라고 할 수는 없
다. 오히려 유연을 죽인 뒤라 할지라도 그의 아내 이씨로 인해 땅을
빼앗기가 불가능하다는 주장이 더 설득력이 있다. 이 주장이 설득력
을 갖는다면 앞의 인적 관계가 갖는 윤리성으로 인해 땅에 욕망이 없
었다는 것도 설득력을 가질 것이다.

"유연의 처가 재산을 독점할 수는 없다"는 발언을 다른 각도에서

검토해볼 수도 있다. 이 말은 유연이 유씨 집안의 재산을 독점하고 있다는 것, 혹은 독점할 가능성이 높다는 것을 전제한다. 그것은 재산(주로 토지)에 대한 소유권을 임의로 이동시킬 수 있는 권력을 의미할 것이다. 유연에게 과연 그런 권력이 있었던 것인가. 유예원은 생전에 이미 일곱 자녀에게 재산 분배를 끝낸 상태였다. 분재가 이루어지면 각자의 소유는 분재기分財記에 명시되어 법적인 보호를 받는다. 유연이 마음대로 소유권을 이동시킬 수 있는 것이 아니다.[6] 만약 이제의 의도대로 채응규가 유유의 행세를 무사히 수행하여 채응규가 유유로 받아들여졌다고 가정하자. 그럴 경우 역시 유유는 자기 몫의 재산에 대해서만 소유권을 행사할 수 있을 뿐이다. 유유 역시 형제들의 토지 소유권을 임의로 옮길 수 없음은 자명하다.

위의 '처가의 재산'이 이제의 전처 유씨의 토지(유예원으로부터 상속받은 토지)를 의미한다고 보는 주장도 있을 수 있다. 곧 이제는 전처의 사망 이후 그 토지의 소유권이 처가로 귀속되는 것을 막으려 했다는 것이다. 하지만 이것은 두 가지 이유로 성립하지 않는다. 채응규가 유유 행세를 하여 유씨 집안에 수용되는 것과 전처 소유 토지의 귀속 문제는 논리적으로 아무런 상관이 없기 때문이다. 전처 유씨에게는 아들 이경억이 있었다. 당연히 그녀의 재산은 이경억이 상속한다. 따라서 '처가의 재산'을 전처 유씨 소유의 토지로 보는 주장도 역시 성립하지 않는다.

이상에서 검토한 바와 같이 이제가 유연의 재산, 혹은 처가의 재산을 탈취하는 것은 불가능한 일이었다. 단 하나 남은 가능성은 채응규가 유유의 역할을 훌륭히 수행하여 유씨 집안에 받아들여지는 경우다. 비록 춘수의 초사에는 등장하지는 않지만, 이 문제도 아울러 검토해보자. 이언용의 말을 참고한다.

> 의도를 갖고 계획을 세워 흉측하고 이치에 어긋난 일을 하는 사람은, 자신에게 이익이 되는 것이 없으면 하지 않는 법입니다. 가령 채응규가 유유를 모칭하여 유유 집안 재산을 차지했다고 합시다. 하지만 선인에게는 무슨 이익이 있겠습니까? 만약 '이익을 나눈다'고 합시다. 그래서 유유가 8년을 밖에서 지내다가 하루아침에 돌아와 갑자기 자기 재산의 반을 나누어 마땅히 주어서는 안 될 사람에게 준다면, 사람들이 의심하는 마음을 품지 않겠습니까?
> 하물며 아내와 동생이 버젓이 있어 보고 있지만은 않을 것이니, 그것은 단지 스스로 실패하는 길을 취하는 것일 뿐입니다. 선인이 아무리 보잘것없는 사람이라 해도 어찌 생각이 이에 미치지 않겠습니까?[7]

누이가 사망한 지 21년이 지나서 재혼한 자형에게 뜬금없이 자신이 소유한 토지의 절반을 떼어준다는 것은 사회관습상 있을 수 없는 행위다. 뿐만 아니라 유유에게는 처 백씨가 있고 동생 유연이 있다. 그들을 설득할 논리를 만들어내는 것은 불가능에 가까울 것이다. 화폐가 통용되던 시대라면, 또 금융업이 발달한 시대라면, 금융을 통해 화폐를 마련해 지불할 가능성도 없지 않다. 하지만 당시는 화폐를 사용하지 않았다. 그럴 가능성은 역시 전무하다. 이언용의 주장은 논리적이다. 이제가 재산을 탈취하기 위해 유유 사건을 기획했다는 주장은 성립하지 않는다.

⑸ 하루는 이경억이 와서 "심륭과 김백천이 믿을지 말지 결정을 하지 못하고 있다. 내일 심륭과 김백천이 마땅히 우리 집에 올 것이니, 너 역시 찾아오너라. 밥을 먹을 때 계집종 흔개欣介를 시켜 밥상을 들고 오게 할 것이니, 너는 흔개를 보면 손으로 가리키며 '이 사람은 흔개로군요. 옛날 나에게 허락한 적이 있었는데, 형은 기억하십니까?'라고 하여 심륭 등이 듣게 하거라. 그러면 전에 의심했던 것이 얼음처럼 녹을 것이다"라고 하였습니다.[8]

심륭과 김백천은 채응규의 진위에 대한 확신이 없는 상태였다. 위의 춘수의 진술은 이들에게 채응규가 진짜 유유라고 믿게 하기 위해 이제가 채응규와 음모를 꾸미는 장면이다. 그 음모란, 심륭과 김백천을 불러 같이 식사를 할 때 여종 흔개(이제 집안의 여종)로 하여금 주안상을 들고 오게 하면, 그때 채응규가 흔개를 가리키면서 "이 사람은 흔개로군요. 옛날 나에게 허락한 적이 있었는데, 형은 기억하십니까?"라고 이제에게 말을 건네게 하는 것이다. 심륭과 김백천은 채응규가 이제 집안의 여종을 알아보는 것을 보고 채응규를 진짜 유유로 믿을 것이다!

여기서 비상하게 중요한 것은 '옛날에 나에게 허락한 적이 있었다'는 부분이다. 이것은 흔개와 유유 사이에 성관계가 있었다는 말이다. '흔개가 유유에게 성관계를 허락했다'는 것은 물론 유유(=채응규)의 입장에서 하는 말이고, 사실은 양반인 유유(=채응규)가 흔개와 강제적으로 성관계를 맺었다는 것이 사실에 가까울 터이지만, 어쨌든 흔개와 유유 사이에 극히 사적 관계인 성관계가 있었던 것이 객관적 사실이라면, 이를 거론하는 것은 채응규가 진짜 유유라는 강력한 증거일 것이다. 채응규가 '형은 기억하십니까?'라고 물었던 것은, 이제의 입을 통해 그것을 사실화하려는 것이었다. 하지만 춘수가 전한 흔개와 유유의 관계는 사실일 수 없다. 왜냐하면 전술한 바와 같이 유유는 성불구자였기 때문이다. 춘수는 유유가 성관계가 불가능한 사람이라는 사실을 몰랐기 때문에 태연히 위와 같은 말을 날조할 수 있었을 것이다.

춘수의 초사가 날조라는 것은 〈이생송원록〉에 실린 이언관의 말로도 거듭 입증할 수 있다. 그는 전혀 다른 방향에서 증거를 통해 춘수의 초사가 날조라는 것을 입증한다.

> 또 춘수는 채응규가 선인(=이제)의 계집종 흔가(=개)와 사통하여 출입한 지 10여 년이라고 하였습니다.
> 유연의 처가와 선인의 집은 담장 하나를 사이에 두고 대문을 나란히 하고 있어, 피차의 비부婢夫는 모르지 않는 사람이 없습니다. 채응규가 이처럼 오랫동안 출입했다면, 마땅히 사칭하는 날 유연의 처가에서 어찌 그가 흔가의 남편임을 알아보지 못하였겠습니까? 하물며 흔가는 명장茗張이라는 유연의 노비에게 시집가서 그 처가 되어 젊어서부터 해로했습니다. 채응규가 사통하려 해도 그럴 틈이 없었을 것입니다.[9]

이언용이 말하는 흔가는 곧 위의 흔개다. 여기서 더욱 흥미로운 것은, 위의 〈이생송원록〉의 자료에 의하면, 춘수의 원래 초사에서 채응규(=유유)가 이제의 계집종 흔개와 성관계를 가지고 10년을 출입한 것으로 말하는 부분이다. 아마도 춘수의 원래 초사는 이제와 채응규가 아주 오랫동안 알던 사이라는 것을 말하기 위해 채응규와 흔개의 성관계를 말하고 채응규가 이제의 집에 10년을 출입했다고 말했을 것이다. 이것은 아주 미묘한 부분이다. 〈유연전〉의 춘수의 초사에 의하면, 이제와 채응규는 유유가 흔개와 성관계를 가졌던 일이 있는 것으로 설정하고 있다. 하지만 위의 〈이생송원록〉에 실린 바에 의하면, 흔가와 성관계를 10년 동안 했던 사람은 유유가 아니라 채응규다. 춘수의 이 공초가 어떤 맥락에서 나온 것인지는 알 수 없으나, 원래 채응규가 10년 동안 흔개와 성관계를 가졌다고 증언한 것이, 〈유연전〉에는 유유가 성관계를 가진 것처럼 바뀌어 있는 것이다. 〈유연전〉의 초사는 신뢰성이 현저히 떨어질 수밖에 없다.

채응규와 성관계가 있었다는 흔개는 유연의 노비와 결혼한 사이다. 뿐만 아니라 유연의 처가는 이제의 집과 담장을 나란히 하고 있기 때문에 양가의 비복婢僕들은 서로 아는 사이다. 따라서 채응규가 10년을 출입했다면 채응규가 유유 행세를 하며 나타났을 때 그를 알아보지 못할 리가 없다. 요컨대 춘수의 공초는 날조일 수밖에 없는 것이다. 이언용은 "흔개가 주안상을 가지고 오도록 밀약했고 심륭의 의심이 얼음처럼 녹게 했다"란 춘수의 초사는 원래 춘수의 초사에 없던 것이고, 이와 같은 오류는 유연의 아내 이씨에 의해 만들어진 것이라고 지적했다.[10]

(5)는 심륭이 이제와 채응규의 계획에 따라 채응규가 진짜 유유임을 믿게 되는 과정의 일부다. 이 과정의 존재 자체가 이미 부정되었으므로 심륭이 이제의 계획에 따라 채응규를 진짜 유유라고 믿게 되었다는 설은 성립하지 않는다. 다만 심륭과 토지 문제는 여기서 다시 거론할 필요가 있다. 〈유연전〉은 유연의 백숙모 유씨가 '전해줄 자식이 없다면 다시 유씨 집안으로 돌려주어야 한다'는 단서를 붙여 심륭

의 아내에게 주었다고 한다. 심륭은 이 토지를 다시 유연에게 건네주는 것을 싫어해서 유연을 죽이는 음모에 가담했다는 것이다. 하지만 심륭은 단지 유연이 채응규를 이제의 집에서 만났을 때 채응규를 유유라고 인정한 사실이 있을 뿐이다. 이후 심륭은 유연을 만난 적이 없다. 심륭은 채응규가 도망하고 유연이 서울로 압송되어 사형을 당할 것을 전혀 예상하지 못했다. 토지를 돌려주는 것을 싫어했다고 하더라도, 심륭이 국가권력을 빌려 유연을 죽일 계획을 세운다는 것은 애당초 성립할 수 없다. 대구에서 올린 문건을 액면 그대로 받아들인다면, 백숙모 유씨의 토지에 대한 문건은 이미 유연으로 소유권이 이전된 것이 분명하다. 왜냐하면 유연은 유언을 담은 편지에서 그 토지문서를 관에 고하고 폐기하라고 말하고 있기 때문이다. 심륭이 채응규를 진짜 유유로 인정한다 해도 그 토지의 소유권이 이전된다는 필연성은 없다. 요컨대 (5) 역시 날조이다. 그것은 이언용이 지적했듯, 아마도 전문의 오류가 일으킨 것일 터이다.

⑥ 대구로 간 지 얼마 되지 않아 채응규가 체포되었다는 소문을 듣자, 달성이 심승상沈丞相 통원通源에게 편지를 청해 받아 첩에게 주어 대구부사 박응천에게 가져다주게 했습니다. 또 그의 말과 노비를 주었고, 심륭 역시 장악원 악관으로 있는 그의 족형族兄에게 부탁해 영인伶人 한 사람을 얻어 첩을 따라가게 하였습니다.[11]

춘수의 말을 알기 쉽게 풀어 쓰면 다음과 같다. 춘수는 유연이 대구로 돌아간 지 얼마 되지 않아 채응규가 체포되었다는 소문을 듣는다. 그 소문은 당연히 이제도 들었을 것이고(춘수의 말이 모두 사실이라고 가정한다면, 춘수는 이제를 통해서 들었을 것이다), 이제는 심통원에게 부탁해 편지를 받아내고 춘수에게 그것을 주어서 대구부사 박응천에게 전하게 했다. 이제는 심통원에게서 받아낸 편지를 춘수에게 주고 또 자신의 말과 노비도 준다. 심륭 역시 장악원 관원으로 재직 중인 자신의 족형에게 부탁해서 악공 한 사람을 대구로 가는 춘수에게 붙여준다.

춘수는 대구에서 채응규가 체포되었다는 소문을 듣고 이제가 제공하는 말을 타고 대구로 떠났다. 서울에서 대구까지는 열흘 일정이다. 그런데 유연이 서울을 떠난 것은 1월 17일이었다. 곧 1월 27일경 대구에 도착했을 것인데, 유연은 도착하는 날 즉시 채응규를 대구부의 감옥에 수감했을 것이다. 채응규의 투옥 소식이 즉시 서울로 전해졌다 하더라도 적어도 열흘 후나 되어야 하며 어림잡아도 2월 7일 이후다. 여기에 춘수의 말처럼 이제가 그 소식을 듣고 심통원에게 편지 부탁을 하고 심통원이 답을 써주고 심륭이 장악원 영인을 구해주고 하는 시간을 고려한다면, 2월 7일 이후로부터 며칠 뒤에 서울을 떠나 대구로 갈 수 있었을 것이다. 아마도 춘수는 아무리 빨라도 2월 10일 이후에야 서울을 떠날 수 있었을 거라 짐작할 수 있다.

하지만 1564년의 초사에서 춘수는 유연이 서울을 떠난 1월 17일로부터 불과 닷새 뒤인 22일에 서울을 떠났다고 말했고, 여러 사람의 공사도 모두 일치한다. 따라서 유연과 채응규가 '대구로 간 지 얼마 되지 않아' 채응규가 체포되었다는 소식을 듣고 대구로 갔다는 춘수의 진술은 날조다. 날짜가 맞지 않을 뿐만 아니라, 자신이 대구로 내려가게 된 이유까지 날조한 것이다.

한편 이언용은 이제와 심통원과의 관계가 편지를 청탁할 수 없는 관계임을 지적한다.

> 선인은 심상沈相(심통원)과 비록 사는 곳이 그리 멀지는 않지만, 선
> 인은 교유를 좋아하지 않았고, 또 간알干謁을 한 적도 없기 때문에
> 애당초 친분이 없었습니다. 또 숙혐宿嫌이 있습니다. 이것은 이웃이
> 모두 아는 바입니다. 어떻게 그 청탁을 들어줄 수 있었겠습니까? 이
> 또한 망령된 것입니다.[12]

이언용은 이제가 심통원과 서로 사는 곳이 먼 것은 아니었지만, 적
극적으로 친교를 나눈 사이는 또 아니었다고 말한다. 친분이 없었던
것은 물론이고 도리어 숙혐, 곧 오래 묵은 갈등이 있었던 것은 주변에
서 모두 알고 있는 사실이라고 주장한다. 따라서 이제가 심통원에게
부탁하고 심통원이 그 부탁을 들어준다는 것은 있을 수 없는 일이라
는 것이다.

만약 심통원이 이제의 부탁을 듣고 박응천에 편지를 보낸 것이 사
실이라고 하자. 그렇다면 그 편지의 내용은 무엇이었을까? 〈유연전〉
에 의하면, 대구부사 박응천은 채응규를 가짜라고 판단했다. 이제는
채응규로 하여금 진짜 유유 행세를 하게 교사했으니, 심통원의 편지
란 당연히 박응천에게 채응규가 진짜 유유라고 말하는 것이었을 터
이다. 심통원은 또 1564년 삼성추국에서 유연이 형을 죽인 살해범이
라면서 기와 조각으로 입을 치게 하기도 했다. 삼성추국에서의 일은
문제가 되지 않을지 모르지만, 전자 곧 심통원이 이제의 부탁으로 채
응규가 진짜라는 내용의 편지를 박응천에게 보낸 것이 사실이라면,
그것은 1579년의 재조사 때 문제가 되지 않을 수 없었다. 심통원이

208

이제의 공범이 되기 때문이다. 하지만 위의 춘수의 공초를 제외하면 재조사 때 심통원의 이름은 전혀 거론되지 않는다. 이 역시 날조일 것이다.

(7) 대구에 이르렀더니 채응규는 박석의 집에 구금되어 있었습니다. 사흘 뒤 밤중에 갑자기 누군가가 문을 두드렸습니다. 채응규가 일어나 나가 보고는 편지를 가지고 들어오면서 그 편지를 가지고 온 사람을 돌아보면서 "나 또한 이렇게 계획을 세울 테니, 너는 급히 돌아가는 것이 좋겠다"라고 하였습니다.

첩(=춘수)이 누구냐고 물으니, 채응규는 '달성(=이제) 집안의 노비'라고 답했습니다. 편지에 쓰인 말을 물어보니, "편지에 '일이 이미 탄로가 났다. 너는 무엇을 하려는 거냐? 급히 달아나거라' 한다"라고 하였습니다.

첩이 "네 마음대로 달아나면 나를 어디에 두려는 것이냐?"라고 하자, 채응규가 꾸짖고 말을 못하게 하며 "어리석은 여편네야, 만약 뜻밖의 일이 일어나거든 너는 그냥 모른다고만 해라"라고 하였습니다.[13]

앞서 말했듯 유연이 서울을 떠난 것은 1월 17일이었고, 약 열흘 뒤인 1월 27일경 대구에 도착했다. 춘수는 5일 뒤인 22일 서울을 떠나 열흘 뒤인 2월 2일경에 대구에 도착했고, 그때 이미 채응규는 감옥에 갇혀 있었다. 춘수는 채응규가 박석의 집에 보방된 지 3일 뒤에 이제가 보낸 종이 왔다고 말하고 있지만, 이 역시 사실에 부합하지 않는다. 대구에서 채응규가 옥에 갇힌 소식이 서울로 알려지고 다시 서울에서 이제가 종을 보내고 하는 기간은 적어도 20일 이상이 걸린다. 이제의 종이 왔다면 그것은 2월 중순 이후다. 하지만 춘수가 이제의 종이 왔다고 하는 날짜는 2월 초순이다.

춘수가 이제가 채응규에게 종을 시켜서 편지를 보냈고, 그 편지에 '일이 탄로가 났다'고 말한 것은, 그를 채응규의 교사자로 만들기 위해서다. 실제 서울에 있는 이제는 대구에서 채응규의 사기극이 탄로난 사실을 알 수 없었고, 그가 박석의 집에 구금되어 있다는 사실도 알 수 없었다. 이 부분은 완전한 날조다.

> (8) 그때 첩은 용인현龍仁縣에 이르렀는데, 점주店主인 늙은 할미가 이경억의 편지를 전해 주었습니다. 그 편지에는 "지금 유연이 형을 죽인 죄로 조사를 받고 있고, 아버지도 역시 마땅히 대옥對獄하셔야 할 것이니, 너는 마땅히 말을 맞추어 다른 점이 없도록 해야 할 것이다"라고 하였습니다.[14]

춘수는 이제가 자신에게 편지를 보내어 유연이 형을 죽인 죄로 조사를 받고 있음을 알리면서 자신과 말을 맞추어 진술할 것을 지시했다고 말한다. '용인현에 이르렀을 때'라는 것은 춘수가 대구에서 삼성추국에서 조사를 받기 위해 서울로 가던 중 서울 바로 아래의 경기도 용인현에 이르렀을 때라는 의미다. 곧 서울 근처에 춘수가 도착했을 때 이제가 채응규의 사기극이 '유연이 형을 죽인 사건'으로 전환되었으니, 거기에 맞추어 공초를 바치라고 지시했다는 것이다. 춘수의 이 진술 역시 이제가 전체 사건의 기획자라는 것을 강하게 시사하는 것이다. 하지만 이 역시 사실이 아니다. 이 부분에 대해서는 이언용의 말을 들어보는 것이 좋을 것이다. 이언용은 〈이생송원록〉에서 전술한 이제의 종이 밤에 박석의 집을 찾아와 일이 탄로났으니 달아나야 한다는 이제의 지시를 전해준 일과 바로 위의 용인현에서 서로 말을 맞추어야 한다고 지시하는 이경억의 편지에 대해 이렇게 비판했다.

> 〈유연전〉은 또 "밤에 박석의 집을 두드려 일이 탄로가 났으니 달아나야 할 것이라고 알려주었고, 용인 점주의 늙은 할미가 편지를 전해주면 말을 맞추라고 가르쳐주었다"고 했는데, 일의 탄로 여부로 말하자면, 채응규가 스스로 알고 스스로 달아난 것이고, 선인의 천리통千里通을 기다릴 것이 없습니다.
>
> 채응규를 도망한 것으로 여긴다면, 춘수를 의당 끝까지 심문할 것이므로 유연이 형을 죽였다는 것을 입증하기 위해 춘수는 스스로 힘을 다 쏟아야 할 것이니, 또한 우리 집에서 편지를 전해줄 것을 기다리지 않았을 것입니다.
>
> 게다가 한밤중에 문을 두드렸다고 하는 것은 종적이 황당합니다. 죄수를 살피고 잡아올 때면 이목이 아주 많습니다. 혹시라도 사람들이 지적하거나 인지하게 되면, 닥칠 화는 예측할 수 없습니다. 선인이 비록 처음에 더불어 동모했다 하더라도 반드시 이런 일은 하지 않을 것입니다. 이 모두 생각하지 않은 말이고 전문傳聞의 오류입니다. 그리고 원래의 초사에는 없는 말입니다.[15]

채응규가 달아난 것은 스스로 느낀 위기감 때문에 달아난 것이지, 굳이 이제의 지시를 기다릴 필요도 없었을 것이라는 논리다. 아울러 춘수 역시 용인현에서 말을 맞추어야 한다는 이제의 지시를 받았다고 하지만, 춘수 역시 자신이 범죄에서 벗어나기 위해 유연을 유유의 살해범으로 모는 수밖에 다른 방도가 없었을 것이라는 것이다. 여기에 이언용이 덧붙인 '천리통'이란 표현은 앞서 지적한 바 있다시피 날짜가 맞지 않는다는 것을 의미한다. 또한 박석의 집을 이제의 종이 두드렸다는 것 역시 죄수를 수감하는 환경에서는 상식적으로 있을 수 없다는 것이다.

> (9) 옥사가 마무리된 뒤 첩은 해서 지방을 떠돌며 살았습니다. 하루는 이경억이 사람을 급히 보내어 말을 전하기를, '나는 지금 너의 남편을 거두어 데리고 있다. 남편 역시 마음속으로 너를 보고 싶어 하니, 너는 와서 만나야 할 것이야' 하였습니다. 첩이 여러 숙부들에게 의견을 물었더니, 숙부가 그 사람을 꾸짖어 물리쳤습니다.[16]

유연이 죽고 사건이 일단 마무리된 뒤 춘수가 황해도 지방을 떠돌며 살 때 이경억이 사람을 보내어 자신이 채응규를 데리고 있고, 채응규가 춘수를 만나고 싶어 한다면서 응할지의 여부를 물었다는 것이다. 이경억은 이제의 아들이다. 춘수의 말이 사실이라면 사실상 이제가 채응규를 데리고 있는 것이 된다. 그런데 유연이 유유를 죽인 혐의로 사형을 당한 뒤 가짜 유유(=채응규)가 생존해 있고, 그를 이제가 보호하고 있다는 사실이 외부로 알려질 경우, 이제가 사건의 전체 기획자이자 진범임을 입증하는 결정적인 증거가 될 것이다. 이제가 그렇게 위험한 일을 했을 것인가. 또 이경억이 채응규를 보호하고 있었다는 춘수의 증언이 사실이라면, 그 부동의 증거는 왜 이제가 범인임을 입증하는 데 사용되지 않았던 것인가. 춘수의 이 공초 역시 이제를 사건의 기획자이자 진범임을 주장하기 위해 날조된 것이다. 이언용이 "이 모두 생각하지 않은 말이고 전문(傳聞)의 오류이며, 원래의 초사에는 없는 말"[17]이라고 하는 지적이 타당할 것이다.

> (10) 반년이 지난 뒤 백씨가 말을 보내 경(정)백을 양자로 삼고 싶다고 했지만, 첩은 허락하지 않았습니다. 뒤에 이제를 만났더니 그가 "길에서 들으니 많은 사람이 유연의 옥사가 의심스럽다고 하더라. 또 채응규가 달아나 지금도 살아 있다는 말도 하더라. 일이 장차 어떻게 될지 헤아리기 어렵다. 네가 만약 경백이 양자로 가는 것을 허락하지 않으면 사람들의 의혹만 더 키울 뿐이다"라고 하면서 첩에게 경백을 보내는 것을 허락하라고 권했습니다. 공초한 바는 사실입니다.[18]

백씨가 채응규의 아들 채경(정)백을 양자로 키운 것은 사실이므로, 백씨가 춘수에게 요청한 것 역시 사실이다. 1579년 채응규가 장련에서 체포되고 춘수가 해주에서 체포되었다는 것은 이들 사기꾼 부부가 유유 사건 종결 이후 황해도를 거주지로 삼았다는 것이다. 백씨가 춘수에게 사람을 보냈다는 것은, 이들의 거주지를 정확하게 알고 있었다는 의미다. 춘수는 (9)에서 이제의 아들이 채응규를 보호하고 있다고 말한 것을 계기로 채응규의 거주지를 알게 된 것처럼 말하고 있지만, 그것은 당연히 사실이 아닐 터이다. 채응규가 장련에서, 춘수가 해주에서 체포된 것은, 두 사람이 다른 거주지에서 살고 있었다는 뜻이 아니다. 체포령이 떨어지자 각각 다른 곳으로 달아났다가 잡혔던 것으로 보아야 할 것이다.

백씨가 채경백의 입양을 제안한 것은 백씨와 채응규·춘수가 공모 관계에 있었던 것을 강력하게 시사한다. 백씨의 제안을 받아들이는 것은, 친자식을 혈연관계가 전혀 없는 남에게 넘겨준다는 점에서 춘수로서는 대단히 고통스러운 일이다. 보통 사족가의 양자와는 판이하게 다르다. 아울러 그것은 이미 종결된 사건이 다시 시작될 수도 있는 씨앗을 던진다는 점에서 매우 위험한 일이기도 했다. 춘수가 처음 제안을 거절했던 것은 바로 이 때문이었을 것이다. 하지만 수락할 경우, 비록 서자이기는 하지만 자신의 자식을 사족가의 유일한 승계자로 만든다는 점이 충분히 매력적인 제안이었을 것이다. 채경백이 성년이 되면 당연히 경제적 이익을 볼 수 있을 것이다. 이것이 춘수가 제안을 수용한 이유일 것이다.

그런데 춘수는 자신이 채경백을 양자로 보낸 것이 이제의 말을 따른 것이라고 말한다. 하지만 춘수가 이제를 만난 상황은 특정되어 있지 않다. 이제가 춘수를 찾아온 것인지, 아니면 춘수가 이제를 찾아간 것인지, 언제 어디서 무슨 이유로 두 사람이 만났는지 전혀 말하지 않는다. 합리적으로 해석하자면 춘수는 이 난감한 문제를 해결하기 위해 이제를 찾아갔다고 할 수 있을 것이다. 하지만 실제 채경백의 입양 여부를 결정하는 데 있어 중요한 사람은 채경백의 생부인 채응규다. 춘수는 당연히 채응규와 입양 여부를 의논했을 것이다. 이제를 만났더니, 채경백을 입양하라고 했다는 문장에서 이제 대신 채응규를 넣으면 아마도 실재했던 상황이 될 것이다.

이상에서 살핀 바와 같이 춘수의 공초는 허다한 문제를 안고 있었다. 공초의 한 부분의 진술이 진실이라고 하더라도, 그것이 다른 부분의 진술과 충돌하거나 모순을 일으킨다면, 그 공초 전체는 일관성을 잃고 따라서 신뢰성을 상실한다. 일관성과 신뢰성을 상실한 공초로 이제의 범죄를 확정하기란 원천적으로 불가능한 것이다. 춘수의 공초가 이제를 범죄자로 만들고자 하는 의도에서 제출된 것임은 더 이상 말할 필요가 없을 것이다.

이제는 춘수가 씌운 혐의를 인정하지 않았고 고문 끝에 옥중에서 죽었다.[19] 유연은 고문으로 인한 고통을 참지 못하여 죄를 인정했지만, 이제는 끝내 인정하지 않고 결국 장형杖刑으로 사망했던 것이다. 죄를 인정해도 역시 사형에 처해질 것이었으니 이제의 입장에서는 끝까지 죄를 인정하지 않고 장형으로 죽는 것이 차라리 나았을지도 모를 일이다. 하지만 춘수의 초사에 의거해 이제는 유연 집안의 재산을 빼앗기 위해 채응규를 교사하고 결과적으로 유연을 죽음으로 몰아넣은 악인이 되었다. 《선조실록》은 유연의 옥사를 총평하는 기사에서 이제에 대해 "다른 사람을 거짓으로 데려다가 유유라고 꾸미고, 유연을 형을 시해한 죄에 빠지게 했다"고 결론을 내렸다.[20] 모든 범죄는 이제가 채응규를 교사해서 가짜 유유로 행세하게 한 기획에서 비롯되었다는 것이었다. 이자첨으로부터 유유(=채응규)가 나타났다는 소식을 유연에게 알린 것이 그가 한 일의 전부였으나, 그는 결국 더할 수 없는 악인이 되고 만 것이었다.

이제가 범인이라면 심륭은 종범이었다. 하지만 심륭은 공식적인 처벌을 받지 않았다. 심륭 역시 자신에게 씌워진 범죄 혐의를 완강하게 부정했을 것이다. 그것이 심륭이 처벌을 면한 이유였을 것이다. 또 이제가 죽은 이상 심륭을 신문하는 것은 별 의미가 없기도 했을 것이다. 춘수는 교형絞刑에 처해졌다. 그것은 과중한 처벌이었다. 사기극을 벌인 주체는 채응규였다. 또 유연을 무고한 사람은 백씨였지 춘수가 아니었다. 어떤 처벌이 춘수에게 마땅한 것이었는지 알 수 없지만, 적어도 그의 목숨을 빼앗은 것은 지나친 것이라고 말할 수 있다. 유유는 아버지 유예원의 상喪에 달려오지 않은 죄로 평안도 용강에 귀양을 가야 했다. 《대명률》에 의하면 부모의 상喪을 숨기는 자는 장杖 60대, 도徒 1년에 처해지는데,[21] 유유는 그보다 엄하게 처벌을 받은 것이었다. 귀양살이가 끝나고 유유는 고향 대구로 돌아가 2년 만에 죽었다. 하지만 백씨와는 전혀 왕래가 없었고, 소식을 주고받는 일도 없었다. 사건은 이제 한 사람을 악인으로 만듦으로써 종결되었다.

마지막으로 덧붙이자면, 가장 억울한 사람은 몽합과 김석이었다. 오직 유연만이 동정과 연민의 대상이었을 뿐, 그 누구도 노비인 몽합과 김석의 억울함을 말하지 않았다. 유연은 자신의 억울함을 하소연할 기회라도 있었지만 몽합과 김석은 그럴 기회조차 없었다. 사족사회는 유연을 죽인 데 대한 미안함의 표시로 〈유연전〉을 써서 유연을 기억하려 했지만, 몽합과 김석에 대해서는 그 누구도 기억하는 말을 남기지 않았다. 유연의 아내 이씨는 유연의 억울함을 풀기 위해 재물을 써서 채응규와 춘수를 추적했지만, 몽합과 김석의 아내는 누구인지도 모르며 또 그들은 자신의 원통함을 풀 길이 없었을 것이다. 노비의 억울함 따위는 사족사회가 지배하는 세상에서는 아무것도 아니었을 것이다.

1564년 유연과 그의 노비 김석과 몽합이 죽임을 당했다. 억울한 죽음이었다. 1579년에도 세 사람이 죽었다. 채응규는 자살했고, 춘수는 교형에 처해졌고 이제는 고문으로 죽었다. 전후로 모두 6명이 죽었다. 1564년 채응규가 달아나는 것으로 사건이 끝이 났다면, 결과는 완전히 달라졌을 것이다. 사건이 걷잡을 수 없이 확대된 것은 백씨의 고소 때문이었다. 백씨의 고소가 중요한 계기이기는 했어도, 이 사건에서는 그것만으로 6명이 목숨을 잃은 것은 아니었다. 채응규가 달아났을 때 춘수를 제대로 조사했더라면, 백씨의 고소 뒤에도 살인이 정말 이루어졌는지, 이루어졌다면 어떻게 이루어졌는지를 엄밀하게 조사했더라면, 상황은 완전히 달라졌을 것이다. 하지만 아무도 춘수를 조사해야 한다고 말하지 않았다.

백씨가 유연을 고소한 시점으로부터 투옥, 현풍으로의 이감, 서울 의금부로의 이관, 삼성추국 등을 거쳐 유연이 처형되기까지 걸린 시

24

사법장치
오작동의 이유

간은 약 50일이었다. 사건이 굉장히 조급하게 처리되었다는 것이다. 왜 유연을 처형하는 데 이렇게도 조급했던 것인가. 백씨의 고소 이후 사건의 성격이 바뀐 것에 주목해보자. 고소 이전 대구부에서는 채응규가 진짜 유유인지 아닌지를 가리고 있었다. 곧 사기사건을 다루고 있었던 것이다. 하지만 백씨의 고소 이후 사건은 동생이 적장자의 지위와 형의 재산을 빼앗기 위해 형을 살해한 살인사건이 되었다. 그것은 사족체제의 이데올로기적 근거인 유교적 가부장제, 나아가 종법적 질서를 근저에서 파괴한 것이었다. 그것은 사족사회의 분노를 일으키기에 충분한 것이었다.

박계현이 대사간에 임명되자 즉시 유연의 체포와 처벌을 요청했던 것은, 바로 그 분노의 표현이었다. 그는 이 사건을 '아우가 형의 자리를 빼앗아 재물을 독차지하려고 한 것' 곧 동생이 적장자의 지위와 형의 재산을 차지하려 한 것을 사건의 본질로 보았다. 박계현이 사건의 본질적 성격을 '유교적 가부장제'와 '종법적 질서'의 파괴로 정의하자, 누구도 이의를 제기할 수 없었다. 이의 제기는 필연적으로 가부장적 질서를 파괴한 자에게 동조한다는 의심을 받을 수 있었기 때문이었다.

유연이 고문을 견디지 못하고 거짓 자백을 한 뒤 자신이 죽은 뒤 진짜 유유가 나타나면 추관이 아무리 후회한들 나의 목숨을 살릴 수 없을 것이라고 항의하자, 위관 심통원이 기와 조각으로 유연을 입을 치게 했던 것 역시 유연이 가부장적 질서를 파괴한 것에 대한 극도의 분노감의 표현이었던 것이다. 이것은 소수의 예외적인 생각이 아니었다. 유연이 살인을 통해 가부장적 질서를 파괴했다는 것은 당시 사족들이 공유한 생각이었다. 이시발에 의하면, 유연이 사형을 당한 뒤 당시의 추관과 조정의 사대부들은 형을 죽인 놈을 잡아 법대로 처결했다고 하여 서로 축하하는 말을 했고, 한 사람도 유연의 억울함을 말하는 사람이 없었을 뿐만 아니라, 진실을 알고 유연의 죄를 벗겨주려 하는 사람이 있으면 모두 같이 배격했다는 것이다.[1] 곧 가부장적 질서를 파괴한 자는 국가권력을 동원해 죽음으로 징치하는 것이 정당한 법집행이란 판단을 공유하고 있었던 것이다. 더욱이 1564년으로부터 머지 않던 1518년 국가는 《이륜행실도》를 간행하여 형제간의 윤리의식을 강화하고자 하였다. 비록 이 책자의 간행을 주도했던 기묘사림은 실각했지만, 그들이 표방한 윤리에 입각한 통치라는 명분은 여전히 유효했다. 이런 상황에서 형을 죽이고 적장자의 지위와 재산을 빼앗은 유연은 서둘러 처벌하지 않을 수 없었던 범죄자였다.

1579년 사건의 후반부가 시작되었다. 유유는 살아 있었고 채응규가 사기극을 벌인 것이 확인되었다. 유연은 종법적 질서를 파괴한 사람이 아니었다. 그는 억울하기 짝이 없는 죽음을 당한 것이었다. 사법장치의 모순과 그 집행 과정의 비합리성·잔혹성이 여지 없이 드러났다. 당연히 문제가 제기되었다. 유연의 억울한 죽음에 대해 책임을 묻고 사건의 실체를 알아내야만 하였다. 사법장치를 근본적으로 반성하면서 삼성추국의 위관과 추관의 책임을 물어야만 했다.

하지만 그러한 과정은 없었다. 1579년 사건의 재조사 결과를 싣고 있는 《선조실록》은 1564년의 오심誤審에 대해 언급하고 있지만, 그 오심을 이끌어낸 관원에 대해서는 아무런 언급이 없다. 오직 〈유연전〉만 "대관臺官이 또 유연을 국문할 때의 추관 및 낭관을 논죄해야 한다고 하니, 임금이 윤허하였다"[2]라고 하여 당시 삼성추국 때의 추관과 낭관의 죄를 거론했다는 것을 알 수 있다. 하지만 어떤 자료에도 이들이 처벌되어야 한다든가, 혹은 이들이 처벌을 받았다는 말은 전혀 남아 있지 않다. 아마도 문서상으로 경고하는 데 그치고 말았을 것이다. 법을 넘어 유연을 고문했던 삼성추국의 최고 책임자 심통원 역시 아무런 처벌을 받지 않았다. 뒷날 송시열은 〈유연전발〉에서 "심상沈相은 그 뒤 율곡 등 제현諸賢들에게 논박을 받았다고 한다"[3]라고 말했으니, 심통원의 행위를 두고 이이 등의 비판이 있었던 것은 분명하다. 하지만 심통원은 정식으로 조사를 받지도 처벌을 받지도 않았다. 심통원은 선조 즉위년 사림정권이 들어서자 관직을 삭탈당하고 방귀전리放歸田里되었지만, 그것은 권력을 통한 부패 때문이었지[4] 유유 사건과는 아무 관계가 없었다. 또 그는 1572년에 사망했으니, 1579년 사건의 재조사 자체를 볼 수가 없었다.

　실패한 사법장치가 유연의 죽음에 어떤 책임도 지지 않았다면, 아니 질 수 없었다면 사건의 실체를 정확히 밝히려는 노력은 있었던가. 그것도 아니었다. 사건의 실체를 알기 위해서는 다시 조사가 이루어져야만 했다. 사건에 관련된 사람들을 다시 소환하거나 새로 소환해야만 했다. 하지만 정작 다시 조사를 받은 사람은 이제와 심륭, 김백천, 춘수에 불과하였다. 백씨와 영수, 김헌, 채경(정)백은 조사를 받아야만 할 사람이었으나 조사를 받지 않았다. 1564년 정확한 조사를 회피하고 유연을 악인으로 몰아 사건을 간단히 해결했듯, 국가의 사법시스템은 1579년에도 조사의 범위를 좁히고 사건을 축소하려는 의도를 갖고 있었던 것으로 보인다. 곧 1564년에 유연을 악인으로 만들어 사건을 성급하게 덮으려 했던 것처럼 1579년에는 이제를 악인으로 만들어 동일한 효과를 얻고자 했던 것이다. 이언관은 이에 대해 이렇게 항변한다.

대저 색랑色郎은 선인(=이제)에게 미움과 원한이 있는 것이 아니었습니다. 유연의 원통한 죽음을 한스럽게 여겨 그 노여움을 선인에게 옮긴 것에 지나지 않습니다. 그 기교를 마음대로 부려 심지어 죄수를 꼬드겨 선인을 끌어들여, 앞서는 유연을 원통하게 죽게 만들더니, 뒤에는 선인이 다시 원통한 일을 당하게 만들었습니다. 십 년 사이에 두 사람을 원통하게 죽였으니, 그 마음씀이 또한 그릇된 것이 아닙니까?[5]

이제를 악인으로 만든 것은, 곧 유연을 죽였던 사람들과 국가 사법시스템의 과오를 덮어버리는 방법이었던 것이다. 이제는 곧 그 희생양이었던 셈이다.

1579년에도 국가의 사법시스템이 오작동한 보다 근원적인 이유는 무엇이었을까? 단순히 자신들의 오류를 덮고자 해서였던가. 그것은 혹 백씨와 관계가 있지 않을까? 백씨가 채응규와 성관계를 가졌던 사이라는 소문이 퍼져 있었음에도 1579년에 백씨를 조사해야 한다는 여론이 없었다는 것, 아니 보다 정확히 말하자면 여론의 존재를 확인할 수 없다는 것은 상식적으로 납득하기 어려운 일이다. 백씨야말로 죽은 채응규와 더불어 사건의 진실을 알 수 있는 사람이었다. 백씨를 의심할 만한 정황 증거는 차고 넘쳤다. 채응규는 자신이 진짜 유유임을 입증하기 위해 백씨의 월경으로 인해 첫날밤의 성관계가 불가능했고, 또 백씨의 성기 가까운 곳에 그 '검은 점'이 있다고 말했다. 이에 백씨는 기다렸다는 듯 사실이라고 확인해주었다. 이를 알 수 있는 길은, 직접적인 성관계와 그에 준하는 친밀한 사이에서의 밀약뿐이다. 아마도 이 두 가지는 겹쳐 있을 것이다. 이 경우 전체 음모의 설계자

222

는 백씨와 채응규가 된다.

전술한 바와 같이 이언용이 전한 백씨와 채응규가 사통한 사이라는 소문은 근거가 없는 것이 아니라, 합리적 추론의 결과였던 것이다. 만약 1579년 사건의 재조사를 맡았던 추관들이 합리적 의심의 수준에서 백씨를 조사했다면, 사건의 실체에 훨씬 더 가깝게 접근할 수 있었을 것이다. 하지만 〈유연전〉에 의하면, 백씨는 유유가 조사를 받고 있는데, 백씨가 대구에 그냥 있는 것은 옳지 않다는 조정 여론에 따라 서울에 올라와서 잠시 머물렀을 뿐이고 조사를 받은 일은 없었다. 이것은 백씨를 조사해야 한다는 일반 여론을 의식해 백씨를 서울에 잠시 옮겨놓은 것이라 보아야 할 것이다. 요컨대 백씨를 조사에 끌어들이지 않고자 하는 암묵적 분위기가 조성되어 있었던 것이고, 그에 따라 사법기관에서는 의도적으로 백씨에 대한 조사를 회피하고 있었던 것으로 보인다.

왜 백씨를 조사하지 않으려 했을까? 이항복은 〈유연전〉에서 유유가 성불구자란 사실이 백씨의 입에서 나왔다고 암시하였다. 특히 "아내를 맞이한 지 3년이 넘었지만 아들이 없어 아버지가 업이 박하다며 나무라고 슬하에 가까이 오지 못하게 하셨습니다"라고 한 1579년 유유의 공초로 인해 1579년 사건의 조사에 참여했던 사람들은 문제의 씨앗이 유유가 성불구자란 사실에 있음을 인지했을 것이다. 만약 채응규와 백씨의 공모관계를 알아내기 위해 백씨를 추궁할 경우, 사건은 성性의 문제로 비약할 수 있었다.

백씨의 입에서 유유가 성불구자인 것이 그의 가출 동기였음이 밝혀진다면, 그것은 또 다른 문제를 야기할 것이었다. 그것은 '남성이 생물학적인 차원에서 성적 역할을 수행하지 못할 경우 어떻게 처리할 것인가?'라는 문제를 제기할 것이었다. 그것은 단순한 추문이 아니라 남성의 '성적 무능력'이란 문제를 사회적 차원으로 끌어낸다는 것을 의미하는 것이었다. 여성에 대한 남성권력의 일방적 관철을 요구하는 가부장제에서 후사를 얻을 수 없는 남성의 불임, 곧 남성의 성적 무능력은 은폐되어야 마땅한 것이었고 언어화하여 사회적인 문제가 될 수 없는 것이었다. 특히 그것은 여성의 입으로 나와서 사회적 문제가 될 수 없었다.

백씨를 조사하지 않고 백씨에 대해 언급을 기피한 데는 가부장제 하에서 남성의 성적 무능력을 덮으려는 의도가 있었던 것으로 짐작할 수 있다.

문학의 함정

이 놀라운 사건을 기록으로 남기는 사람들이 있었다. 유유가 살아 있다는 것을 알려 재조사의 계기를 마련했던 윤국형은 자신의 수필집 《문소만록》에서 사건을 간단하게 재구성하였다. 하지만 윤국형은 자신이 재조사의 계기를 마련했다는 것과 유연의 억울한 죽음에 대해서만 간단히 썼을 뿐, 그 억울한 죽음이 어디서 비롯되었는지에 대해서는 아무런 언급도 남기지 않았다. 채응규와 백씨, 이제는 이름조차 거론하지 않았다. 그는 사건의 재조사를 가능케 했던 자신의 역할을 도드라지게 드러내고 싶었을 것이다.

《문소만록》을 제외한 자료들은 당연히 유연의 억울한 죽음과 사건의 주범에 대해 언급했다. 이 책에서 중요한 자료로 인용했던 권응인의 《송계만록》은 유연의 억울한 죽음을 언급하고 채응규와 이제를 주

25
_____

문학과 은폐의 언어,
〈유연전〉

범으로 지적했다. 그에 의하면 사건의 전체 구조는 이러하였다. 채응규는 평안도에서 유유를 만나 기거를 같이하면서 그에 관한 모든 정보를 흡수한다. 이제는 채응규와 공모하여 채응규로 하여금 유유의 행세를 하게 한 뒤 유연을 죽이고 그의 재산을 반분하고자 했다.[1] 권응인에 의하면 이제는 유연의 재산을 차지하기 위해 채응규를 교사한 것이었으니, 이제가 사건을 총체적으로 기획한 사람이었던 것이다.

고상안의 《효빈잡기》는 사건을 이해하는 데 다양한 자료를 제공했다. 하지만 그가 파악한 사건의 전모 역시 권응인과 다를 바 없었다. 유유는 가출하여 다른 지방에서 채응규와 오랫동안 같이 지냈다. 채응규는 유유의 일기를 훔쳐보고 몰래 이제와 공모하였으니, 그 목적은 유연의 재산을 빼앗아 반분하는 것이었다.[2] 채응규가 주체가 되어 있다는 점에서 뉘앙스가 약간 다르기는 하지만, 그래도 유연의 재산을 빼앗을 목적으로 유연을 불러 채응규를 형으로 여기게 하고 대구로 가게 한 것은 이제다.

권응인은 1564년 채응규의 사기극이 벌어지고 유연이 죽었을 때 이미 성년이었다. 고상안은 1553년생이다. 1564년에는 12세이지만 1579년에는 27세의 성년이었다. 두 사람 모두 사건을 온전히 인지할 수 있었던 것으로 생각된다. 두 사람은 사건에 대한 정보를 달리 취하고 있지만, 사건이 악인 이제에 의한 범죄가 이루어졌다는 판단은 동일하다. 사실 〈이생송원록〉을 제외하면 사건을 언급하고 있는 모든 자료는 이제가 유연의 재산을 빼앗기 위해 채응규와 공모한 것으로 파악했다. 이제를 악인화하고 있는 것이다. 이시발이 남긴 자료는 이제의 악인화가 사실을 무시하면서까지 이루어지고 있었던 상황을 보여주는 적실한 예다. 이시발은 이제가 사건 전체를 기획한 것으로 파악하고 이제와 채응규와의 공모 과정을 대단히 상세하게 서술했다. 그는 유유가 집을 나가서 종적을 감춘 것을 말한 뒤 이제가 채응규와 사건 전체를 기획하고 실행에 옮기는 과정을 소상하게 서술했다.

그 뒤 그의 매서妹婿 종실 달성령(=이제)은 성품과 행실이 패악한 사람이었는데, 일찍이 해주를 여행하다가 처남 유유와 외모가 흡사한 채응규란 자를 보고는 그와 깊이 사귀었다. 하루는 채응규에게 이렇게 말했다.

"너는 모습이 유유와 비슷한데, 유유가 집을 나간 지 오래되었으니, 만약 속이려고 들면 그 집안에서 믿고 의심하지 않을 것이다. 유유의 처를 아내로 맞이하고 그 재산을 차지한 뒤 나의 아들을 후사로 삼으면 매우 이로울 것이다. 내가 마땅히 너를 위해 이 일을 도모하겠다."

채응규가 제안을 허락하자, 즉시 그의 처가에 편지를 보냈다.

"유유가 해주에 와 있는데 내가 만났습니다. 맞이해 돌아가는 것이 좋겠습니다."

유유의 아우 유연이 와서 찬찬히 살펴보니 유유가 아니었다. 하지만 세월이 오래 지났기 때문에 긴가민가했다. 집에 돌아와 거짓임을 깨닫고 관에 고하여 채응규를 가두었다. 채응규는 두려운 나머지 탈옥하여 집으로 돌아갔다.

달성은 죄가 자기에게 미칠까 두려워 법부法府에 고소하였다.

"처남 유연이 그의 형을 찾아 집으로 돌아갔는데, 형의 재산을 탐내어 형을 자신의 진짜 형이 아니라고 거짓말을 하고 관의 감옥에 가두었다가 해치고는 달아났다고 말하고 있습니다. 청컨대 법으로 다스리소서."

법부에서 본도本道에 공문을 보내자, 유연을 가두고 추치推治하였지만, 밝혀낼 수가 없었다. 왕옥王獄(의금부)에 잡아다가 고신하자, 유연은 마침내 무복誣服하였으므로 조율하여 사형에 처했다. 당시 추관과 조정의 사대부들은 모두 형을 시해한 놈을 법대로 처벌했다고 서로 축하하였고, 한 사람도 원통하게 여기는 사람이 없었다. 혹 그 실상을 알고 구해주려는 사람이 있으면 함께 배척하였다.[3]

이시발은 1569년에 태어났으니 유연이 죽은 것은 그가 태어나기 전의 일이다. 1579년 사건의 재조사 때는 11세였다. 그는 권득기보다 한 살이 더 많은데, 권득기의 합리적 의심과는 달리 완전히 다른 방향에서 사건을 재구성했다. 무엇보다 이시발은 처음부터 이제를 악한 사람으로 규정한다.

이시발이 구성한 사건은 사실과 크게 어긋난다. 먼저 지적할 수 있는 것은 유유를 죽였다고 대구부에 고소한 사람을 이제라고 한 것이다. 백씨는 이 사건에서 대단히 중요한 역할을 맡고 있지만, 이시발은 백씨에 대해서는 언급조차 하지 않는다. 당연히 채응규와 백씨의 이상한 관계에 대해서도 침묵한다. 또 이시발은 이제가 채응규를 해주에서 만났다고 말하고 있지만, 그 역시 사실이 아니다. 이시발은 이제가 악인이라는 단 하나의 시각에서 사건을 재구성했다. 여기선 채응규는 다만 이제의 지시에 따라 움직인 것일 뿐이다.

이제의 악인화가 이루어는 과정에서 결정적인 역할을 한 것은 이항복의 〈유연전〉이었다. 거의 모든 자료는 이제가 유유 사건을 기획한 동기가 유연의 재산을 빼앗으려는 것이었다고 말하고 있었으나,

그 구체적 내용은 특정하지 않았다. 그런데 전술한 바와 같이 〈유연전〉은 유연이 대구 감옥에서 썼다는 편지와 춘수의 1579년 초사에서 옮긴 이제의 독백에서 이제가 '물가의 보리밭'과 '처가의 재산'을 탐냈다고 적시하였다. 하지만 토지 소유권은 실제 이전된 적이 없었고, 토지 소유권을 이전하고자 하는 어떤 구체적인 시도도 없었다.

설령 그런 의도가 있었다 해도 그것은 이제의 대뇌 속에 있는 생각이었을 뿐이다. 물론 유연이 대구 감옥에서 쓴 편지는 날조된 것이라는 점에서, 또 1579년 춘수의 초사는 이제를 원범으로 확정하려는 의도하에서 진술된 것이므로 〈유연전〉에 실린 이제의 의도란 신빙성이 전혀 없는 것이었다. 그럼에도 불구하고 〈유연전〉은 이제의 악인화에 결정적인 역할을 한다. 이제가 어떤 유연의 토지를 탈취하려는 의도를 갖고 있었다는 것을 적시함으로써 이항복은 이제가 악인이라는 것을 구체화했던 것이다.

〈유연전〉은 이제가 악인이라는 것을 말하기 위해 그와 배치되는, 혹은 의문을 제기할 수 있는 다른 자료와 증언을 배제하였다. 최초로 채응규를 만난 이자첨의 존재, 백씨의 '월사'와 '검은 점'의 존재는 전혀 언급하지 않았다. 열 살짜리 아이도 가졌던 의문이었으나, 백씨와 채응규의 성관계를 의심하는 소문 역시 취하지 않았다. 1564년 백씨가 유연을 유유의 살해범으로 고소한 뒤 성급하게 이루어진 조사역시 비판하지 않았다. 채응규의 출신에 대해서도, 어떤 직업을 가졌던 인간이었는지에 대해서도 침묵했다. 대구 감옥에서 유연이 아내 이씨에게 보낸 편지는 모순처가 허다했지만 결코 유의해서 챙겨보지 않았다. 〈유연전〉의 모든 언어는 모든 불리한 증거를 배제하고, 오직 이제가 악인임을 말하는 방향으로 정렬하고 있었던 것이다.

230

이항복은 물론 이제가 악인이라고 직설하지는 않았다. 하지만 이제의 죽음에 대한 그의 진술을 보면 이제에 대해 어떻게 생각하고 있었는지 짐작할 수 있을 것이다.

이제가 끝내 정술正術에 승복하지 않고 전인甸人의 경磬을 피할 수 있었던 것이 너무나도 한스럽다.[4]

'전인甸人의 경磬'은 《예기》〈문왕세자편文王世子篇〉의 '공족公族에게 사가 있으면 전인甸人에게 교살絞殺된다'[公族其有死罪則磬于甸人]는 부분에서 인용된 것이다. '경磬'은 교살, 곧 목을 졸라 죽이는 것이다. 이제는 종실이었으니, 공족이었다. 즉 그는 죄를 자복하지 않았기에 교살할 수 없어서 유감이라는 것을 에둘러 말한 것이다. 이제의 부인에도 불구하고 이항복 역시 이제가 재산의 탈취를 위해 모든 범죄를 기획했다는 것을 강력하게 말하고 있었던 것이다.

〈유연전〉을 썼을 당시 이항복은 신뢰감이 높은 인물이었다. 영의정에 오를 때까지의 관료생활에서 그가 보여준 유능함, 정치적 분쟁에서 취한 공평하고 공정한 태도, 임진왜란을 극복하는 데 크게 기여한 공 등이 그 신뢰감의 근거가 되었을 것이다. 이런 이유로 〈유연전〉 역시 진실을 전하는 것으로 비판 없이 수용되었다. 따라서 이항복이 〈유연전〉에서 이제에 대해 내린 평가 역시 에누리 없는 진실로 수용되었을 것이다.

살아남은 〈유연전〉, 사라진 〈유연전 후서〉

1579년 이후 시간은 사람들의 뇌리에서 사건의 기억을 씻어내었다. 사건의 전체적 조망은 오직 〈유연전〉에 기댈 수밖에 없었다. 이항복의 〈유연전〉이 없었다면, 채응규가 벌인 사기극과 유연의 억울한 죽음은 파편적 언어로만 알려져 사건 전체를 조망하기 쉽지 않았을 것이다. 〈유연전〉은 사건의 재구성과 해석에 있어서 유일한 권력이 되었다. 하지만 이제의 아들인 이언관·이언용은 〈유연전〉이 사실로 수용되는 것을 막아야만 했다. 〈유연전〉이 간행되자 이언용은 이항복을 찾아갔고, 가장家藏하고 있는 《추안》을 근거로 하여 이제에 대한 서술에서 〈유연전〉의 오류를 지적했다. 이언용에게 설득된 이항복은 따로 〈유연전 후서〉를 지어 주었다.[5]

이항복이 이언관·이언용에게 〈유연전 후서〉를 써 주었던 것은, 이제가 재산을 노려 음모를 꾸민 악인이 아니었음을, 그리고 사건의 조사에 수많은 문제가 있었던 것을 이항복이 인정했음을 의미한다. 곧 이항복이 〈유연전 후서〉를 써 준 의도를 생각하면, 〈유연전 후서〉는 〈유연전〉과 함께 읽혀야만 마땅하였다. 실제 이언용·이언관 형제는 목판으로 인쇄한 〈유연전 후서〉를 뿌려 읽히게 만들고자 하였다.[6] 하지만 〈유연전〉은 끝내 살아남았고 〈유연전 후서〉와 〈이생송원록〉은 잊혀졌다.

물리적 이유도 다분히 작용했을 것이다. 〈유연전〉은 원래 목판본으로 제작되었다. 1607년 초간본 외에도 1674년 간행본이 있다. 필사본도 1종 남아 있다. 〈유연전〉은 기억에서 사라지기 전 적절한 시간에 다시 간행되었던 것이다. 이항복의 문집인 《백사집》에도 〈유연전〉이

실렸다. 《백사집》은 1629년 강릉에서 초간되고 6년 뒤인 1635년 진주에서 중간되었다. 초간본과 중간본에는 〈유연전〉이 수록되지 않았다. 《백사집》은 1726년 경상도 감영에서 다시 간행되는데, 이때 〈유연전〉이 포함되었다(영영본嶺營本). 영영본이 간행됨으로써 〈유연전〉은 일실되지 않고 다시 널리 읽히게 된 것이었다. 〈유연전 후서〉는 〈유연전〉과의 경쟁에서 패배했던 것이다.

비록 〈유연전 후서〉는 읽히지 않았지만 그것이 주장하는 바가 전파될 가능성이 없는 것은 아니었다. 〈이생송원록〉이 동일한 역할을 할 수 있었던 것이다. 하지만 〈이생송원록〉은 거의 독자를 얻지 못한 것으로 보인다. 〈이생송원록〉이 실린 권득기의 문집 《만회집》은 저자의 사후 80년이 지난 1712년에 목판본으로 경주에서 인쇄되었다. 이후 다시 인쇄된 것은 1977년이었다. 곧 조선시대에는 1712년 한 차례만 인쇄되었던 것이니, 그 유포 범위도 좁을 수밖에 없었던 것이다.

〈유연전〉이 만들어낸 이제의 악인 이미지는 너무나 강력하여 전혀 수정되지 않았다. 김시양金時讓(1581~1643)은 《부계기문涪溪記聞》에서 '오성鰲城(이항복)은 안목이 없는 분이 아닌데, 속고 말았으니, 정말 속은 것인가, 아니면 팔린 것인가?'[7]라는 말로 이항복이 〈유연전 후서〉를 지은 것에 대해 당혹감을 드러내는가 하면 이항복이 이언관 형제의 보복을 두려워하여 〈유연전 후서〉를 써 주었다는 말이 있다고도 하였다.[8] 그러면서 "이항복이 쓴 몇 줄의 뒷말로 인해 이제의 악을 바꿀 수는 없을 것"[9]이라고 주장했다. 김시양은 〈유연전 후서〉가 〈유연전〉에 실린 이제의 악인 이미지를 벗겨내는 것에 대해 심한 당혹감을 느꼈던 것이다. 그가 보기에 이항복이 〈유연전 후서〉를 지은 것은 합리적이거나 도덕적 행위가 아니었다. '재물을 받아먹은 것'('팔린 것'),

'보복을 두려워한 것', '사정을 따른 것' 등의 종잡을 수 없는 말은 그 당혹감을 고스란히 드러낸다.

이항복이 이제에 대해 서술 태도를 바꾼 것은 스스로의 합리적 판단에 의한 것이었고 그것을 읽은 사람은 〈유연전 후서〉에 입각해 사건을 원점에서 다시 구성할 필요가 있었지만, '이제는 악인'이란 선입견은 그것을 가로막았다. 아니 도리어 사건의 재구성을 요구하는 움직임을 적극적으로 배척하기까지 하였다. 김시양은 이렇게 말한다.

> 이제가 죽임을 당한 지 이미 30년이 되었다. 사람들은 모두들 만구일언萬口一言으로 통쾌하게 여기고 있으니, 오성(이항복)의 사정私情을 따른 부정한 글이 이를 덮을 수 있는 것은 아닐 것이다.[10]

〈유연전〉의 작자가 스스로 철회한, 이제가 악인이라는 판단을 김시양은 철회할 수 없다고 힘주어 말한다. 도리어 〈유연전 후서〉를 이항복이 사정私情을 따라 지은 부정한 글이라고 말한다. 이제가 악인이라는 판단에 대한 합리적 의심은 있을 수 없다는 것이었다.

〈유연전〉에 대한 비평문인 〈유연전후柳淵傳後〉에서 유유의 가출이 성적 문제와 관련이 있을 것이라고 말한 바 있는 송시열은 이제에 대해서 한마디 남기는 것을 잊지 않았다. "이제는 왕실의 지친으로서 인지麟趾의 교화를 거스르고 망쳤다. 선조께서 상형祥刑을 굽히지 않고 뭇 사람과 함께 버렸으니, 어찌 다만 주나라에만 선鮮·도度가 있겠는가?"[11]라고 말했다. '인지'는《시경》주남周南에 실려 있는 〈인지지麟之趾〉를 줄인 말이다. 〈인지지〉의 내용은 주 문왕의 여러 훌륭한 자손들의 번성함을 노래한 것이다. 이제가 '인지의 교화'를 거스르고 망쳤다고 한 것은 종실로서 부도덕한 행위를 했다는 의미로, 송시열의 말은 이제를 악인으로 그렸던 〈유연전〉의 시각에 그대로 동의한다는 것을 의미한다.

이익은 《성호사설》에 〈유연전〉이란 항목을 특설해 이항복의 〈유연전〉을 축약해 옮기고, 이언관이 이제의 악을 덮으려 한 것을 김시양이 비판해 밝혔다고 하여 〈유연전 후서〉까지 다루었다.[12] 이익 역시 오직 이항복의 〈유연전〉을 따라 사건의 전모를 파악했던 것이다. 박성양朴 性陽(1809~1890)은 이항복의 〈유연전〉을 압축해서 소개했다. 그는 경상 감사가 대구 감옥에 유연을 수감한 뒤 다시 서울 의금부로 옮겨지는 데까지 서술하고 이어 갑자기 "이제가 종용하여 마침내 유연을 형신한 결과 무복하자 죽였다"[13]라고 말했다. 삼성추국 때 원문에도 없는 유연을 형신하도록 종용한 사람이 이제라는 말을 슬쩍 끼워넣었던 것이다. 이제는 악인이었으므로 그렇게 말을 만들어 끼워넣는 것은 전혀 이상한 일이 아니었던 것이다.

〈유연전〉은 문학이 어떤 기능을 하는가를 여실히 보여주었다. 사건의 본질을 교란하고 가부장제의 모순을 은폐하는 데 문학의 언어가 동원된 것이었다. 20세기 이후 국문학사 연구가 시작되면서 이 사건의 진실에 접근하려는 의도에서가 아니라, 한국문학사에서 소설의 발달사를 규명하기 위해 〈유연전〉은 소설이 되고 말았다. 다시 한번 더 왜곡이 일어난 것이다.

나가며

'매끈한' 조선 사회의 인간상

모든 문제는 유유로부터 시작되었다. 유유는 불임남성이었다. 하지만 그의 문제는 불임에만 있는 것은 아니었다. 조선시대의 인간은 양성兩性으로만 존재했다. 남자이면서도 여자인 사람, 곧 '제3의 성性'은 '비정상적 존재'였다. 불임은 불행이었지만, 그것은 '수치'로 인식되었다. 유유가 집을 떠날 수밖에 없었던 것은 그 수치 때문이었다. 그런데 그것은 유유만의 문제가 아니었을 것이다. 실제 수많은 유유가 존재했을 것이지만, 그 누구도 자신의 존재를 드러낼 수 없었을 것이다. 또 어떤 누구도 그런 존재를 드러내고자 하지 않았을 것이다. 채응규의 사기극이 아니었다면, 유유와 같은 '제3의 성'은 결코 역사 속에서 모습을 드러내지 않았을 것이다. 유유는 조선시대를 살아갔던 '제3의 성'을 가졌던 자의 존재를 알리는 희귀한 사례라고 할 것이다.

백씨는 유유가 남성도 아니고 여성도 아니라는 사실에 절망했을 것이다. 남편은 불임을 넘어 애초 성관계 자체가 불가능한 사람이었기 때문이다. 남편과의 성관계 자체가 정상적으로 이루어졌음에도 불구하고 임신이 불가능했다면 양자를 들여 적장자의 지위를 유지할 수도 있었다. 하지만 유유와의 관계는 그런 경우가 아니었다. 이로 인해 유유와의 갈등은 평생 지속되고, 그 갈등은 백씨의 인생 전체를 불행으로 몰아넣을 것이었다.

다시 결혼할 수 있는 기회는 사족여성에게 이미 봉쇄되어 있었다. 남편이 죽은 경우라 해도 재혼은 불가능한 일이었다. 더욱이 남편은 죽은 것이 아니라 가출한 경우였다. 죽지는 않았지만 돌아오지도 않을 존재, 돌아온다 하더라도 죽은 것과 다름없는 기묘한 존재가 유유였다. 유유 행세를 하도록 채응규와 공모했던 것은, 백씨로서는 자신의 인생을 위한 최선의 선택이었을 것이다. 채응규가 대구로 와서 백씨 앞에 나타났을 때 백씨가 그를 남편으로 인정하고 받아들였다면, 쉽게 이의를 제기할 사람은 드물었을 것이다.

1564년 채응규가 달아남으로 인해 계획은 성공하지 못했지만, 그렇다고 백씨가 완전히 실패한 것은 아니었다. 그녀는 유연을 유유 살해범으로 고소함으로써 채응규와 공모한 흔적을 덮고 남편을 대신해 적장자의 지위를 차지한 혹은 차지할 유연을 제거할 수 있었다. 나아가 그는 채응규의 아들 채경백을 양자로 들임으로써 유씨 가문의 적통을 유지할 수 있었다. 그것은 절반의 성공이었다. 윤국형으로 인해 1579년 사건이 뒤집히지 않았다면, 그녀의 계획은 완전하지는 않지만, 그래도 상당히 성공한 편이었을 것이다. 그런 점에서 백씨는 영리하고 치밀하고 또 대담한 여성이라 할 수 있을 것이다.

사기꾼 채응규는, 그 시간과 장소를 확정할 수 없지만, 백씨와 성관계를 가졌을 것이다. 만약 성관계가 없었다 해도 첫날밤의 월사月事와 성기 근처의 '검은 점'에 관한 정보를 백씨와 주고받으며 유유로 행세하기로 공모했던 것은 움직일 수 없는 사실이다. 채응규는 왜 백씨와 공모했을까? 경산현의 관속으로 있다가 황해도와 평안도 일대에서 무당과 사기꾼을 겸업하고 있던 채응규의 삶이 사회적으로 인정받는 그런 것일 수는 없었다. 채응규가 백씨와 공모했던 것은, 만약 그가 정말 유유로 인정받는다면 버젓한 사족으로서 사회적으로 천대받는 관속과 무당, 사기꾼의 위치를 벗어날 수 있기 때문이었을 것이다. 곧 채응규가 백씨와 공모하고 위험한 사기극을 벌인 근저에는 자신의 처지를 벗어나 사족으로 상승하고 싶다는 강렬한 욕망이 자리 잡고 있었을 것이다.

하지만 그는 유연의 검색을 통과하지 못했고 1564년 달아나고 말았다. 하지만 그 역시 완전히 실패한 것은 아니었다. 자기 아들 채경백을 유예원의 유일한, 아니 유유 이후 유일한 혈육으로서 유가柳家의 적통을 이을 존재로 박아 넣을 수 있었으니 말이다. 역시 1579년의 사건의 재조사가 없었다면, 채응규 역시 어떤 형태로든 백씨와 채경백을 통해 이익을 보았을 것이다. 하지만 사기극으로 신분을 상승시키려 했던 자의 마지막은 죽음, 곧 자살이었다.

채응규의 처 춘수는 처음부터 그와 사기극을 벌이려 했던 것은 아닌 것으로 보인다. 하지만 사기극이 진행되는 어떤 시점에 그녀는 남편이 하려는 일을 알았을 것이다. 하지만 춘수가 자신의 아들 채경백을 백씨에게 양자로 보낸 것으로 보건대, 춘수 역시 어느 순간부터는 채응규의 사기극에 적극 가담했던 것이 분명하다. 또한 그녀는 1579년 추관들의 요구를 받아들여 이제를 채응규 사기극의 기획자로 모는 데 협조했다. 자신에게 가해질 모진 고문을 피하고자 하는 것이었으니, 그 점은 성공했다고 하겠으나, 그녀에게 최후로 주어진 것은 사형이었다. 그녀는 남편의 욕망에 휘말려들어 목숨을 잃은 가련한 여성으로 보인다.

유연이 대구부 감옥에서 남긴 편지에는 이제가 유씨 집안의 재산을 탐내어 사기극을 벌인 것으로 말하고 있지만, 그 편지 자체는 이미 오염된 것으로 증거력을 갖지 못한다. 유연은 유유의 가출로 뜻하지 않게 적장자의 위치에 선 사람이었다. 그가 아버지 유예원의 과도한 관심과 사랑을 받으려 의도했던 것도 아니었다. 하지만 그것은 형수 백씨의 불안감을 불러일으켰고 그것이 결과적으로 그의 목숨을 빼앗아갔다. 유연은 아마도 백씨가 자신을 유유의 살해범으로 고소한 것에 당혹했을 것이지만, 그 문제의 씨앗이 유유의 성적 정체성에서 시작된 것일 줄은 꿈에도 생각하지 못했을 것이다. 결혼을 하고 이제 막 본격적인 삶을 시작하는 스물일곱 살 청년 유연이 형을 죽인 '악인'으로 몰려 죽었으니, 그의 죽음은 더할 수 없이 안타까운 것일 터이다.

하지만 유연보다 이제가 더 억울한 사람일 수 있었다(심륭도 억울하게 누명을 쓰기는 했지만 그래도 그는 살아남았다!). 유연은 1579년 신원이 되고 그의 억울함을 알리는 작품(《유연전》)까지 지어져 널리 유포되었으나, 이제는 악인으로서의 이미지를 끝내 벗지 못하였다. 하지만 이제는 악인일 수 없다. 이제가 유씨 집안의 토지를 빼앗기 위해, 채응규를 찾아내, 그에게 '유유'에 대한 수많은 정보를 주입하고, 수많은 사람의 의심을 돌파하도록 하고, 그 사기극이 실패한 뒤 백씨가 유연을 고소하도록 하고, 급기야 의금부의 삼성추국을 받아 유연을 사형에 이르게 하는 전체 계획을 세우고 실행에 옮겼다는 것은 원천적으로 불가능하다. 그 복잡한 시나리오가 계획대로 실행될 확률은 대단히 낮거니와 실패했을 경우 종친으로서 그가 입을 피해가 치명적이기 때문이다. 이제가 채응규를 처음 만난 시점부터 그의 진위를 의심했음은 두말할 나위가 없다. 이제는 단순하게 사라진 유유가 나타났는지 확인해볼 것을 유연에게 전했을 뿐이다. 그가 채응규의 사기극을 기획하지 않았다고 일관되게 부정했던 것은 바로 그 때문일 것이다. 그럼에도 불구하고 이제는 고문 끝에 사망했고, 그에게는 재산을 빼앗기 위해 처남을 살해한 악인이란 평가가 붙어 사라지지 않았다. 이제는 어쩌면 유연보다 억울한 죽음을 당한 것이다.

1564년 유연과 유연의 노비였던 김석과 몽합의 사형, 1579년 채응규의 자살, 춘수의 사형, 이제의 고문사로 모두 6명이 죽었다. 그러나 다시 살펴도 반드시 죽어야만 할 정도의 악행을 저지른 사람은 아무도 없었다. 채응규라 할지라도 그는 사기꾼에 불과했다. 하지만 춘수가 교형을 당한 것을 떠올린다면 채응규 역시 사형에 처해졌을 것이다. 죽지 않아야 될 6명이 죽은 것은 조선의 사법절차가 갖는 모순에 있었다. 사건을 객관적으로 엄밀하게 조사하는 합리적 시스템은 물론 그런 의지조차 없었던 것이다. 유연이 유유를 죽인 혐의로 고소되었을 때 시신을 찾는 노력 자체가 없었고, 살인의 현장, 도구에 대한 기본적인 조사조차 이루어지지 않았다. 사건을 해결한 유일한 방법은 고문으로 얻은 자백이었다. 그 고문 역시 법적 제한을 넘어선 남형濫刑이었다. 유연과 김석, 몽합, 이제는 모두 고문의 희생자였던 것이다. 춘수 역시 고문의 공포로 인해 거짓 진술을 하고 결국에는 교형에 처해졌으니 그녀 역시 고문의 희생자였던 것이다.

유연의 입을 기와로 치게 했던 심통원의 말에서 확인할 수 있듯, 불합리한 사법장치와 그에 따른 고문을 정당화해준 것은 유교적 가부장제였다. 백씨가 유연을 고소한 그 순간부터 사법장치 내부에 있는 최소한의 합리성도 마비되었고, 삼성추국은 오로지 고문을 통해 종법적 친족제의 파괴란 고소의 내용을 사실화하려고 했던 것이다.

이 비합리성은 1579년 유유 사건의 재조사에도 그대로 적용되었다. 유연을 살해한 사법장치는 사건의 진실을 밝히기보다는 유연을 대신할 새로운 악인을 찾아내어 사건을 덮고자 하였던 것이다. 물론 이제의 죽음으로 말미암아 그의 자백을 확보해 그를 법적으로 완벽한 악인으로 공표할 수 없었지만, 그래도 사법장치는 살인을 하고도 천연덕스러운 살인자처럼 이후에도 유지되었다.

백씨가 끝까지 조사를 받지 않고 살아남을 수 있었던 것은 뜻밖의 일이다. '나의 아우를 죽였다'(《유연전》)는 유유의 말에서 확인할 수 있듯, 유연을 죽음으로 몰아넣은 것은 백씨라는 생각은 사건 당시에도 일정하게 공유된 견해였던 것으로 보인다. 하지만 백씨는 결코 추궁을 받지 않았고 그녀와 채응규의 공모관계도 밝혀지지 않았다. 백씨와 함께 춘수를 제대로 조사했더라면, 그의 아들 채경백을 조사했더라면, 춘수와 채응규를 잡아 넘기겠다고 유연의 아내 이씨에게 접근했던 영수와 김헌을 조사했더라면, 사건의 실체에 보다 가깝게 접근할 수 있었을 것이다. 하지만 당시의 사법장치는 그 조사를 회피하였다.

왜 조사를 회피했을까? 백씨에 대한 조사는 백씨와 채응규의 성관계는 물론 결국은 유유가 갖고 있었던 성적 문제를 드러낼 것이었다. 사족이 아니라면 남성이면서도 여성인 경우, 괴물로 치부하면 간단하였다. 하지만 사족남성이라면, 그것도 한 집안의 적통을 이을 적장자가 성관계 자체가 불가능한 '제3의 성'이라면 어떻게 할 것인가. 예컨대 동성애자는 증가하는 것이 아니라, 노출되는 경우가 증가하는 것일 뿐이듯, 유유와 같은 경우는 당시 적지 않았을 것이다. '제3의 성'을 갖는 사족남성의 존재 같은 난감한 문제는 은폐되어야만 마땅하였다. 1579년 백씨를 비롯한 사건 관계자들을 제대로 조사하지 않고 사건을 덮어버린 것은 그 내부에 성적 문제가 있기 때문이라고 생각된다.

〈유연전〉은 유연의 억울함을 밝힌다는 목적으로 지어진 것이다. 곧 그것은 일차적으로 유연의 아내 이씨와 이원익을 비롯한 당시 사족들의 여론을 반영한 것일 터이다. 또한 이 작품은 비합리성과 남형으로 점철된 사법장치에 대해 반성의 기회를 갖자는 의도를 표방하기도 한다. 하지만 정작 서술은 이제의 '악인화'를 향해 치달았다. 이제를 악인화하는 과정에서 백씨가 적장자권을 놓지 않기 위해 채응규과 공모해 사기극을 벌이고 유연을 죽음으로 몰아넣었던 사실을 은폐했다. 나아가 사족남성이 갖는 성적 문제가 야기할 일체의 문제도 아울러 덮었던 것이다. 이런 차원에서 본다면, 〈유연전〉은 유교적 가부장제와 사족사회의 모순을 근저에서 은폐하는 구실을 한 것으로 보인다.

1564년(명종 19)과 1579년(선조 12) 사이에 조정에는 권력의 교체가 있었다. 과거 네 차례의 사화로 진출과 패퇴를 반복하던 사림이 정치권력을 온전히 장악하게 되었던 것이다. 퇴계와 남명, 율곡이 있었다. 그들은 도덕정치를 표방했고 주자학 텍스트를 철저히 읽으면서 도덕적 인간이 될 수 있는 가능성을 탐색했다. 표면적으로 매끈한 시대였다. 하지만 그 매끈한 시대의 이면에는 온갖 인간들의 온갖 욕망이 들끓고 있었다.

남성도 여성도 아닌 존재로서의 괴로움으로 집을 떠난 자, 적장자에게서 후손을 보지 못해 절망하는 자, 사기극으로 신분 상승을 이루려는 자, 성불구의 남편을 대신할 가짜 남편을 만드는 자, 형수의 무고로 목숨을 잃은 자들이 있었다. 이것이 16세기 후반 '매끈한' 조선 사회의 구체적 삶의 모습이었다.

주석

머리말

[1] 〈유연전〉의 성격을 공안소설 혹은 송사소설로 보는 연구들은 대개 다음과 같다. 물론 〈유연전〉을 실사實事의 소설화, '전傳'의 소설화로 보는 논고도 여기에 포함된다. 그 논고와 저술들은, 김영연, 《〈이생송원록〉을 통해 본 〈유연전〉과 유연 옥사 담론〉, 《국문학연구》 38, 2018, 208면에 정리되어 있다. 중요한 것들을 옮기면 다음과 같다. 이수봉, 〈유연전 연구〉, 《호서문화연구》 3, 충북대학교 중원문화연구소, 1993; 이헌홍, 《한국 송사소설 연구》, 삼지원, 1997; 박희병, 《조선 후기 전의 소설적 성향 연구》, 성균관대 대동문화연구원, 1993; 노꽃분이, 〈'유연전'의 구성적 특징과 서술의식〉, 《한국고전연구》 1집, 한국고전연구학회, 1995; 박성태, 〈'유연전'에 나타난 가정 갈등 양상 연구〉, 《인문과학》 37, 성균관대학교 인문과학연구소, 2006; 정충권, 〈'유연전'과 '화산중봉기' 비교 연구〉, 《고전문학과 교육》 11, 한국고전문학교육학회, 2006; 신해진, 〈'유연전'의 악인 형상과 그 행방〉, 《어문연구》 54, 어문연구학회, 2007; 조도현, 〈'유연전'의 문학적 특성과 그 의미〉, 《인문학연구》 34, 충남대학교 인문과학연구소, 2007; 김진영, 〈'유연전'에 나타난 조선 중기의 사회변화와 지향의식〉, 《어문연구》 84, 어문연구학회, 2015; 백지민, 〈17세기 전계소설의 창작 동인과 서사전략 – '유연전'과 '강로전'을 대상으로〉, 《한국고전연구》 34, 한국고전연구학회, 2016.

2 유연柳淵 옥사獄事를 소설 연구의 차원에서가 아니라 재산 상속과 관련해 일어난 법적인 사건의 차원에서 보는 연구도 있다. 정긍식 교수의 논고가 그런 경우이다. 정긍식, 〈'유연전'에 대한 형사법적 고찰〉,《인도주의적 형사법과 형사정책》(이수성 선생 환갑 기념논문집), 동성사, 2000; 정긍식, 〈'유연전'〉에 나타난 상속과 그 갈등〉,《법사학연구》21, 한국법사학회, 2000. 나의 견해 역시 재산 문제, 곧 상속 문제가 유연 옥사에서 대단히 중요한 문제라고 생각한다. 하지만 상속 문제만으로 이 사건을 설명할 수 있는 것은 아니다. 유연 옥사는 매우 중층적인 성격의 사건이다. 또한 이 논고는 이제李禔를 유연 옥사의 기획범으로 보는 〈유연전〉의 시각을 그대로 수용하고 있고, 〈이생송원록李生訟冤錄〉과 같은 정반대편의 진술을 고려하지 않고 있다. 이왕 〈이생송원록〉이란 자료가 알려진 만큼 이 역시 유연 옥사를 이해하는 데 충분히 고려되어야 할 자료라고 생각한다.

들어가기 전에

1 〈柳淵傳〉. "且曰: "願托知言者, 以圖不朽." 退會盡取其家乘, 使來速撰曰: "此事若成, 至冤可雪. 官訓可立, 子盍圖之."

2 〈李生訟冤錄〉. "酒者, 淵妻李氏, 以諺字抄錄淵枉死之狀, 完平·鼇城兩丞相, 因之以作傳. 夫李氏一婦人耳. 其於淵冤枉之心, 曲知之者, 固莫能先也. 至於當時鞫獄之情, 證佐供招之辭, 則有未能詳者. 其所聞, 蓋皆出於奴僕信口之傳, 道聽塗說之訛, 數十年後追抄之語, 容有未得其實, 其主意蓋在於明夫之冤, 而於當時事情, 不免有失實而涉於誣枉, 則淵傳之語, 亦多有違誤而相背者. 今且擧其一二而辨之."

3 《만회집晚梅集》 권4, 잡저雜著:《한국문집총간韓國文集叢刊》a76, 62~72면. 〈이생송원록〉은 송하준, 〈관련 기록을 통해 본 〈유연전〉의 입전의도와 그 수용태도〉,《한국문학논총》29, 한국문학회, 2001에서 처음 본격적으로 논의되었고, 신상필, 〈사실의 기록과 '전傳' 양식의 새로운 가능성−〈유연전〉을 중심으로〉,《동방한문학》39, 동방한문학회, 2009의 논의에서도 자료로 인용된 바 있다. 다만 자료를 충분히 활용한 것은 아닌 것으로 보인다. 곧 〈이생송원록〉을 엄밀히 검토하여 〈유연전〉과 비교하면서 사건 전체를 비판적으로 재구성하지는 않았다. 김영연의 다음 논문도 〈이생송원록〉의 자료적 가치에 주목한 것이다. 김영연, 〈'이생송원록'을 통해 본 〈유연전〉과 유연 옥사 담론〉,《국문학연구》38,

2018. 다만 이 논고는 〈이생송원록〉을 본격적으로 분석한 것이 아니고, 유연 옥사를 둘러 싼 여러 '옥사 담론' 중 이제가 옥사의 주범이라는 주장이 경쟁하는 다른 주장을 배척하고 지배적 위치를 차지하게 된 과정이 집단기억의 영향을 받았음을 논증하였다. 이 논고는 지배적 담론이 집단기억과 관계한다는 점에 집중했다는 점에서 의의가 있다고 하겠다. 다만 내가 이 책을 쓰는 목적은 다르다. 나는 사건 자체를 재구성하고 사건의 의미를 찾는데 목적을 둔다.

4 박군성은 별다른 정보가 없어 어떤 인물인지 확인이 불가능하다. '군성君省'은 이름이 아니고 자字인 것으로 짐작되는데, 실명은 확인되지 않는다.

5 〈與朴君省書〉. "某見敍後則見前日之疑復萌, 而見訟冤則心竊有未安者, 欲將訟冤中語, 逐節分解, 以破其誤."

6 〈與朴君省書〉. "將訟冤中語, 刪去浮辭, 抹盡無限繁冗激人忿怒之語, 只存他昆仲爲親訴冤迫切之情. 然後始覺文勢整頓, 觀之有理. 以爲爲李君計者, 其訟冤當如是耳."

1. 16세기 대구 사족의 일상

1 《譯註 默齋日記》 2, 432면(1552년 9월 15일). "柳庇安禮源氏來見, 素帶爲喪妻云云."《譯註 默齋日記》 3, 326면(1556년 4월 20일). "昌寧倅子和書問, 送生鯽魚·牛肉及心等物. 又還送吾之橫笠, 曰: '豈取價乎?'云云."

2 《譯註 默齋日記》 3, 431면(1556년 11월 13일). "夕, 柳子和·安太居來見. 慰子和以失祿, 卽別去."

3 백거추白巨鰍의 가문은 그의 5대조 호조판서 백입관白仁寬이 대구에 살면서부터 대구 백 씨가 된다. 그의 가계에 대해서는 裵尚龍, 〈外曾祖考訓鍊參軍白府君墓表〉,《藤庵集》:《韓國文集叢刊》 b17, 481~482면에 짤막하게 나와 있다.

4 李元禎, 〈成均進士裵公行狀〉,《歸巖集》:《韓國文集叢刊》 b035, 519면. "娶訓鍊參軍善山白巨鰍女."

5 《中宗實錄》 23년(1528) 1월 28일(7).

6 《中宗實錄》 23년(1528) 4월 15일(1).

7 裵尚龍(1574~1655), 〈外曾祖考訓鍊參軍白府君墓表〉,《藤庵集》:《韓國文集叢刊》 b17, 482면. "娶縣監全義李景濂之女生二女. 長歸星山裵氏我大父諱德文, 文科監正贈參判. 次無後."

8　《譯註 默齋日記》1, 701면(1546년 10월 2일).

9　《譯註 默齋日記》3, 900면(1559년 3월 4일). "白可化病重疝發云, 簡求藥物."

10　이관李寬이란 인물에 대해 알려진 정보는 현재 찾을 수 없다.

11　〈李生訟寃錄〉. "淵妻李氏, 乃先人執友寬之女也. 比屋而居, 契分甚厚, 將死而托女於先人, 故及笄而薦淵爲壻."

12　《默齋日記》1, 330면(1545 윤1월 초3일). "朝, 柳禮源來問留鄕所別監定事. 吾欲以李夢辰充一員, 則同生不和, 一鄕不與之云云. 姑復追議事言送."

13　《默齋日記》1, 779면(1548년 1월 13일). "柳子和奴多勿沙里來焉, 蒼坪防川多功役, 頻往親審云."

14　《默齋日記》2, 159면(1551년 7월 20일). "比安柳禮源到州云, 伻問."

15　《默齋日記》3, 313~314면(1556년 3월 27일). "子和送皮稷一石·太五斗, 答寄之."

16　《默齋日記》, 326면(1556년 4월 20일). "昌寧·子和書問, 送生鯽魚·牛肉及心等物. 又還送吾之橫笠曰: '吾豈取家乎?' 云云."

17　《默齋日記》3, 320면(1556년 4월 8일). "積翁·子和·天章·鉉·潤共會早飯. 仍設酒而飮, 至於醉皆起舞. 又共朝食, 是後又登舟而飮, 餞積翁·子和之還." 이적옹과 송천장의 실명實名은 미상이다.

18　《譯註 默齋日記》3, 893~894면(1559년 2월 24일). "聞柳子和得頤腫, 危不省事云云."

19　《默齋日記》3, 322면(1556년 4월 12일). "李士錫·柳淵等講通鑑去."

20　4월 13·14·16·17·18·19·21·22·23일 일기에 찾아와《통감》을 배웠다는 기록이 실려 있다.《통감》공부는 24일 끝난다.

21　《默齋日記》3, 341면(1556년 5월 23일). "柳淵送尾扇二·白鞋二事."《默齋日記》3, 381면. 1556년(명종 11), 8월 12일. "柳淵來見, 持酒果酌我. 又遺肉·果等勿, 乃辭去."

22　《默齋日記》3, 337~338면(1556년 5월 16일). "柳淵來見, 金向龍淵寺讀書云云, 辭去."

23　《默齋日記》3, 340~341면(1556 5월 22일). "昨日子和細問淵之向學事, 答以有志可成之意."

24　유연은 자신의 거처에서 이천택李天澤, 이인박李仁博, 이충준李忠俊 등과 개고기를 먹기도 하였다.《默齋日記》3, 332~333면(1556년 5월 5일). "天澤與仁博等往見呂岩, 卽時還下來, 與李忠俊等爲家獐會于柳淵寓所云云."

2. 사라진 유유

1 〈柳淵傳〉. "且自言於己酉年中永川試, 以賓貢削名."

2 향시鄕試의 빈공유생賓貢儒生을 합격 취소하고 정거停擧하는 데 대해서는《명종실록明宗實錄》1년(1546) 8월 23일(5)을 볼 것. 본토 출신이 아닐 경우 발각되면 유생儒生은 정거하고, 도목장都目狀을 작성해 준 수령 및 입문관入門官과 시관試官을 모두 파출罷黜하고, 감사監司는 추고推考, 도사都事는 파출하도록 되어 있었다.

3 《默齋日記》3, 325~326면(1556년 4월 19일). "柳‧李來習高祖記. 夕李士碩來言, 柳淵聞其兄在白可化妻房, 曾有心證, 中夜潛出, 莫知其去之奇, 乃借天澤牝馬, 馳往尋見云云. 淵亦心虛者云云. ○柳淵還來, 聞其兄游得復來家云云." 번역문은 필자가 조금 고쳤다.

4 《譯註 默齋日記》3, 569면(1557년 8월 11일). "姜彦叟來見, 李子雲亦來見. 聞白巨秋捉希守于咸陽地, 手打李公詮, 還家推希守, 希守以柳書房所敎, 敢爲誣訴云云. 白也大虐其女云云. 乃去." 번역은 약간 고쳤다.

5 〈柳淵傳〉. "游甞入山讀書, 因忽不返. 禮源與白氏言: '狂易而奔.' 言出門庭, 旣父與妻爲徵, 鄕人信之不疑."

6 《明宗實錄》19년(1564) 3월 20일(2). "病心狂走."

7 《宣祖實錄》13년(1580) 윤4월 10일(2). "慶尙道大丘居前縣監柳禮源之子柳游, 往年丁巳年間, 發狂逃走."

8 李時發(1569~1626), 〈漫記〉, 《碧梧遺稿》; 《韓國文集叢刊》a74, 501면. "有柳游‧柳淵兄弟, 以京人丁內憂在大丘, 游得狂易疾, 讀書夜半逃去."

9 〈李生訟冤錄〉. "病狂出亡."

10 〈柳淵傳〉. "推官問: '游緣何出家?' 淵言: '人言發狂, 實非狂也. 有些家變, 不得已去之.'"

11 〈柳淵傳〉. "因問出家之由, 則云: '娶妻三歲, 猶無子. 父謂業薄, 責令無得近膝下. 因轉入西方, 後絕不聞弟之死也.'"

12 〈柳淵傳〉. "臣入京, 尋見所謂臣兄者, 不類有三驗. 臣兄, 弱人也. 身本短小, 今乃長大. 臣兄面小而黃, 有麻子無髥. 今乃豐顔亦黑而密髥. 臣兄, 音如婦人, 今乃洪暢. 三驗備矣. 心固疑之, 及到八莒, 決知其詐, 縛致本官."

13 유유의 성기능에 이상이 있다는 것은 정긍식 교수의 논고에서 최초로 지적된 것이다. 곧

유연이 1564년의 삼성추국 때 밝힌 유유의 신체적 특징이 유유가 성기능 장애를 지니고 있는 증거라는 것이다. 정긍식, 〈'유연전'에 나타난 상속과 그 갈등〉,《법사학연구》21, 한국법사학회, 2000. 나는 정긍식 교수의 소론을 수용하되, 논의를 조금 더 확장한다.

14 《明宗實錄》3년(1548) 11월 18일(2).

15 《明宗實錄》3년(1548) 11월 21일(1). "吉州囚林性仇之, …… 實天地間妖邪淫穢之物." "林性仇之乃怪物也."

3. 떠도는 유유, 적장자가 된 유연

1 李時發(1569~1626), 〈漫記〉,《碧梧遺稿》:《韓國文集叢刊》a74, 501면. "有柳游·柳淵兄弟, 以京人丁內憂在大丘. 游得狂易疾, 讀書夜半逃去. 踰鳥嶺歷漢都, 向咸鏡, 家奴追躡之, 到咸鏡不得而還. 一家莫知所向."

2 《增補文獻備考》제53권, 帝系考14, 附錄 氏族8, 天氏.

3 《日省錄》正祖 21년(1797) 3월 17일. 성균관成均館 상재생上齋生의 응제시권應製詩券의 평가에서 천명익天命翊은 부賦에서 3하三下의 성적을 거두었다.

4 https://health.djjunggu.go.kr. 효월드 사이트.

5 《宣祖實錄》13년(1580) 윤4월 10일(2). "且人姓名, 豈有天裕勇者乎?"

6 〈柳淵傳〉. "後於甲子臣又在价川郡, 山僧致裕勇書."

7 〈柳淵傳〉. "後十六年己卯冬, 修撰尹先覺(今改國馨)於經筵啓曰: '往在庚申年(1560), 臣於順安縣, 遇一丐者曰天裕勇名, 能文周游, 訓小兒以湖口. 且與同寺數月, 頗能言嶺南山川及士子名姓, 且自言於己酉年中永川試以賓貢削名. 臣因問: 旣是南士, 何緣至此. 其人黙而止. 後見臣鄕人, 語及則朴長春愕曰: 此必柳游. 其時吾亦同削.' 後於甲子臣又在价川郡, 山僧致裕勇書."

8 유연이 결혼한 해를 확정할 수는 없지만, 1559년 유예원이 사망했으니, 그의 결혼은 1558년 아니면 1559년에 있었을 것이다.

9 《譯註 默齋日記》4, 115면(1561년 윤5월 12일). "柳淵來見, 言: '父家田爲人所訟.' 云云, 似欲導達于牧前矣."

10 《譯註 默齋日記》4, 184면(1561년 9월 11일). "柳淵來問誌石事去."

11 《譯註 默齋日記》4, 259~250면(1562년 1월 9일). "柳淵來見, 持誌石草及土片, 求其父墓誌."

12 《譯註 默齋日記》4, 272~273면(1562년 2월 1일). "柳淵取誌石去."

13 지석은 흙으로 만든 토편을 말리고 갈아서 형태를 만든 뒤 거기에 주사朱砂로 지문誌文을 쓴다. 그 뒤에는 도자기처럼 불에 구워서 변형이 일어나지 않게 한다. 지석誌石에 대해서는 《묵재일기默齋日記》에 대강의 내용이 나와 있다. 《譯註 默齋日記》3, 573면(1557년 8월 17일). "書二道內室誌文上二張以送. 昨日送示燔造者有痕二片, 求改題, 故ㅁㅁ. ○鍊正誌石次土片, 又撰誌文, 水飛朱砂."

14 《譯註 默齋日記》4, 358면(1562년 7월 3일). "柳淵書問, 惠送西瓜·眞瓜等物. 爲答以謝."

4. 가짜 유유, 채응규

1 권응인은 권희맹權希孟(1475~1525)의 아들이다. 권희맹은 권응정權應挺·권응창權應昌·권응득權應得·권응인 등 모두 4명의 아들을 두었는데, 앞의 둘은 적자이고 뒤의 둘은 서자다. 4형제는 모두 이문건과 아주 가까운 사이로 이문건의 《묵재일기》에 교유한 흔적이 풍부하게 남아 있다. 특히 권응인은 1546년 3월 8일부터 1566년 4월 21일까지 90회에 걸쳐 이름이 나타나는데, 대체로 권응인이 이문건을 찾아간 것이다. 문제는 권응인이 채응규에 대한 정확한 정보를 습득할 만한 위치에 있었느냐 하는 것이다. 《묵재일기》에 의하면, 1553년 9월 25일 이문건은 백거추로부터 '26일 권영공權令公 형제와 강정江亭에서 만나기로 했으니 참석해달라'는 편지를 받는다. 여기서 권영공 형제는 권응인의 적형인 권응정과 권응창이다. 또 강정은 백거추의 정자다. 다음 날 이문건은 과연 권응정·권응창·백거추와 만났다. 1554년 3월 9일에도 이문건은 권응정·권응창을 찾아갔고, 이어 권수權守가 주최한 연석에는 백거추와 강국로姜國老·여권呂權 및 향족鄕族들이 참석했다. 같은 해 9월 25일 이문건은 권응인으로부터 권응정·권응창이 백거추의 정자에서 놀았던 사실을 전해 들었다. 요컨대 권응정·권응창은 백거추와 가까운 사이였으니, 그들의 동생인 권응인 역시 백거추란 인물을 익히 알고 있었던 것은 췌언을 요하지 않는다. 권응인은 유예원도 당연히 알고 있었을 것이다. 1556년 9월 2일 《묵재일기》에 의하면, 이문건이 권응정·권응창 형제를 찾아간 날 권응득·권응인 형제, 권식權寔·권수 형제, 조광보趙光輔·여

권모權 등이 모여 술자리를 벌였는데, 그날의 술자리는 술이 잔뜩 취해 저녁에 도착했던 창녕현감 유예원이 주선한 것이었다. 권응인은 유유와 유연, 유예원을 알고 있었던 것은 물론이고 채응규의 내력에 대해서도 충분히 알 수 있었을 것이라고 생각한다.

2　權應仁,《松溪漫錄》下. "有蔡姓名應奎者, 慶山縣官屬也. 嘗嫁游女奴, 頗知其家事, 而蔡亦出亡, 遇游於他方, 坐臥與俱, 柳之有心, 蔡悉志之. 雖纖毫微事, 無不知之."

3　《新增東國輿地勝覽》제28권, 慶尙道 尙州牧, 姓氏.

4　《李生訟冤錄》國俗, 婢與妾異. 婢有外夫, 任其自配, 不閑出入

5　앞의 주석 1)을 보시오.

《송계만록》의 이 자료를 어디까지 신뢰해야 할 것인가. 권응인은 유예원과 백거추를 알고 있었고 만나기도 하였다.

6　高尙顏(1553~1623),〈叢話〉,《效嚬雜記》上,《泰村集》:《韓國文集叢刊》a059, 253a면. "游, 大丘人也. 不得於父, 糊口他方, 與無賴輩蔡應珪同處歲久. 應珪得其日記, 陰與宗室某同謀卽柳游姊夫也), 約分資産."

7　《李生訟冤錄》. "春秀云: '蔡以方技惑衆, 聚巫覡爲道場, 遊戲閭閻, 村婦多被其淫. 中和守安瑠聞而惡之, 發吏捕不得. 長連有韓必成女, 嫁李正郞, 三日而見棄, 孤居有年. 蔡聞之, 假裝李正郞, 乘夜投韓, 韓信之不疑.' 此卽稱游之手段, 而見人輕認, 呼名字者, 殆由於左道乎. 而其淫惡之性, 亦可想矣."

8　安鼎福,《東史綱目》제16하, 壬戌年 前廢王 禑8년(1382) 5월.

9　청주 관비官婢 백이栢伊는 귀신이 내렸다고 하면서 공중에 있는 귀신과 대화하였다.《太宗實錄》5년(1405) 12월 28일(3).

10　《世宗實錄》31년(1449) 11월 30일(2).

11　《世宗實錄》18년 5월 10일(1)·28일(4).

12　《燕山君日記》9년(1503) 4월 29일(1).

13　《世宗實錄》13년(1431) 8월 2일(4).

14　《世宗實錄》13년(1431) 5월 15일(2).

15　《成宗實錄》2년(1471) 6월 8일(3). "世宗大王常患此, 驅而盡出之城外, 以斷妖妄之俗, 使不得肆行. 而因仍歲月, 禁綱少池, 巫女復得以雜居京城編戶之間, 敢誘士族家, 別立神堂, 稱爲祖父之神, 詔讀鬼神, 遂成風俗. 甚者給與奴僕, 以充役使. 至於士族之婦女, 少有疾病, 稱爲避方, 動經歲月, 齋具媚道, 非美事也. 況招聚病人, 至令疫癘, 延及閭里者乎? 招集少艾, 名曰'紋首. 叢酒肉之場, 恣歌舞之樂, 喧

咽閭閻, 以誨淫爲事者乎? 又有空唱示靈, 驚駭愚聞, 其妖誕又甚矣. 非特此也. 有男人號稱花郞者, 售其誣詐之術, 漁取人財貨, 略與女巫同, 而爲術益幻, 其他悖理而背道, 愚弄士女, 使人邪惑, 敗毁禮俗者, 又不可以一二數也."

5. 채응규, 유씨 집안 사람들과 만나다

1
〈柳淵傳〉. "後五年, 禮源死. 淵待喪守廬. 明年, 壬戌, 禔抵書於淵曰: '聞有海州蔡應珪者, 實迺兄. 汝可迎還.' 淵得書差奴以迎. 奴空歸曰: '非游也.' 夏, 禔又以書證其無疑. 淵再送人, 再空歸言如前."

2
〈柳淵傳〉. "家奴三伊因事往海州, 聞本州有蔡應珪者, 疑其爲游. 往見則果游也."

3
〈柳淵傳〉. "自嫁應珪, 生子二人. 當是時, 絶不聞柳游名字. 壬戌年間, 達城令私奴三伊來見應珪曰: '乃柳游也.' 白氏亦送人致意."

4
〈李生訟冤錄〉. "臣替平安兵使軍官, 歸途宿海州城內, 有蔡應珪來訪."

5
〈李生訟冤錄〉. "容貌辭氣, 悅如舊識."

6
〈李生訟冤錄〉. "游望見表兄, 顚倒而來, 始聞親訃."

7
〈李生訟冤錄〉. "遂慟哭移時, 臣亦感泣."

8
〈李生訟冤錄〉. "壬戌(1562)春, 平安兵使軍官, 來宿海州城內. 妾夫往訪久乃還. 妾問: '甚麼人?' 曰: '吾表兄李某也. 始聞父親訃音, 不勝哀痛.' 又問: '前云早失怙恃, 今云始聞親訃, 何也?' 曰: '我實柳游, 前言蓋欲祕迹耳.' 翌朝, 李來訪感泣而去."

9
〈李生訟冤錄〉. "庚子(1540)歲, 游始成童. 爾後先人在京, 游處嶺南, 迫不相見者一紀有餘, 逮至丁巳(1557)歲, 聞游病狂出亡." 인용한 자료 바로 앞에는 "先人(李禔)於嘉靖庚子(1540)冬, 娶于大丘居縣監柳禮源, 翌年春, 逆以來京"이라고 하고 있다. 그렇다면 서울로 이사온 것은 1541년이다. 이어지는 시간이라 착각했을 가능성이 있다.

10
韓敬儀, 앞의 글, 같은 곳. "達城正有五子. 以遺訓戒盛滿, 遂散歸鄕庄. 其長房曰彦純, 娶開城大姓府使金漢傑女, 因家嵩南, 中世不振以是也." 이제는 모두 아들 다섯을 두었다고 했는데, 한 사람은 전처 유씨에게서 낳은 이경억이다. 그러므로 후처에게서 낳은 아들은 넷이다. 이 중 첫째가 이언순李彦純이다.

11
〈李生訟冤錄〉. "先人不日, 嘗學問知義理, 恬於財利而厚於親舊."

12 韓敬儀, 〈進士李公行狀〉, 《菑墅集》: 《韓國文集叢刊》 b097, 95a면. "翼峴君生槐山君諱漬無嗣, 取從侄諱諧爲後, 封花山君. 是生諱禔達城正. 初花山君聞望爲宗室最, 明廟潛邸時, 屢臨其第. 及卽位, 繪之爲屛, 賜達城正以寵異之." 이외에도 다음 자료도 참고가 된다. 全州李氏益峴君派宗會 編, 《全州李氏翼峴君派譜》, 回想社, 1992. "明宗朝, 睿遇隆重. 又加醬命, 賜畫第屛障並詩若序. 司諫院知製敎姜克誠製進." 송하준, 〈관련 기록을 통해 본 〈유연전〉의 입전의도와 그 수용태도〉, 《한국문학논총》 29, 한국문학회, 2001, 87면에서 재인용.

13 《明宗實錄》 1년(1546) 2월 14일(3). "達城令, 子少時屢寓其家, 無以酬功."

14 〈李生訟冤錄〉. "先人不日, 嘗學問知義理, 恬於財利而厚於親舊. 先祖父臨終, 以先人及叔父未家[俗謂未成家業曰未家], 手草遺書, 令各給奴婢八十口. 其後分財, 世不准, 遺書, 叔父欲訴理, 先人以爲不可與嫡兄爭財, 終不訟."

15 〈李生訟冤錄〉. "察訪趙璡, 先人之友也. 嘗眷先人婢子, 蓄以爲妾, 生一男一女, 疾革, 握先人手曰: '兩兒未贖[國俗, 奴婢皆世賤, 非本主許贖, 不得爲良]而死], 吾有遺憾矣.' 先人憐之, 卽書契劵贖出之, 不受一錢. 其高義如此."

6. 엇갈리는 진술들

1 〈李生訟冤錄〉. "與蒙合偕到海州, 見蔡某面肥足大, 有異上典[俗奴呼主人之稱]."

2 〈李生訟冤錄〉. "我是老奴, 慣熟面貌, 宜莫我若也. 得病奔竄, 備嘗凍餒, 寧復故態哉!"

3 "是秋, 有二人傳封書及襦衣, 珤出見痛哭. 妾問: '甚麽人傳甚麽人書, 你如此痛哭則甚?' 曰: '鄕奴傳家書. 一箇是父親生時使喚蒙合, 一箇是吾少時信任億種也.'"

4 〈柳淵傳〉. "咄! 汝麻與淵翁某, 前到海州, 反浴王郞我也. 奴而妄主罪當死!"

5 〈李生訟冤錄〉. "淵與白氏曰: '兄使億種未久而出亡, 容有不能審者, 殆蒙合之見是也.' 遂更送奴及尹喜請迎."

6 〈柳淵傳〉. "夏, 禔又以書證其無疑. 淵再送人, 再空歸言如前."

7 〈柳淵傳〉. "壬戌以後, 奴再往還, 嫂輒付書. 察其答辭, 可辨眞僞. 一信禔言, 恒蓄疑惑. 故弟冒寒登程, 歸與鄕族對辨."

8 〈李生訟冤錄〉. "父喪不奔, 何顔見親舊.' 拒而不來."

7. 백씨 부인과 채응규의 편지

1 〈李生訟寃錄〉. "癸亥冬, 應珪上來, 臣常往訪."

2 〈李生訟寃錄〉. "癸亥(1563)冬, 白氏聞蔡到京, 送奴候安否. 且寄襪子一雙. 蔡穿着襪兒示之曰: '余足
果大乎! 此襪何以穩惬我足? 汝罪大矣!' 杖奴腿二十, 下使歸曰: '省汝內上典書[主母曰內上典], 審病
重. 吾當下去. 汝宜往速具盤纏以來.'"

3 〈柳淵傳〉. "供略曰: '一日, 臣姑夫達城令禔, 與臣書云:〈家奴三伊因事往海州, 聞本州有蔡應珪者, 疑
其爲游. 往見則果游也〉. 臣與白氏議, 卽差奴賫白氏書及衣服往海州, 則非臣之兄. 且自言:〈俺乃蔡應
珪, 汝等聞三伊誤傳, 遠來良苦〉, 因答白氏書以還之. 如是者再三. 又於冬間, 禔委差奴三伊來. 臣問:
〈兄當有書〉, 三伊曰:〈於白家已有書矣〉臣於白氏求見兄書, 則托言已失.'"

4 〈柳淵傳〉. "明年, 癸亥冬, 禔委送奴三伊來言: "前所稱蔡上舍挈妾到吾門, 果游也. 汝可來會."

8. 서울로 온 채응규, 1차 관문 통과

1 유유·유연의 모친이 언제 사망했는지는 알 수 없다. 1564년 대구를 중심으로 사건이 벌
어진 것을 생각한다면, 그리고 《묵재일기》에 유연에 대한 언급이 1556년부터 나오는 것
을 고려하면 모친의 사망은 그보다 훨씬 이른 시기에 있었고, 그것을 계기로 하여 유유
형제는 대구로 내려오지 않았나 한다.

2 李時發(1569~1626), 〈謾記〉, 《碧梧遺稿》:《韓國文集叢刊》a74, 501면. "有柳游·柳淵兄弟, 以京人
丁內憂在大丘. 游得狂易疾, 讀書夜半逃去。"

3 〈柳淵傳〉. "初非臣尋游, 游到臣家. 形容已變, 初不識之. 坐語良久, 微一家事, 輒響答如符契, 言貌動
止, 果游無疑."

4 〈李生訟寃錄〉. "臣問: '汝雖稱游, 形容頓異, 莫知其眞也.' 答曰: '得病播遷, 飢飽失時, 形容之異,
勢固然也. 況先姑沒後, 與兄相阻, 踰二十年, 兄何以知我?'"

5 〈李生訟寃錄〉. "庚子(1540)歲, 游始成童. 爾後先人在京, 游處嶺南, 迫不相見者一紀有餘, 逮至丁巳
(1557)歲, 聞游病狂出亡." 인용한 자료 바로 앞에는 "先人(李禔)於嘉靖庚子(1540)冬, 娶于大丘居
縣監柳禮源, 翌年春, 逆以來京."이라고 하고 있다. 그렇다면 서울로 이사 온 것은 1541년이

256

다. 이어지는 시간이라 착각했을 가능성이 있다.

6 　〈李生訟冤錄〉. "因涕泣. 柳家舊事, 一一記問, 心甚疑之. 適得歸便, 以通于淵."

7 　〈李生訟冤錄〉. "一日, 珪自外還曰:〈今訪姐夫達城都正, 不認我. 又訪表姐夫沈瀤, 沈不在. 姐不見我, 可憾.〉"

8 　〈柳淵傳〉. "禔使其子慶億來言:〈柳游到家.〉臣卽就見, 形貌已變, 雖不詳知, 具道其一家事無遺失. 且禔等云淵, 臣亦信之."

9 　〈李生訟冤錄〉. "後於妻亡母生辰少茶, 送餕與蔡."

10 　〈李生訟冤錄〉. "今日是先姑晬日. 汝卽先姑侍婢宣德. 見汝感愴何極."

11 　〈李生訟冤錄〉. "宣德亦感泣來報. 臣妻信之, 邀與相見."

12 　〈李生訟冤錄〉. "後語達城曰:〈言雖相符, 面則非眞. 但乾夷·斗翁·宣德之容貌, 一見認之, 此則可怪.〉達城曰:〈吾見亦然也. 但不相見者廿年有餘, 而自言爲風霜凍餒之所變移, 則君與我固難辨也.〉'"

13 　김백천은 유연의 서족庶族이라는 것 외에는 알려진 바 없다.

14 　〈李生訟冤錄〉. "斗翁無恙? 吾以病人, 賴君醫藥以活, 情豈忘乎?"

15 　〈李生訟冤錄〉. "游兄治之奴乾夷來臣家買藥, 謂臣曰:〈路遇一人, 呼曰:〈汝非乾夷耶? 嫂氏安慶? 亡兄發引烏嶺䎃䎃䎃之事, 因汝省記〉不覺淚下, 遂携歸所寓饋飯.〉而寄書其人, 蓋卽應珪也."

9. 형제의 상봉

1 　〈柳淵傳〉. "居數日, 淵至, 直入應珪所, 則引衣覆面, 托言病苦而僵臥者, 果不知爲何許人. 徐而字淵曰:〈震甫近前.〉遽執淵手曰:〈見汝, 驚定, 感淚自进. 覺沈病洒然若醒矣. 汝獨無改容, 同氣之情, 何若是耶?〉"

2 　〈柳淵傳〉. "計不知所出, 博謀於中. 禔與沈瀤交口言眞游無疑. 或云:〈宜告官庭辨.〉或云:〈與歸故鄉, 會諸綢族, 公同質驗.〉'"

3 　〈柳淵傳〉. "淵從其庶族金百千計, 善視而俱歸大丘."

4 　채응규의 아들은〈유연전〉에는 채경백蔡景白으로,〈이생송원록〉에는 채정백蔡貞白으로 나타난다. 이 책에서는 최경백蔡景白으로 통일한다.

5 　〈李生訟冤錄〉. "臣訪達城家, 淵及應珪子景白亦至, 景白戴着淵貂皮耳掩. 達城問淵曰:〈君之兄, 吾未詳眞假, 君謂何如?' 淵曰: '此兒面目, 彷彿先人, 又何疑也?' 因指景白以示云."

6 〈李生訟寃錄〉. "臣令蒙合通曰: '大丘正兵請見.' 游望而呼曰: '你何以泛稱正兵? 婦家婢玉臺, 汝不與有情乎? 你少多才善射與漁, 婦翁平日與你釣弋以嬉, 今豈忘之?'"

7 〈李生訟寃錄〉. "淵益信之."

8 〈李生訟寃錄〉. "臣借淵上來, 游呼淵兒名曰: '無恙? 夜夢與汝侍先君話, 今見汝來, 此夢驗矣.' 淵屢游手曰: '相離八載, 得有今日. 但先君念兒不見而終, 終天之痛如何?' 相與感泣."

9 〈李生訟寃錄〉. "後日, 淵以親弟一見呼兒, 欷欷慟哭, 昇歸妻家, 待之無疑云."

10 〈李生訟寃錄〉. "臣以親弟遽以爲妄, 亦似甚難. 意欲同歸故鄕, 與親舊共辨之."

11 〈李生訟寃錄〉. 億種의 招辭. "正月十四日, 跟淵上來, 淵呼兄話舊. 且曰: '這炕兒甚冷, 兄恐見傷.' 遂先歸妻家, 送轎昇. 至三日, 俱向大丘."

12 〈李生訟寃錄〉. 春秀의 招辭. 與歸淵妻家, 見壁上有字, 珥卽聰曰: 〈這是先君手迹〉卽令剔取相看, 涕泣.

10. 반전, 가짜인가 진짜인가

1 〈李生訟寃錄〉. "至三日, 俱向大丘. 到八莒, 與蒙合等潛議縛囚府獄."

2 〈李生訟寃錄〉. "至八莒, 令臣先報. 臣過一坪適回顧, 乍見擒縛之形, 驚回問之. 淵曰: '家嫂尊旨, 以兄久亡初廻, 恐有不祥, 宜令結縛還家以禳之, 這是方法也.'"

3 〈李生訟寃錄〉. "臣具報白氏, 白氏曰: '誣也!'"

4 〈李生訟寃錄〉. "白氏曰: '誣也.' 令臣疾快回救, 則已在獄矣. 臣詰淵, 淵曰: '今審其妄, 欲辨奸台作詐耳.'"

5 〈李生訟寃錄〉. "淵曰: '尊嫂欲見這漢, 則行道之人, 盡可牽來也.' 白氏曰: '何忍出此言耶? 斷婦寧死於小郎之前.'"

6 〈柳淵傳〉. "到八莒, 白氏聞其至, 掃一家臧獲, 群而逆於境. 男女無少長如墻而立, 引領而佇之. 有白氏嫁時新婢謂此非於衆中, 望應珪來, 迎叱曰: '汝是何人, 挤作吾主, 敢至此耶?' 日群大愕. 應珪色沮, 擧止異常. 淵叱奴, 反接之. 應珪呼淵兒名: '無恙, 何相厄耶?'"

7 〈柳淵傳〉. "及到八莒, 決知其詐, 縛致本官. 遂見白氏, 白氏怒不言."

8 《明宗實錄》19년(1564) 3월 20일(2). "游之弟柳淵, 在大丘本家, 禔通喩於淵, 使之率去. 淵上來相見, 遂與同歸中, 生奪嫡專財之邪計, 結縛傷打, 謂非其兄, 訴于大丘府. 府使朴應川, 先信柳淵之言, 只囚

258

柳游. (……) 淵上京, 與兄同還, 中路削去面皮, 使不知其爲游, 結縛告于大丘府曰: '此人非吾兄而稱
吾兄, 請囚禁窮詰以治之.' 府使朴應川付之獄."

9 〈柳淵傳〉. "到官, 會鄕人禹希績·徐泂·趙祥珪給·淵妹夫崔守寅·庶屬洪明坐列而問曰: '汝何爲者?'
曰: '我是柳游.' 府使朴應川詢問日座, 咸曰: '非也.' 因 歷指日座而詰曰: '坐此者, 皆汝親戚鄕人, 汝
試言之. 此爲誰, 彼爲誰.' 其人俛而不能對."

10 《明宗實錄》19년(1564) 3월 20일(2). "應川使欲脫淵罪, 治游極酷, 聚邑中人, 辨其眞僞. 邑人知應
川之旨, 皆曰: '非游也.'"

11 《明宗實錄》19년(1564) 3월 20일(2). "生員徐泂, 尤附會應川, 唯敎受徐時雄乃曰: '容貌雖變, 聽其
聲音, 眞游也.'"

12 〈李生訟冤錄〉. "游故人徐時雄, 隔壁呼游曰: '汝果柳游, 當認我聲. 我果誰的?' 應聲曰: '子非吾故人
徐某耶? 智藏寺讀易之時, 臘雪酣唱之什, 寧忘之乎?'"

13 〈李生訟冤錄〉. "一鄕驚服."

14 高尙顔(1553~1623), 〈叢話〉, 《效嚬雜記》上, 《泰村集》: 《韓國文集叢刊》a059, 253a면. "鄕人徐上
舍泂, 南中巨擘也. 頗有灼見之明, 以爲非柳游."

15 徐思遠, 〈先考進士府君墓碣文〉, 《樂齋集》: 《韓國文集叢刊》b7, 76a면. "時鄕人柳淵失其兄游十年,
而有柳游者出, 人莫辨其僞. 朝野族薰謹然皆以爲眞. 公乃抗言斥其不是. 一道喧咽, 衆謗莫禦, 至於阨
窮坎軻, 而公尙不撓. 杜門自信. 及其久而得眞柳游者, 然後衆始愕然驚歎. 前日之排之者, 至有欲捫其
舌而莫及焉."

11. 또 한 번의 반전, '월사'와 '검은 점'

1 〈李生訟冤錄〉. "若言非眞, 當徵密事. 婚夕, 拙婦有月事, 透染短衣. 且左脚辟處, 有黑子大如菽. 此兩
事實爲左驗. 可問白氏."

2 〈李生訟冤錄〉. "府使卽遣驗之, 果然."

3 《明宗實錄》19년(1564) 3월 20일(2). "游在獄中, 無路發明, 乃曰: '吾初娶妻時, 妻着兩重裙, 欲强
脫之, 則曰: 〈方有月事〉云云. 此事非外人所知, 若問於妻, 則可知虛實也.' 淵恐露情狀, 秘之勿令問.
後問其妻, 符合游言."

4 　高尚顏(1553~1623),〈叢話〉,《效嚬雜記》上,《泰村集》:《韓國文集叢刊》a059, 253a면. "徐上舍時雄亦同鄉人也. 蓬頭垢面, 不端莫甚. 嘗與柳游同接. 應珪言其同時所作之文, 卽日記中語也."

5 　〈李生訟冤錄〉. "嶺南人或說蔡與白有私, 以欺一時云爾, 則短衣之汚, 黑子之徵, 亦安知非夙有密約乎? 是故眞僞未審, 而送衣與襪, 累見筆迹而不辨其妄. 及其躱也, 與春構淵, 其情可見矣. 義孫, 白婢之私夫, 殆亦與白共謀而誣之也. 則今之議者, 捨白與義孫, 而歸罪於先人, 不亦冤乎?"

6 　〈柳淵傳〉. "臣曰:'壬戌以後, 奴再往還, 嫂輒付書. 察其答辭, 可辨眞僞. 一信褆言, 恒蓄疑惑. 故弟冒寒登程, 歸與鄉族對辨. 至見監, 嫂當親至官庭, 見面決之可也. 此之不爲, 今何遽怒耶?'"

7 　〈柳淵傳〉. "如僞也, 何認爲眞以相欺耶."

8 　〈柳淵傳〉. "監司令白氏親辨, 則拒不就曰:'家人族黨咸曰非游, 妾以士族豈宜與所不知何人者對面也.'"

12. 백씨 부인과 채응규, 공모의 이유

1 　《明宗實錄》9년(1554) 9월 27일(1). "大抵我國之法, 待寡婦可謂嚴且密矣. 聖人立出母·嫁母之制, 故先賢之母, 亦有再適於人者. 而我國則立再嫁之禁, 故守一終身. 雖年未二十, 饑寒切身, 不敢改志. 天下之無告而可憐者, 孰有過於寡婦者乎? 夫亡旣不幸, 無子又不幸, 所可小慰者, 祇有奉祀家舍, 以庇其身, 奉祀田民, 以活其命."

2 　이 시기 총부권에 대해서는 박경,〈16세기 유교적 친족질서 정착 과정에서의 家婦權 논의〉,《조선시대사학보》59, 조선시대사학회, 2011을 참고하였다.

3 　"中國則有大宗之法, 故夫亡無子之婦, 不得主祭矣, 我國則大宗之法, 不行於世久矣. 長子之妻, 夫死無子者, 入居奉祀之家, 主其先世之祭, 其來已久, 故其分亦定. 自祖宗朝以來, 聖君賢相, 不爲不多, 而家婦主祭, 未嘗有異議. 至于近年, 或可或否, 至于今日, 創改舊例, 使無子兄妻, 一朝見黜, 號立于野, 而爲其弟者, 幸其兄之死, 又幸兄之無子, 奪兄之家, 黜兄之妻, 談笑嬉娛, 而反自樂焉. 揆之人情, 極爲悖戾."

4 　權諰,〈朋友見警識 幷自警識〉,〈閑居筆舌〉,《炭翁集》:《韓國文集叢刊》a104, 449면. "柳淵傳曰:'惜淵不見蔡於白氏, 而徑先縛囚于官.'愚意不然. 淵旣知蔡之非兄, 則欲推問于官, 固所宜然也. 見之於白, 是誠何義? 白若證蔡爲游, 則淵將兄事之耶?"

5 　〈柳淵傳〉. "到官, 會鄉人. 禹希績·徐洞·趙祥珪·及淵妹夫崔守寅·庶屬洪明坐列而問曰:'汝何爲者?'曰:'我是柳游.'府使朴應川詢問一座, 咸曰:'非也.'因歷指曰座而詰曰:'坐此者, 皆汝親戚鄉人, 汝試

260

言之. 此爲誰, 彼爲誰.' 其人俛而不能對. 卽推下庭, 具三木以束之曰:'服改矣, 面衰矣. 其友雖不識汝, 汝若眞游, 豈不識友生. 今汝吐實, 庶或見原. 否者, 當以官刑從事.' 其人計窮, 則或稱柳游, 或稱應珪, 狂言不倫, 故爲迷亂無何. 應珪妾春守者, 聞卽馳到, 訴曰:'妾夫不幸疾革, 乞脫囹圄, 保置私室.' 府使許置官奴朴石家. 五日果與春守乘夜偕逃. 朴石覺之, 追捕春守, 則應珪已免脫無蹤矣."

6 《中宗實錄》7년(1512) 10월 18일(9). "失行婦女, 并奸夫處絞爲當事, 前議已盡, 今不敢更議." 이것은 유순정柳順汀 등의 의견이었는데, 중종은 이 의견을 받아들였다.

7 《明宗實錄》19년(1564) 12월 19일(1).

13. 형제 살인극으로: 유연, 악인으로 만들기

1 〈柳淵傳〉. "白氏累然服斬, 日夜哭訴監司."

2 〈柳淵傳〉. "夫有不良弟, 貪貨無厭, 指眞爲僞, 縛兄官囚, 圖嫁淫禍. 夫本病狂, 被拘益重, 幸蒙太守, 免監治疾. 淵賂守者, 賊殺掩迹, 乞論淵罪, 以洩婦寃."

3 〈柳淵傳〉. "監司言:'逃者非游, 卽應珪也. 且逃有明驗, 我亦知淵寃. 但白氏訴不已, 事體不得不爾. 第退而待之. 鞫畢當直之.'"

4 〈柳淵傳〉. "白氏乞移隣邑, 遂移囚玄風."

5 우하영禹夏永, 《유연전 후서柳淵傳後敍》, 《천일록千一錄》, 以文社, 1982, 479~503면. 479~497면까지는 《유연전》을 그대로 옮기고 있고, 497면에서 503면까지는 우하영의 비평문이다. 따라서 《유연전 후서》는 정확하게 497~503면까지다. 《유연전 후서》는 김정녀, 〈천일록의 인물전을 통해 본 우하영의 교화론〉, 《한민족문화연구》56집, 한민족문화학회, 2016에서 처음 거론하였다. 하지만 이 자료 전체를 《유연전》과 관련하여 본격적으로 분석한 것은 아니다.

6 禹夏永, 〈柳淵傳後敍〉, 《千一錄》, 以文社, 1982, 500~501면. "應珪之在海也, 自謂非游而答書以還, 則白氏受之. 安有婦人而與素昧男子相通)書札者乎? 若曰受其書札而意以爲游, 則方其被縛而逮官也, 固當卽就而看驗爲夫辨誣之不暇, 而乃反越視不恤. 及夫監司使之親驗之日, 猶且拒而不就曰:'宗人·族黨咸曰非游, 妾以士族豈宜與所不知何人, 對面乎?'者, 抑何意也."

7 같은 글, 같은 책, 501면. "其於繫獄之時, 就驗而免禍, 猶以爲不當與所不知何人對面云爾, 則及夫逸跡之後, 乃反爲所不知何人, 持服訴寃, 必報其讐者, 又何所據也."

8 　같은 글, 같은 책, 501~502면. "世質論此獄者, 必曰:'淵之死始於禔爭財之凶謀, 成於應珪之奸, 斷於委官之手.' 余則曰:'專由於白氏.' 苟非白氏受書(502)於應珪, 而蓄疑於不當疑之地, 假托以士族 而不辨於所當辨之時, 强持無名之服而圖陷無罪之弟, 則禔之謀·應珪之奸, 於何所施而委官又將何下 手於何處乎? 故曰伸淵之冤, 宜明白氏之罪也."

9 　〈李生訟冤錄〉. "後又聞應珪病重, 府使保放[囚人出獄而使人保守曰保放], 仍躱去, 珪妾春秀以淵爲戕 殺, 告府訴理云. 繼又聞應珪非躱本也, 淵實戕之無疑云. 道路行言, 不一而足."

14. 날조된 유연의 유언 편지

1 　〈柳淵傳〉. "淵在大丘獄爲書與妻曰:'嗟, 來室人李從我遠來, 拮据橐饘我, 以天地間至冤, 幽囚累月, 理難再生, 遺汝後言, 念惟妙妙爾. 禔之謀, 瑋之謀, 白氏之謀, 應珪之謀, 能掩蔽擧國人心目, 乃至是 耶. 我不惟勤血我一介之身, 念我先父母之靈, 五內如削, 顧惟彼禔等姦狀, 汝亦知之明矣. 今吾所云, 無毫毛僞, 汝必持此入京, 白我至冤. 尋思禍本, 職由橫財, 汝以先父別給及伯叔母柳氏文券, 告官而毁 棄之. 猶且不白, 則皇天后土及父母之靈, 昭布上下, 汝其夜夜祝禱, 幸假冥佑, 冀獲應珪以慰我九地之 冤神. 昏氣乏不盡書.' 末有家翁無辜人柳淵哭死等九字, 遠近聞而悲之."

2 　'나를 따라 멀리 와서 옥바라지를 했다'는 부분을 달리 해석할 수도 있다. 원래 이씨는 서
울 사람이었으므로 이씨가 서울에서 대구로 온 것을 '멀리 나를 따라왔다'고 말할 수 있
는 것이다. 하지만 이미 이 시기에 유연은 아버지 유예원의 3년상을 치르고 있었다. 유연
과 이씨가 당시 혼속을 따라 결혼 뒤 서울 이씨의 친정집에서 살림을 차리고 있었다 해도
유예원의 3년상에 시묘살이를 하는 동안 유연은 대구에 와 있었을 것이고, 이씨 역시 남
편을 따라 대구에 와 있던 것으로 보아야 할 것이다. 따라서 유연이 옥에 갇히고 나자 이
씨가 서울에서 대구부로 왔다고 할 수는 없을 것이다.

3 　《明宗實錄》19년(1564) 2월 17일(2).

1 〈柳淵傳〉. "'游於遷徙困頓之際, 形容雖變, 言語動靜實是柳游. 其弟謀慾奪嫡專財, 脅縛告官. 爲府使者當并囚柳淵, 而先信弟訴, 獨囚其兄, 以失獄體. 又延淵獄, 使賊兄亂常之罪掩置至今. 一道之人莫不憤罵. 請拿淵安律, 并罷應川.'"

2 〈李生訟免錄〉. "時朴判書啓賢爲諫官, 朴有庶出從妹名存心, 卽淵妻家婢子, 淵之得兄懽喜之狀, 朴因存心曾得其詳, 故遂指淵爲弑兄啓請, 逮致詔獄, 三省交坐, 先鞫在京事干李子瞻·金百千·沈篷等及先人."

3 고사경·김지·정도전·당성 엮음, 《역주 대명률직해》, 민속원, 2014, 35면.

4 《端宗實錄》 2년(1454) 4월 18일(3).

5 《世宗實錄》 31년(1449) 8월 22일(1).

6 《中宗實錄》 24년(1529) 8월 17일(1·2).

7 《經國大典》 권5, 〈推斷〉. "死罪三覆啓. 外則觀察使定差使員, 同其邑守令推問. 又定差使二員考覆. 又親問乃啓."

8 《宣祖實錄》 17년(1584) 6월 23일(1). 전라도 옥구沃溝의 김천일金一天이 형을 살해한 혐의를 조사하기 위해서였다.

9 이하 의금부와 삼성교좌 추국에 대한 서술은 김영석, 〈의금부의 조직과 추국에 관한 연구〉, 서울대 법학박사논문, 2013에 크게 힘입었다. 의금부와 삼성교좌 추국에 관련된 내용은 별도의 주가 없어도 모두 이 논문에 의한 것이다.

10 반역 사건의 핵심인물은 원래 국왕 주재 추국에서 다루지만, 그 외의 가담 정도가 약한 인물은 삼성교좌 추국에서 다룬다고 한다.

11 《仁祖實錄》 24년(1646) 1월 3일(4). "凡民庶之罪, 稍涉綱常者, 必付義禁府, 以大臣爲委官, 三省雜治之, 以重獄體, 乃祖宗不刊之令典也."

12 《續大典》, 刑典, 〈推斷〉. "弑父母·祖父母·舅姑·夫·伯叔父母·兄·姊者, 奴弑主, 官奴弑官長[以上勿論已行·未行], 雇工殺家長者, 淫烝後母者, 淫姦伯叔母·姑母·姊妹·子婦者, 奴姦女上典者, 放賣嫡母者, 毆辱父母者, 燒火父屍者[以上已行], 並三省推鞫."

16. 삼성추국에서의 공초

1
　〈李生訟寃錄〉. "三省交坐, 先鞫在京事干李子瞻·金百千·沈崟等及先人."

2
　〈柳淵傳〉. "金百千旣祗言矣. 無異辭."

3
　〈李生訟寃錄〉. "春秀供略曰: '壬戌(1562)春, 平安兵使軍官(李子瞻), 來宿海州城內. 妾夫往訪久乃還. 妾問:〈甚麼人?〉曰:〈吾表兄李某也. 始聞父親訃音, 不勝哀痛.〉又問:〈前云早失怙恃, 今云始聞親訃, 何也?〉曰:〈我實柳游, 前言蓋欲祕迹耳.〉翌朝, 李來訪感泣而去. 是秋, 有二人傳封書及襦衣, 珪出見痛哭. 妾問:〈甚麼人傳甚麼人書, 你如此痛哭則甚?〉曰:〈鄕奴傳家書. 一箇是父親生時使喚蒙合, 一箇是吾少時信任億種也.〉留三箇日, 答書以送. 後億種尹喜來迎, 則曰:〈叛父之人, 無面還鄕?〉留二日又徒歸. 癸亥(1563)冬, 跟珪到京. 一日, 珪自外還曰:〈今訪姐夫達城都正, 不認我. 又訪表姐夫沈崟, 沈不在. 姐不見我, 可憾?〉及淵上來, 相與感泣. 與歸淵妻家, 見壁上有字, 珪卽慇曰:〈這是先君手迹.〉卽令剔取相看, 涕泣. 留三日, 淵與俱南. 謂妾曰:〈留此以待人馬. 若値於路, 當兼程上送.〉廿一日, 尹喜牽馬入來. 廿二日, 趁逐下去. 至則珪已繫獄, 口鼻流血, 病勢危重, 妾訴官庭, 保放調理. 一日, 保主朴石之妻, 邀妾于土室, 溫酒打話, 故意挽留, 妾心懷疑, 催斯忙還, 則燈滅而夫不在矣. 聞其在獄, 淵賂鎖匠枷大枷, 以促其死. 及是從史朴石, 乘妾不在, 狀殺滅迹, 昭不可掩云.' "

4
　〈柳淵傳〉. "及淵至以游及子貞白還鄕, 臣獨在寓. 俄聞囚游, 卽往看獄, 出獄治疾. 臣適夜半如厠, 入見燈滅, 游不在, 故疑淵賊殺."

5
　〈李生訟寃錄〉. "奴金碩·蒙合等供, 皆以爲: '行到八莒, 審其爲妄縛囚府獄, 欲窮其詐, 而春秀瞞官保放, 同謀逸送, 後反以弑兄, 誣陷上典, 其爲奸詐, 實所難測云.' "

6
　《明宗實錄》21년(1566) 7월 14일(3). "我國重士族, 故婦人必罪關綱常及失行, 然後方致鞫獄."

7
　〈李生訟寃錄〉. "推官直義孫·春秀, 而以蒙合等爲隱諱, 更推刑訊, 則皆服."

8
　〈李生訟寃錄〉. "賂布鐵壽[鎖匠名]枷重枷以促其死. 保放之後, 贈牛朴石, 乘夜曳出, 將欲結縛投水. 會東方欲明, 獵人且逼, 倉皇碎頭, 投諸琴灘.' 大槩倣春秀所訴, 遂以爲歸一, 而訊鞫正犯."

9
　《明宗實錄》19년(1564) 3월 20일(2). "史臣曰: '柳淵以兇悖不道之人, 生奪長專財之計, 厚賂朴石, 密謀相應, 使其奴, 負出柳游, 結縛抱石, 投之琴湖, 以致滅迹, 其惡極矣.' "

264

17. 유연의 초사

1

〈李生訟寃錄〉. "大槩倣春秀所訴, 遂以爲歸一, 而訊鞫正犯."

2

〈李生訟寃錄〉. "臣兄出亡, 無迹可尋. 尋常懸慕, 得見表中李子瞻書曰: '行到海州見汝兄, 可速迎來.' 臣姑夫達城書, 亦同封以來. 臣與嫂白議送奴蒙合·億種往尋之, 回說互有異同. 從老奴蒙合之見, 定以爲眞, 送馬迎之, 則毛以叛親不來. 癸亥(1563)冬, 達城通曰: '前日蔡某上來訪我, 容貌頓異, 未能的知, 君可來辨.' 臣卽與義孫上來相見, 則八年相阻之餘, 形容改易, 將信將疑, 莫適所從. 見達城則曰: '觀其容, 實非汝兄. 聽其言, 多涉疑似. 莫知其故也.' 沈瀧亦曰: '游之眞妄, 實所未詳. 而見人輒認呼名與字, 此則可怪.' 以爲子瞻·百千·蒙合皆以爲眞. 臣以親弟遽以爲妄, 亦似甚難. 意欲同歸故鄕, 與親舊共辨之. 俱向大丘, 到八莒, 的審其妄, 縛致府庭, 將欲窮治奸詐. 春秀瞞訴, 府使過信, 率爾保放, 以致潛身逸去. 而誣臣弑兄. 春秀誣告之狀, 極其兇慘. 而白則不於應珪在時親審眞假, 反與春秀, 共構臣身. 臣雖無狀, 尙參人類, 欲奪奉祀, 戕殺同氣, 萬萬無理. 天日昭臨, 臣之寃枉, 不須發明. 囚臣一兩年, 臣兄存沒, 訪得其詳, 然後釐粉臣身, 亦所未晚云."

3

〈柳淵傳〉. "獄具, 推官上備云: '禔·瀣與百千咸稱眞游, 則明是柳游. 淵矑胃非眞, 路縛告官, 則賊殺掩跡明矣.' 請杖之."

4

〈柳淵傳〉. "杖至四十二度, 遂誣服."

5

〈李生訟寃錄〉. "至加杖訊, 則誣服如金碩等所承."

6

〈李生訟寃錄〉. "仍呼曰: '淵死之後, 淵兄若出, 則推官雖悔, 能續淵命乎?' 委官沈丞相大怒曰: '弑兄之賊, 更出甚麼話?' 命以瓦礫擊其口."

7

〈柳淵傳〉. "及到八莒, 決知其詐, 縛致本官. 遂見白氏, 白氏怒不言. 臣曰: '壬戌以後, 奴再往還, 嫂輒付書. 察其答辭, 可辨眞僞. 一信禔言, 恒蓄起惑. 故弟冒寒登程, 歸與鄕族對辨. 至見監, 嫂當親至官庭, 見面決之可也. 此之不爲, 今何遽怒耶?' 白氏言: '如僞也, 何認爲眞以相欺耶.' 監司令白氏親辨, 則拒不就曰: '家人族黨咸曰非游, 妾以士族豈宜與所不知何人者對面也.' 及應珪逃, 然後白氏反搆臣以弑兄, 先竪赤幟, 禔·瀣二人, 遙爲聲勢, 響應景附, 必欲成獄者, 亦厥有由. 蓋禔以臣父別給良田, 忌臣怙寵. 瀣以臣伯叔母嘗以貨界之其妻曰: '汝若無子, 可傳禮源之子.' 瀣常懼奪貨, 猜視於臣. 今禔·瀣二人, 迭爲雌雄, 唱和成勢, 剝亂罩辭."

8

어떤 세부 사실을 조작하는 것은 가능할지 몰라도 유연이 자신이 살기 위해 사건의 원인
으로 들었던 토지에 관한 진술을 아예 없었던 것으로 조작하기란 불가능한 일에 가까울

것이다.

9 〈柳淵傳〉. "淵奴今石·夢合亦誣服, 遂幷淵誅. 淵死時年二十七."

10 〈李生訟寃錄〉. "淵伴傳載淵招辭曰:'忌淵之別給良田'"云. 淵之壻於李寬, 先人之所薦也. 其父禮源以治死游亡, 而淵爲次長, 旣娶而妻又甚賢, 故不任喜慶, 別給數頃, 而先人亦證參, 所謂河邊麥田者是也, 則非可萌於忌克之心. 縱使忌克殺 淵, 而妻尙在, 何以取其財乎? 淵招原無此辭, 今乃增之, 此亦淵妻之謬也."

11 〈柳淵傳〉. "結勘將刑, 淵臨案號曰:'臣旣以弑兄成名, 固當死. 竊恐國家終累祥刑, 達城欺罔 國家, 置辟於臣. 乞囚臣一年, 蹤迹應珪及臣兄, 然後明定厥罪, 臣乃無寃. 若臣死之後, 眞柳游出, 則死者不可復生, 國其悔是哉.'且曰:'推官與臣本無私讎, 何乃爾耶?'"

12 〈柳淵傳〉. "通源怒, 令邏卒捽髮而歐其口曰:'峭毒如是, 弑兄固也.'時奇大恒在座曰:'自有法典, 何至歐其口.'問事郞洪仁慶曰:'弑兄大獄, 事多疏漏, 徑取決案, 於獄體何如?'通源曰:'大惡之人, 何所顧惜.'大恒目之仁慶, 二人不悅而罷."

13 "弟妹故殺兄姊若姪故殺伯叔父母姑及外孫故殺外祖父母者."(〈凌遲處死〉, 《明會典》권144, 刑部10, 囚人罪名2)

18. 유연 죽음의 두 가지 이유

1 權應仁,《松溪漫錄》下. "其時太守初囚於獄, 蔡詐稱病重乃保放, 拘於人家. 蔡乘夜脫去, 人皆以爲淵殺其兄而滅其迹, 投之水中. 聽者不察, 自近傳遠, 聞於朝廷."

2 高尙顔(1553~1623), 〈叢話〉, 《效嚬雜記》上, 《泰村集》:《韓國文集叢刊》a059, 253a면. "鄕里惡柳淵者以爲淵爭財殺兄. 一犬誤吠, 百犬吠聲, 而與洞爭名者, 亦以爲洞受賂柳淵, 同惡相濟也, 至於停擧, 禁錮終身.

3 《明宗實錄》19년(1564) 3월 20일(2). "學生柳淵伏誅. …… 游之弟柳淵, 在大丘本家, 禔通喻於淵, 使之率去. 淵上來相見, 遂與同歸中, 生奪嫡專財之邪計, 結縛傷打, 謂非其兄, 訴于大丘府. 府使朴應川, 先信柳淵之言, 只囚柳游. 而游之妻白氏, 尙在其家, 若令對面, 可以立辨, 非甚似難斷之事. 及柳游得病保放, 使淵得行賊兄之計, 終至於滅迹. 賊兄亂常之人, 不卽快治, 一道之人, 皆爲痛憤. 後以言官之啓, 下禁府推鞫, 至是淵服其罪. 史臣曰:'柳淵以兇悖不道之人, 生奪長專財之計, 厚賂朴石, 密謀

266

相應, 使其奴, 負出柳游, 結縛抱石, 投之琴湖, 以致滅迹, 其惡極矣. …… 及其滅迹之後, 又不得柳游之尸身, 而只以箠楚之取服, 遽成賊兄之罪, 故巷論之是非不一. 而亦恐非服念旬日, 不蔽要囚之意也.'

史臣曰:'淵上京, 與兄同邊, 中路削去面皮, 使不知其爲游, 結縛告于大丘府曰:〈此人非吾兄而稱吾兄, 請囚禁窮詰以治之.〉府使朴應川付之獄, 淵令使試吏圖殺之, 以滅其口. 獄吏廬有冤枉不聽 …… 應川不得已, 保放柳游於人家, 囚淵. 淵欲滅迹, 與保放之家圖之, 托稱游逃走, 竊負以去. 若不投之江, 則抗之滿瀆矣. 柳淵殺兄之罪, 昭昭難掩. 淵之謀殺其兄, 欲專嫡長財物也.'"

4 《經國大典》, 刑典, 〈推斷〉. "무릇 고신拷訊은[신장訊杖은 길이 3척 3촌으로, 윗부분의 1척 3촌까지는 원경圓徑이 7분分, 아랫부분의 2척까지는 너비가 8분, 두께 2분이며, 영조척營造尺을 사용한다. 아래 끝 부분으로 무릎 아래를 치되 정강이에는 닿지 않게 한다. 한 차례에 30대를 넘을 수 없다] 왕지王旨를 받아서 시행한다."

5 《中宗實錄》9년(1514) 2월 2일(1). "今刑曹官吏, 以刑杖拷掠訟者, 脅而決之者, 堂上指以爲能; 若或從容詳愼而決者, 反以爲不能, 刻迫之風, 由此而成."

6 《中宗實錄》10년(1515) 10월 6일(1). "傳曰:'刑曹囚徒, 物故凡二十五, 而二人只因病而死. 是, 不愼刑獄之故, 官吏其推之."

7 《中宗實錄》10년(1515) 7월 17일(1). "傳曰:'近觀漢城府檢屍狀, 囚人之因杖致死者甚多, 此豈恤刑之意乎? 是意, 言于刑曹."

8 명종의 말이다. "近來守令, 少有私憤, 憑報監司, 撲殺人民, 無所忌憚, 置而不論, 則如此之習, 益甚, 故不久."《明宗實錄》2년(1547) 2월 14일(2).

9 《中宗實錄》11년(1516) 6월 3일(1). "掌令李元幹曰:'近日, 不恤囚濫刑官吏, 已皆推啓, 而命棄之. 惟刑曹佐郎崔沆, 獨罷職. 由是, 官吏縱恣, 濫殺無辜者, 間或有之."

10 《經國大典》, 刑典, 〈濫刑〉. "官吏濫刑, 杖一百·徒三年. 致死者, 杖一百·永不敍用."

11 《中宗實錄》2년(1507) 4월 14일(5). "濫刑官吏治罪之法, 載在大典. 近來折獄官吏, 務求得情, 枉加刑杖. 不唯若 此, 或因私怒, 妄用棰楚, 使無辜殞命."

12 기대항은 1563년 11월 12일 이조참판이 되었다. 이후 1564년 6월 26일에 공조참판이 되었다.

13 홍인경洪仁慶은 1564년 윤2월 28일 홍문관 전한典翰에 임명되었다.

19. 남은 두 아내, 이씨와 백씨의 삶

1   이하의 서술은 〈柳淵傳〉의 다음 부분에 의한 것이다. "先時, 李氏常宴居, 深念謀所以白淵寃萬方. 乙丑年間, 春守兄永守及其夫金憲來言:'僞柳游不死, 與春守居自如, 若重賂我, 我能爲爾迹之.' 李信之, 盡以嫁時粧直數十金賂之. 自是, 憲等密密通書抵言於海西, 已伺其出處, 垂將獲之. 間使往來不絶. 及鄭淹論淵起試, 永守聞懼而逃. 李氏密捕其家小數人, 囚之私屋. 永守乃出, 就試, 終不能致法. 至是, 李氏更訴刑曹, 捕得永守及憲徵, 償前賂."

2   〈柳淵傳〉. "僞柳游不死, 與春守居自如, 若重賂我, 我能爲爾迹之."

3   《宣祖實錄》 4년(1571) 10월 27일(2). 이 기사는 선조가 형옥을 판단하는 능력이 매우 뛰어났음을 칭송하면서 그 실례 몇 가지 경우를 들었는데, 그중 정엄鄭淹이 유연의 억울함을 논한 것이 포함되어 있다. 선조가 정엄의 요청을 들어주지 않은 것을 선조의 명철함에 대한 증거로 꼽았지만, 1571년 경 정엄이 유연의 억울함을 선조에게 말했던 것은 분명한 사실이다.

4   《經國大典》, 禮典, 〈奉祀〉. "若嫡長子無後, 則衆子; 衆子無後, 則妾子奉祀."

5   이하의 서술은 〈柳淵傳〉의 다음 부분에 의거한 것임. "獄竟, 妾流落海西. 一日, 慶億走人報云: '我方保納爾夫. 夫亦心欲見汝. 汝可來見.' 妾問諸叔父. 叔父叱退其人. 半年, 白氏遣騎, 欲以貞白歸養, 妾不許. 後見禔, 問禔. 禔云:'聞諸道路, 多言淵試可疑. 或傳應珪逃生向在, 事將不測. 汝若不許貞白歸, 祇益人疑, 勸妾許送. 所供是實."

20. 진짜 유유의 등장

1   《明宗實錄》 19년(1564) 3월 20일(2). "但綱常大罪, 固當反覆詳問, 使行凶形狀, 昭著無疑, 然後人心知快, 而如禔及沈崙·金百千之供, 雖曰:'眞柳游也.' 而皆以爲初不識認其形容, 則不無可疑之端. 及其滅迹之後, 又不得柳游之尸身, 而只以筆楚之取服, 遽成賊兄之罪, 故巷論之是非不一, 而亦恐非服念旬日, 不蔽要囚之意也."

2   《宣祖實錄》 13년(1580) 윤4월 10일(2). "其後頗以時獄事, 未得屍身, 而遽正其罪未便. 且以爲柳游尙生存, 間有人議, 至達於經席, 而未得其詳."

3 李時發(1569–1626), 〈謾記〉, 《碧梧遺稿》: 《韓國文集叢刊》 a74, 501면. “時推官及朝中士大夫皆以得弑兄之賊置之法相慶, 無一稱冤者. 如有知其實而救解者, 共排之.”

4 《宣祖實錄》 13년(1580) 윤4월 10일(2). “佯狂出入諸處, 訓人子弟, 觀其擧止, 似非其病狂者.”

5 《宣祖實錄》 13년(1580) 윤4월 10일(2). “後臣往來慶尙道, 問於柳游舊知之人, 詰其模樣, 則太類所謂天裕勇者. 且人姓名, 豈有天裕勇者乎? 以此觀之, 疑柳游至今生存° 其時柳淵之死, 極爲冤痛.”

6 〈柳淵傳〉. “往在庚申年, 臣於順安縣, 遇一丐者曰天裕勇名, 能文周游, 訓小兒以湖口. 臣與同寺數月, 頗能言嶺南山川及士子名姓, 且自言於己酉年中永川試以賓貢削名. 臣因問: ‘旣是南士, 何緣到此.’ 其人黙而止.”

7 〈柳淵傳〉. “後見臣鄕人, 語及則朴長春愕曰: ‘此必柳游. 其時吾亦同削.’ ”

8 〈柳淵傳〉. “後於甲子臣又在价川郡, 山僧致裕勇書.”

9 《宣祖實錄》 13년(1580) 윤4월 10일(2). “上令憲府覈之, 卽移文於平安道, 捉天裕勇稱名者以來, 取供, 則自服爲柳游. 其四祖及家內小小之事, 一一能說, 其爲眞柳游無疑, 而甲子年之事, 則專不聞知云云.”

10 〈柳淵傳〉. “乃令達城令·沈㦂及同里少所善正字金鍵·生員韓克諶等, 諦視之, 皆云眞柳游.”

21. 또 다른 ‘악인’, 이제

1 〈李生訟冤錄〉. “甲子(1564)所見, 實非此人, 故身以爲難辨眞僞, 而淵遽認爲兄, 與之俱歸, 輾轉推遷, 終成大獄. 甲子推案, 今若査攷, 則身之初不以應珪必指爲游之意可見. 珪妾春秀, 跟捕窮問, 則其奸詐可以得實云.”

2 〈李生訟冤錄〉. “涉十六年己卯(1579)冬, 修撰尹先覺[今尹判書國馨舊名]於筵中啓曰: ‘平安道有天裕勇, 敎誨小兒, 觀其蹤跡, 似是柳游. 請逮捕問之.’ 於是令該道密捕天裕勇者, 到京一問, 卽承柳游. 使先人及沈㦂·金鍵·韓克諶等諦視之, 皆曰眞游. 而時議遂以淵之冤死, 歸獄於先人.”

22. 미스터리로 남은 백씨 부인

1 宋時烈, 〈柳淵傳跋〉, 《宋子大全》: 《韓國文集叢刊》 a113, 168~169면. “公之爲此傳, 豈但爲一介冤

死者? 用意若是其勤哉! 將以戒夫以人欲滅天理而喪家亡身者矣."

2 　宋時烈, 같은 글, 같은 곳. "其於禮源賜頭基禍之事, 婉其辭而微著其實, 深得古人立言之體矣."

3 　宋時烈, 같은 글, 같은 곳. "詩曰:'中冓之言, 不可詳也.'"

4 　權得己, 〈附與慶上舍述古書〉, 《晚悔集》, 《韓國文集叢刊》a76, 72면. "但自十許歲時, 聞天裕勇之獄, 當時走卒, 皆傳達城之名而罵詈之. 得已方稚少愚蒙, 亦不能無疑. 蓋認圭爲游, 於達城初無損益故也. 至於月事·黑子之徵, 亦謂達城告之. 此實閨房之祕. 雖女僕之親切者, 有不能知. 況達城以姐夫, 豈能知亡婦弟妻之密事耶? 然而衆論皆歸達城者, 其故蓋未可知也."

5 　〈李生訟冤錄〉. "春秀之刑訊三次, 初無一語及先人. 但曰:'與徐輔德·柳弼善等人, 晝夜同處. 今若捕問, 則可知.'云."

6 　"其徒有蔡應敎·徐輔德·柳弼善等語, 傳播一時, 與此招相符, 則所謂柳弼善抑或柳游, 而松溪之說, 亦相符矣. 推官不此之問, 誘以春秀不可以妾證夫, 啓請停刑."

7 　"於是余兄弟呈訴本府, 或呈法司, 至於筵官出入之際, 朝廷大會之處, 無不號哭奔訴, 憲府以此論列, 更訊春秀一次, 猶不攀指先人."

8 　"有色郎公然抵語春秀[色郎, 郎官主是獄者]曰:"衆論皆歸試達城, 汝何抵死不言."云介, 則春秀何苦而不爲誣引耶?"

23. 공모자 춘수의 최후 진술

1 　〈柳淵傳〉. "自嫁應珪, 生子二人. 當是時, 絕不聞柳游名字." 이하의 인용문의 출처는 모두 〈柳淵傳〉이다.

2 　"壬戌年間, 達城令私奴三伊來見應珪曰:'乃柳游也.' 白氏亦送人致意."

3 　"癸亥春, 應珪入京留三月乃還. 便自稱柳游."

4 　"是年冬應珪與妾入京曰:'達城邀我耳.' 至京, 則達城父子果數來問遺不絕. 應珪因暗記三伊與白家奴與達城父子等所言. 凡白家本家一門之事甚悉, 坏藏衣領, 時或開見. 達城亦潛謂曰:'汝自謂游, 我亦曰游也. 誰能辨之. 萬一白氏見疑, 便可跳去.' 談間言:'河邊麥田, 淵敢獨占耶?' 又曰:'吾妻家産, 淵獨專擅, 可乎?'"

5 　〈李生訟冤錄〉. "淵傳載淵招爾辭曰:'忌淵之別給良田.'云. 淵之塙於李寬, 先人之所薦也. 其父禮源以治

270

死游亡, 而淵爲次長, 旣娶而妻又甚賢, 故不任喜慶, 別給數頃, 而先人亦證參. 所謂河邊婪田者是也, 則非可萌於忌克之心. 縱使忌克殺 淵, 而妻尙在, 何以取其財乎? 淵召原無此辭, 今乃增之, 此亦淵妻之謬也."

6 이언용은 이런 논리로 반박했다. 〈李生訟冤錄〉. "又曰:'先人云妻家財産, 淵專擅可乎?'云. 淵父在時, 將他財物, 分與七男女, 各成契券, 一畝之畬, 五天之僮, 亦各有主, 則淵固未嘗專擅, 而先人固無由發此言也."

7 〈李生訟冤錄〉. "人之造意建謀, 以行兇悖之事者, 非有利益於己則不爲也. 使珪冒稱柳游, 占游家財, 而於先人何利焉. 若曰分利, 則使游八年於外, 一朝來歸, 而遽分己財之一牛, 以與不當與之人, 則人情豈不致疑乎? 況妻與弟尙存, 未必見認, 則徒自取敗耳. 先人雖無狀, 豈不能慮及於此乎?"

8 "一日, 慶億來言:'沈崟·金百千, 疑信未定. 明日, 崟與百千當到吾家, 汝亦見訪. 食時當使婢欣介擧案, 汝見卽指謂曰:〈此是欣介, 舊嘗許我, 兄其忘諸?〉使婢等聞之, 前疑氷釋矣.'"

9 〈李生訟冤錄〉. "又曰:'蔡私先人婢欣哥, 出入十餘年.'云. 淵妻家與先人家, 隔垣并門, 彼此婢夫, 兩無不知. 蔡之出入, 若是其久遠, 則當詐稱之日, 淵之妻家, 豈不認其爲欣哥之壻乎? 況欣哥嫁與淵奴茗張爲妻, 自少偕老. 蔡之有私, 實無其隙矣."

10 〈李生訟冤錄〉. 又載春秀己卯之供曰:'密約欣哥擧案, 而使崟疑氷釋.'云. 春秀原招, 則蔡與欣哥有私, 出八十餘年云, 而今乃云云. 此亦淵妻之誤也."

11 "及歸大丘, 未幾流聞見逮, 達城請沈丞相通源書, 因附妾抵本府使朴應川. 且以其奴馬與之, 崟亦囑其族兄爲掌樂院官者, 圖得一伶人跟妾."

12 〈李生訟冤錄〉. "又曰:'取沈通源書以送.'云. 先人之與沈相, 雖居止不甚相遠, 先人不喜交遊, 未嘗干謁, 故其於沈相, 初無契分. 且有宿嫌. 此實隣里之所共知, 焉能取其關節哉? 此亦妄也."

13 "及歸大丘, 未幾流聞見逮, 達城請沈丞相通源書, 因附妾抵本府使朴應川. 且以其奴馬與之, 崟亦囑其族兄爲掌樂院官者, 圖得一伶人跟妾. 至大丘, 應珪拘朴石家. 三日忽夜, 有叩門. 應珪起視, 因持書以入, 顧謂賫書人, 曰:'吾亦作計如是已, 汝可急歸.' 妾問何人, 答言達城家奴. 因問簡辭云何, 曰:'其辭云事已露矣. 汝欲何爲, 可急逸去.' 妾泣曰:'任汝逃居, 置我何地.' 應珪止此曰:'愚婦休怖, 脫有不虞, 汝但云不知.'"

14 "其時妾到龍仁縣, 店主老嫗傳致慶億書云:'今淵方以弑兄論, 父親亦當對獄. 汝宜同辭免致異同云爾.'"

15 〈李生訟冤錄〉. "'夜叩朴石家, 報以事露可逸去, 店嫗傳簡於龍仁, 敎以同辭.'云, 事露與否, 蔡當自知而自逸去, 不待先人千里之通也. 謂蔡爲逃, 則春宜窮問, 故證淵弑兄, 春自致力, 亦不待吾家之通書也. 先人則雖曰疑蔡於游, 而初非大罪過, 何苦爲此詭祕之迹, 以通於各自致力之人耶? 而況昏夜叩門, 蹤迹荒唐, 省囚拿來, 耳目甚長. 脫或爲人指認, 禍且不測. 先人雖始與之同謀, 必不爲此也. 是俱不思之言, 傳聞之謬, 而原招之所無也."

16
"獄竟, 妾流落海西. 一日, 慶億走人報云: '我方保納爾夫. 夫亦心欲見汝. 汝可來見.' 妾問諸叔父, 叔父叱退其人."

17
"是俱不思之言, 傳聞之謬, 而原招之所無也."

18
"半年, 白氏遣騎, 欲以貞白歸養, 妾不許. 後見禔, 問禔. 禔云: '聞諸道路, 多言淵獄可疑. 或傳應珪逃生尙在, 事將不測. 汝若不許貞白歸, 祇益人疑.' 勸妾許送. 所供是實."

19
〈柳淵傳〉. "禔杖斃獄中."

20
《宣祖實錄》13년(1580) 윤4월 10일(2). "達城令禔以假取他人, 虛粧柳游, 至使柳淵, 陷於弑兄之罪, 情狀兇惡, 杖訊窮鞫."

21
《大明律講解》〈禮律〉儀制, '익부모부상匿父母夫喪'에 의한 것이다. 정긍식, 〈柳淵傳〉에 대한 형사법적 고찰〉,《인도주의적 형사법과 형사정책》(이수성선생 환갑 기념논문집), 동성사, 2000, 349~350면.

24. 사법장치 오작동의 이유

1
李時發(1569~1626), 〈漫記〉,《碧梧遺稿》:《韓國文集叢刊》a74, 501면. "時推官及朝中士大夫皆以得弒兄之賊置之法相慶, 無一稱冤者. 如有知其實而救解者, 共排之."

2
〈柳淵傳〉. "臺官又追論鞫淵是推官及郎官, 上允之."

3
宋時烈, 〈柳淵傳跋〉,《宋子大全》:《韓國文集叢刊》a113, 169면. "沈相其後卒爲栗谷諸賢所駁云."

4
《宣祖修正實錄》즉위년(1567) 9월 1일(1).

5
〈李生訟冤錄〉. "夫色郎之於先人, 非有憎怨. 不過恨淵冤死, 而移怒於先人. 騁其機巧, 至於訊囚以引之, 使柳淵之冤旣死於前, 而先人之冤更尋於後. 十數年之間, 冤殺兩人, 其用心不亦誤乎?"

25. 문학과 은폐의 언어, 〈유연전〉

1 權應仁, 《松溪漫錄》下. "柳之去後八年, 柳之姊翁宗室達城令(後爲都正)與蔡通謀圖利於己, 伴以蔡爲游殺淵, 而共分其財, 以書貽淵曰: '此眞汝伯也. 汝急來于京, 可與偕歸.'"

2 高尙顏(1553~1623), 〈叢話〉, 《效嚬雜記》上, 《泰村集》:《韓國文集叢刊》a059, 253a면. "游, 大丘人也. 不得於父, 糊口他方, 與無賴輩蔡應珪同處歲久. 應珪得其日記. 陰與宗室某同謀, 卽柳游姊夫也. 約分資産, 招其弟淵, 令陪兄南歸. 淵疑不敢顯言眞僞, 同行十日, 始知其詐, 縛而歸家."

3 李時發(1569~1626), 〈謾記〉, 《碧梧遺稿》:《韓國文集叢刊》a74, 503면. "有柳游·柳淵兄弟, 以京人丁內憂在大丘. 游得狂易疾, 讀書夜半逃去, 踰鳥嶺歷漢都, 向咸鏡. 家奴追踪之, 到咸鏡不得而還. 一家莫知所向. 厥後其妹壻宗室達城令性行悖惡, 嘗遊海州, 見一人蔡應奎者貌似其妻娚游, 卽深結之. 一日, 私語曰: '汝貌類柳游. 年歲已久, 若紿之, 其家信之不疑. 娶其婦蓄其財, 因以我子爲後甚利. 我當爲汝圖之.' 蔡許之. 卽貽書於其妻家曰: '柳游來在海州, 我得之. 其迎以歸.' 其弟淵來迎審見, 則非游也. 然年歲已久, 置諸疑信之間. 及歸家, 覺其詐, 告官囚之. 蔡恐不測, 越試逃歸. 達城令恐罪且及己, 發告於法府曰: '妻娚柳淵, 尋得其兄而歸. 利其家貲, 認認爲非其兄, 囚於官獄羍賊之, 以逃爲辭. 請置之法.' 法府行移本道, 囚淵推治, 不能辨. 拿致王獄栲訊, 淵羍誣服, 照律處死. 時推官及朝中士大夫, 皆以得弑兄之賊置之法相排之, 無一稱冤者. 如有知其實而救解者, 共排之." 이 인용 이후 윤국형이 진짜 유유를 만난 것을 계기로 하여 유연의 억울함이 풀리고, 채응규의 자살과 이제가 형장을 맞아 죽었던 일이 이어진다. 대체로 알려진 바와 같다.

4 〈유연전〉. "重恨禔終不服正術而得逭旬人之罄也."

5 이덕형金時讓, 《涪溪記聞》. "'戊申余訪許譽甫, 禔之子彥寬者, 袖二卷書以示之. 其一乃鰲城所撰柳淵傳後敍, 而其一則渠家所藏誣辭, 鰲城所取以爲敍者也."

6 李德馨은 〈유연전 후서〉가 사족가에 퍼지는 상황을 인지하고 이항복에게 다음과 같은 편지를 보냈다. 이 오래된 송사에 대해 왜 이런저런 말을 하느냐는 충고다. 李德馨, 〈與李子常(李恒福)書〉, 《漢陰集》:《韓國文集叢刊》a65, 432c면. "有族姪來示新印柳淵傳後敍, 乃達城之子憑所知人而要不佞一看者也. 其間或有異於達城囚栲時所傳聞者. 台兄旣非此獄委官, 何勞拈起兩滯訟爲哉?"

7 金時讓, 《涪溪記聞》. "鰲城非無目而亦爲所欺, 何也? 爲所欺耶? 抑爲所賣耶?"

8 "寬也以父惡載於淵傳, 陰祈於鰲城稱其冤. 鰲城畏其報復有後言云."

9
"繫城數行後言。安能使彦寬改達城之惡耶?"

10
"禔之誅已三十年矣. 人皆快之, 萬口一辭. 非繫城循情不定之筆所能掩也."

11
宋時烈,〈柳淵傳跋〉,《宋子大全》:《韓國文集叢刊》a113, 169면. "禔也以王室之親, 悖傷麟趾之化. 宣廟不屈祥刑, 與衆棄之, 豈但周家之有鮮·度哉!"

12
李瀷,〈柳淵傳〉,《星湖僿說》제12권, 人事門.

13
朴性陽(1809~1890),〈芸窓瑣錄〉,《芸窓集》:《韓國文集叢刊》b129, 308a면. 監司囚淵, 啓致京獄, 禔慾怏, 遂刑訊誣服誅"

찾아보기

가짜 남편 만들기,
1564년 백씨 부인의 생존전략

2021년 8월 29일 1판 1쇄 발행
2023년 12월 15일 1판 3쇄 발행

지은이   강명관
펴낸이   박혜숙
디자인   이보용
펴낸곳   도서출판 푸른역사
            우) 03044 서울시 종로구 자하문로8길 13
            전화: 02)720-8921(편집부) 02)720-8920(영업부)
            팩스: 02)720-9887
            전자우편: 2013history@naver.com
            등록: 1997년 2월 14일 제13-483호